●河北省社会科学基金年度项目
“京津周边基于人文情绪导向的特色休闲农业建设与发展研究”
项目编号：HB17YS061

人文情绪导向设计

——休闲农业的设计理论与方法（以京津周边为例）

于雷 著

燕山大学出版社
2020 · 秦皇岛

图书在版编目（CIP）数据

人文情绪导向设计：休闲农业的设计理论与方法：以京津周边为例 / 于雷著．—秦皇岛：燕山大学出版社，2019.7（2020.6 重印）

ISBN 978-7-81142-721-9

Ⅰ．①人… Ⅱ．①于… Ⅲ．①观光农业－农业发展－研究－河北 Ⅳ．①F323.4

中国版本图书馆 CIP 数据核字（2020）第 092458 号

人文情绪导向设计：休闲农业的设计理论与方法：以京津周边为例

于雷 著

出 版 人：陈 玉
责任编辑：张 蕊
封面设计：于文华
出版发行：燕山大学出版社 YANSHAN UNIVERSITY PRESS
地 址：河北省秦皇岛市河北大街西段 438 号
邮政编码：066004
电 话：0335-8387555
印 刷：北京虎彩文化传播有限公司
经 销：全国新华书店

开 本：787mm×1092mm 1/16 **印 张：**14.75 **字 数：**235 千字
版 次：2019 年 7 月第 1 版 **印 次：**2020 年 6 月第 2 次印刷
书 号：ISBN 978-7-81142-721-9
定 价：43.00 元

版权所有 侵权必究

如发生印刷、装订质量问题，读者可与出版社联系调换

联系电话：0335-8387718

序　　言

改革开放40年来，中国经济建设取得了巨大的成就，已经从改革开放初期的农业国变成了中等发达的工业国。长期来看，当前中国经济已进入后工业化时代。

在后工业化时期，中国经济的主要增长点已经从制造经济变为了服务经济。与制造经济不同，服务经济投资的增长速度不再和GDP同步，由于服务经济不需要那么多的固定资产，中国经济正在从投资驱动模式向消费驱动模式转变，消费者决定了社会产品的生产，现阶段经济的增长动力不在供给侧，而在需求侧。

随着中国消费品类和消费场景的不断升级，消费类目不再以粮食为主，生活服务品类迅速崛起，农业也从原始的农业生产向农业品牌、休闲农业进行升级，从过去的柴米油盐变成了健康、医疗、养老、娱乐、户外运动、品牌消费、定制消费等方方面面，经济机会在增多，人们的思维方式也在转变。

人文情绪导向设计作为服务于不同人个性要求的一种手段，很多时候是用性格特征或消费者所倾向的喜好和品位等来定义产业的族群特征的，针对不同群体，将人的情感和品位作为设计要点。

作为燕山大学艺术与设计学院创新设计理论系列丛书的一部分，本书作者所提出的人文情绪导向设计恰恰为农业产业的消费升级提供了一个可参考的设计模型，他将农业产品从其基本的使用功能向文化和情感延伸，以需求侧为生产和设计主体，其更多地强调了创新设计和创新思维。

作者试图通过总结京津周边的休闲农业现状，从休闲农业的服务群体去分析不同年龄段人群的自身形式语言和人文语义，运用大数据手段呈现出休闲农业的多元价值功能，并对其经济价值功能、生态价值功能、文化价值功能和社会价值功能进行了分析研究。最终将农业产业和农业产品从功能要素向更加符合人文并且有积极情绪导向的方向进行了置换。

基于这一系统构想，作者进行了大量休闲农业的设计实践，在视觉、行为、心理和认知上进行了总结归纳，通过人的视觉、感受空间体验以及文化认知来引导不同年龄段人群的情绪感受，从而明确了休闲农业的人文情绪导向设计方法，为京津周边休闲农业的发展提供了很好的设计模型与参考案例。

在当代，基于商业的设计有其特定的服务性，功能上既服务于消费者，亦服务于生产者，这些都取决于营利的目的。好的设计区别于纯艺术家，也区别于商业产品和概念设计。它不是为了迎合消费者日趋疲惫的审美，抑或是遵循心理学所搭建的符号，其应是一种设计精神的回归、一种设计道德标准的建立。

燕山大学副校长
2019 年春

目　录

第 1 章 人文情绪导向理论的背景和依据

1.1 研究背景

1.1.1 人文情绪导向问题的提出与内涵

环境会对人产生刺激，从而对人对环境的期望目标、审美标准及态度等产生作用和影响，并最终使人对该环境产生情感反应（图 1-1）。

这种情感反应具有以下特点：

（1）环境引发的情感因人而异。世界观决定方法论，每个人因其价值观不同，对相同环境也会产生不同的体验与感受。人的文化背景、知识层次、审美标准、生活习惯不同，对环境的期望目标、衡量标准及态度也会不同，因此面对同一环境产生不一样的情感反应就不足为奇。

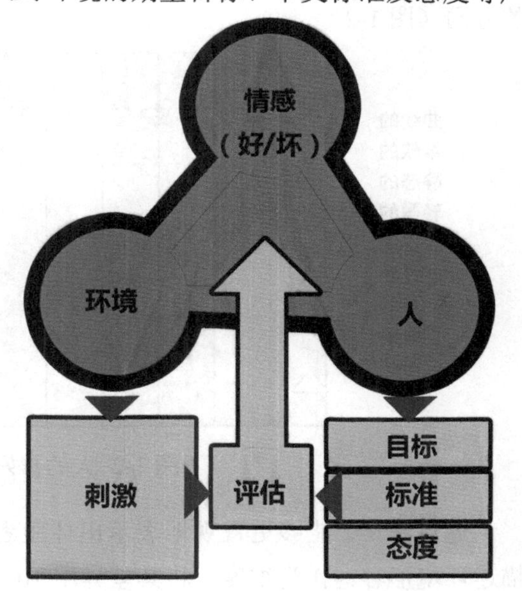

图 1-1 环境和情感的对应关系

（2）这种情感具有时效性。每个人随着年龄的增长、阅历的丰富，对同一环境的期望目标、衡量标准、态度也会随之变化，因此在个人成长的不同阶段对同一环境经常会有不同的反应。

（3）这种情感具有复合性。对同一环境，人们经常会有不同的感觉，对环境进行评估时，人们通常受到多种因素的影响，因而产生的情感也不会是单一的。如设计师在进行环境设计时，除了考虑环境的功能，还要赋予它一定的形态，通过丰富多彩的形态变化传达思想，使得环境拥有生命力。人们在使用物的过程中会得到种种信息，引发不同的情感。当设计使环境在外观、触觉上让人产生一种美的体验时，使用者就会有好的情绪感受。现代环境一般给人传递两种信息，一种是理性信息，如环境功能、材料工艺等；另一种是感性信息，如环境的造型、色彩、使用方式等。前者是环境存在的基础，而后者更多关注的是环境形态。

1.1.2 环境中所蕴含的情感因素

目前，对环境情感反应的描述方式和评估标准还没有统一的模式。设计师们尝试通过不同的感观形容词直接或间接地描述人们对环境的感受。这些感受可以从人的反应包括行为表现、心理、主观情感等方面来衡量，然后根据人们的喜好度对环境进行评估，最后通过分析喜好度和形容词之间的关系决定设计的方向（图 1-2）。

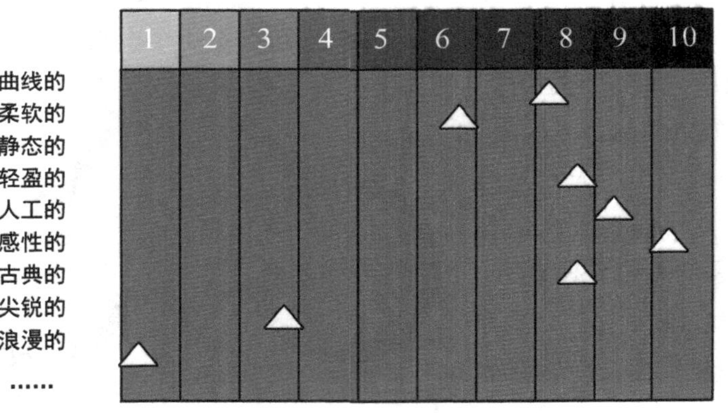

图 1-2 人的喜好度调查表

通过图 1-2 能够更直观地表示出体验者喜好度与环境之间的关系。首先将描述环境形容词作为维度，将其差异用 10 个灰阶来表示，按照颜色由浅到深依次排列，然后用小三角形来标注用户喜欢某个阶度的形容，如：第一个维度，灰阶越高表示越趋于曲线风格，曲线程度在第 8 阶用户最喜欢。以此类推，通过分析目标用户喜好度与环境之间的关系就可以了解到用户的偏好，最终确定环境设计方向。

在环境设计过程中，设计师对于环境情感因素的产生、描述、评估及情感因素的把握等，为其设计出满足目标用户生理及心理需求的环境设计提供了参考。以用户为中心的设计思想必须具有与用户相同或相似的思维模式，这就要求设计师的思维模型必须与用户的思维模型保持一致。设计师在同一环境背景下与用户进行交谈，用户才能真正了解到设计师想要通过环境向其传达的情感寓意，才能深切明白这种环境设计的真正价值及意义。因此设计师在进行创意设计前，应该充分了解用户需求与偏好，包括服务用户的年龄层次、文化背景、审美情趣、时代观念等，同时要充分了解服务用户的使用目的，以便设计出的环境能够真正融入到用户的生活中，解决不同用户的需要。所以在设计过程中，建议让使用者参与进来，这样可以保证设计中心紧紧围绕目标用户，设计出的环境也能更加贴近用户的需求。对于造型、色彩、材质等要素的选用及其对目标用户心理影响的基本规律，可以从以下方面进行分析：

（1）精致、高档的感觉：自然的过渡、精细的表面处理和肌理、和谐的色彩搭配。

（2）安全的感觉：浑然饱满的环境造型、精细的工艺、沉稳的色泽及合理的尺寸。

（3）女性的感觉：柔和的曲线造型、细腻的表面处理、艳丽柔和的色彩。

（4）男性的感觉：直线感造型、简洁的表面处理、冷色系色彩。

（5）可爱柔和的感觉：柔和的曲线造型、晶莹或者毛茸茸的质感、跳跃丰富的色彩。

（6）轻盈的感觉：简洁的造型、细腻光滑的质感、柔和的色彩。

（7）厚重、坚实的感觉：直线感造型、较粗糙质地、冷色系色彩。

（8）素朴的感觉：形体不做过多的变化，冷色系色彩。

（9）华丽的感觉：丰富的形体变化、高级的材质、较高纯度暖色系为主调、强烈的明度对比。

1.2 研究理论依据

1.2.1 情绪化环境的研究基础

大数据时代下的 Hypertext- 超链接特征，对学术研究的创新发展无疑是革命性的，跨领域的知识链接使学科间的界线不再明显。随着一键链接，虫洞思维让人们意识到可以多学科、多角度地分析课题，也就是说，人们可以从一个甚至是多个崭新的角度去审视问题，找到令人惊喜的发现。比如可以通过生物学、心理学和行为学方面的分析，深入理解不同年龄阶段人群的情绪特征，借助微精神分析的临床数据，提取参考数据，分析负面情绪的产生，而且还可以通过设计心理学方面的知识，从本能、思维、反馈等角度探究实物环境良性情绪引导的根源。

1.2.1.1 生物学基础

情绪是一种无可避免的生理现象，这是承载本课题所有研究的前提条件。

在生物学上情绪也被叫作情动，一般把短暂、急剧发生的强烈的情感如愤怒、悲哀、恐惧，或者那种即使程度不强但征候相同、反复呈现的情感状态等称为情绪。情绪在产生心理上的体验时，相关内脏器官的变化完全是生理现象的表现，与情绪相伴随的行为也会依据心理变化而采取同一方式，这是先天的反应方式。在比较行为学中，人们对各式各样的情绪行为进行研究，并对其机构进行了阐述。根据最新研究成果，情绪可能是由一个独立的功能系统完成的，这个功能系统包括下丘脑、边缘叶、丘脑核团等，其中丘脑中存在一种叫丘觉的遗传结构，丘觉是产生情绪体验的，所以丘脑核团是产生情绪的核心结构。因此可以将“情绪”定义为：从人对事物的态度中产生的体验。情绪与人的自然性需要紧密结合，具有情景性、暂时性和明显的外部表现；情感与人的社会性需要紧密联系，具有持久性、稳定性，但不一定有明显的外部表现。情感的产生伴随情绪反应的出现，而情绪的变化受到情感的控制。通常情况下，能够满足人某种需要的对象会引起积极的情绪体验，如喜悦、愉快、满意等，反之则引起消极的情绪体验，如忧愁、恐惧、失望等。

情绪是指人受到某种刺激后所产生的一种身心激动状态。情绪每个人都会有，心理学上把情绪分为四大类：喜、怒、哀、乐。再将其细分还有许多，基本包含了人们身上所发生的一切。每个人都能够体验到情绪状态的发生，但是对情绪状态引起的生理变化与行为反应却很难加以控制。人处于某种情绪状态时，个人是可以感觉到的，而且这种情绪状态是主观的。因为喜、怒、哀、乐等不同的情绪体验，只有当事人才能真正地体会到，别人虽然能够通过察言观色去揣摩当事人的情绪，但也只是间接地了解和感受。情绪的产生虽然与个人认知有关，但是在情绪状态下所伴随的生理变化与行为反应却是当事人无法控制的。当环境承载了情绪的反思时，人们就会从环境中收获喜、怒、哀、乐，品尝到酸、甜、苦、辣。

1.2.1.2 社会心理基础圈

情绪心理学中这样描述情绪：环境中情绪的载体作用依据于人对认知内容的特殊态度，是以个体的愿望和需要为媒介的一种心理活动。情绪包含情绪体验、情绪行为、情绪唤醒以及对刺激物的认知等复杂内容。情绪与认知不同，情绪与个体的实际需要和主观态度紧密联系。从这种联系中可以演绎出情绪的两种特殊存在形式，一是内在状态或体验，二是外显表情，这是与认知相区别的特征。因此，情绪与认知是带有因果关系且互相伴随而产生的。

情绪可以发动、组织或破坏认知的过程与行为，认知也可以发动、转移或改变对事物评价的情绪反应和体验。许多学派对情绪的定义皆反映出这些特点和关系。

功能主义学派把情绪定义为：情绪是个体与环境、时间之间关系的心理现象。

20 世纪 50 年代美国著名心理学家阿诺德（M. R. Arnold）将情绪定义为:“对趋向知觉为有益的、离开知觉为有害的一种体验倾向。这种倾向与一种相应的接近或退避的生理变化模式相伴随。”拉扎勒斯（1984）提出的情绪定义与阿诺德类似，“情绪是来自于正在进行着的环境中好的或不好的信息的生理心理反应的组织，它依赖于短时的或持续的评价。”这些定义都显示了情绪与人的需求和态度的关系。阿诺德和拉扎勒斯在此基础上还指出了情绪具有的特点，诸如体验、生理模式、评价等。

另一位学者杨（Young，1973）给情绪下的定义为：“情绪起源于心理状态的感情过程的激烈扰乱，它同时显示出平滑肌、腺体和总体行为的身体变化。”他把情绪定性为感情过程的扰乱，暗示出情绪同有机体的联系和利害关系，但是他更加突出情绪的“干扰”特性。这一理论对情绪病理学的研究很有帮助。

而罗特 • 利伯（Leepeo，1973）则坚持认为：“情绪是一种具有动机和知觉的积极力量，它能够组织、维持和指导人的行为。”更重要的是，他提出了情绪的组织作用的观点。

在汤姆金斯（Tomkins，1970）强调情绪是有机体的基本动机之后，伊扎德（Izord）继承并发展了达尔文的观点，提出情绪的适应性理论。他认为情绪是动机，并同认知、知觉、运动反应相互联系形成一种模式。伊扎德（1977）从功能性的角度出发，将情绪的外显行为——表情作为一个重要变量，通过表情把情绪的先天性和社会习得性、适应性和通讯交流功能联系起来，建立了包容广阔的情绪理论。

实际上，任何定义都不是尽善尽美的。定义的作用应当是方便研究，为研究者提供认知方向，但也会随着新发现的出现而不断改变。我们曾经试图把情绪心理学描述为："情绪是多成分组成、多维量结构、多水平整合，并为有机体生存适应和人际交往而同认知交互作用的心理活动过程和心理动机力量。"这样的描述既展现了情绪的功能，又包含了情绪的结构。这样的描述确实为后续研究者提供了方向与依据。只要把情绪的成分、维量、功能、整合水平、适应作用以及同认知和人格的关系揭示出来，就极有可能对情绪心理这一独具特色的心理现象进行诠释。至少基于目前的设计水平，能为人们研究情绪之谜打开一扇窗户，为进一步探索它铺筑一条可行之路。

1.2.1.3 设计学基础

在设计理论领域中，从某种层面来说，设计心理学和环境语义学本身就是一种环境情绪体验的研究和运用。设计心理学是一门建立在心理学基础上，把人们的心理状态特别是人们对于某种事物需求的心理，通过意识反作用于设计的学问。它通过一定的方法研究人们在参与环境中的心态以及设计对社会、对社会个体所产生的心理反应，这种心理反应同时能够反作用于设计，使设计可以反映和满足人们的心理。

美国著名语言学家克里彭多夫自 1984 年以来致力于环境语意学的研究，并对环境语意学提出广义陈述：环境语意反映的是心理、社会及文化的连贯性，是人与象征环境之间的连接者。环境语意构造出一个象征环境，并且远远超越了纯粹社会生态的影响。具体来说，他将环境语意划分为四个层面：第一，操作内容，参与过程其实是人与环境的一种交互行为；第二，社会语言内容，人与人之间的交流实际上是一种关于特殊的人工物、人工物的使用及其使用者之间的联系，因而人工物是现实生活组成部分的同构；第三，起源内容，设计者、建造者、使用者和其他人都参与了创造和消费人工物，并在不同程度上促成了文化和物质的"熵"变；第四，生态内容，技术和文化的相互交融将影响"物体系"内在的交互行为。

当代环境设计者在探讨环境造型时，习惯于从以下五个方面进行环境的语意分析：

第一，环境。包括环境的形态、大小、材质、色彩等，要求其与所处的自然环境和社会环境相协调。

第二，记忆性。一种新环境空间和形式的出现，不一定要创造出一种全新的造型语言，而应该从现有空间形式上寻找出某些大众共有的记忆，通过环境语言的连续性与熟悉性使大众产生共鸣。

第三，操作性。通过空间尺寸、形象、材质及色彩等传达出的明确语意及各项控制键之间的关系，选择清晰、易理解的操作，引导正确的操作行为。

第四，程序。语意设计不是要加强环境技术的神秘感，恰恰相反，因为很多新科技是无法目睹的，环境内部不可见的机构运作需要透过外部形态予以表现，设计师则需针对环境内部技术运作的层面加以解释，不只是技术上如何运作，还要使人们在心中能够设想出其运作。

第五，使用的仪式性。简洁的造型可以满足人们日常生活中简单高效的需求，而某些具有仪式性的场合，则需要通过环境进行或庄重、或温馨、或冷峻、或理性的造型解说，传达出情境设计及物体与使用者间的心理互动。

1.2.2 研究工具与理论依据

对于情绪的探索与研究是多领域、多范畴、多层面的，无法做到面面俱到。在本课题中，相关领域知识的运用依然紧紧围绕休闲农业环境中的情绪问题，其他学科领域的知识借鉴也将针对不同年龄段人群根据不同休闲农业的使用特点，从生物学、心理学等角度深层剖析负面情绪的产生，并借助设计心理学，在环境层面上从本能、思维、反馈等角度探究良性情绪的引导方式。因此在资料的选择和应用时，我们坚持做到以下三点：

第一，把“以功能为本”的设计理念转变为“以人为本”。

第二，着重解决可用性问题。采用各种心理学方法对用户需求进行调查和实验，获取用户信息。

第三，建立用户模型。将调查获取的用户在社会、生活、心理特性等方面的信息综合并系统化，形成关于用户的系统知识，这种知识叫用户模型。它是研究人机关系所依赖的基础，也是评价人机系统的主要参考标准之一。

1.2.2.1 设计心理学

唐纳德·诺曼是世界上著名的设计心理学家，其著作《设计心理学》在该领域也有着极高的影响力。其在构建设计心理理论框架和知识系统时，依据心理学科的基础知识，融合了贡布里希、阿恩海姆、小林重顺等著名设计心理学家的研究成果及自身的研究成果。他这样来阐述设计模型：要想设计出以人为中心、简洁实用的产品，设计人员一开始就应当把各种要素考虑进去，协调并设计相关种类学科，绝对没必要因追求环境的适用性而牺牲艺术美，反之亦然。

因此，我们应为自身追求的设计设置如下要求：

（1）用户能够很容易了解到环境的状态和可能的操作方法。最好用声音辅助增强可视性。但是要想合理利用声音，必须了解声音与所要传达的信息之间的作用关系。这种情况下，即使人的注意力集中在别处，也可以听见声音的提示。但要注意不能让声音成为干扰。

（2）正确的概念模型，即设计人员通过设计提供给用户的正确概念模型，要使环境的设计与使用的结果保持一致。一个好的概念环境便于我们预测不同人群行为的效果。如果没有，我们在设计时就会处于被动，按照别人说的去做，无法真正明白这样做的原因、结果以及如果出了差错应该如何应对。

（3）正确的匹配是说用户可以判定环境的使用与结果、控制与其功能、系统状态与可视部分之间的关系。自然匹配能够减轻记忆负担，属于逻辑限制因素。

（4）反馈原则是指不同的用户能够接收到有关环境完整、持续的反馈信息。

1.2.2.2 情绪化设计

美国著名心理学家唐纳德·诺曼的《情绪化设计》以本能、行为和反思这三个维度为基础，论述了情感在设计过程中所处的重要地位与作用，深入分析如何将情感效果融入环境的设计中，解决长期以来困扰设计工作人员的问题：环境的可用性与美感之间的矛盾。唐纳德·诺曼列举了许多丰富且新颖的事例，从日常家用电器到电脑，从个人网站到电子邮件，从计算机游戏到电影，从现代通信工具到机器人，覆盖范围极其广泛，因而正如本书最后所说的那样，我们都是设计师，每个人的工作和生活实际上都在与设计打交道。

1.2.2.3 交互设计

交互设计作为一门关注交互体验的新学科，产生于20世纪80年代，由英国著名电脑工程师比尔·莫格里奇在1984年的一次设计会议上提出。交互设计是一种研究如何让产品易用、有效而让人愉悦的技术，它致力于了解目标用户的期望，了解用户在产品交互时不同的行为，了解“人”本身的心理和行为特点。

我们将其带到环境设计中，就可以知道并了解各种有效的交互方式以及如何对它们进行增强和扩充。交互设计涉及多门学科以及与多领域多背景人员的沟通。通过对环境和行为进行交互设计，可以使环境和使用者之间建立一种有机关系，从而有效完成使用者的目标，这是将交互设计带入环境设计的最终目的。

1.2.2.4 以用户为中心的设计

更确切地说，以用户为中心的设计是一套方法，是基于交互设计引导的设计原则，是 20 世纪 80 年代末兴起的一种开发的概念与方法。在环境设计中主张将设计的重点放在用户身上，使其拥有心智习性，能够自然地接受环境。以用户为中心的设计理念为：最好的设计环境和服务源于了解潜在用户的需求。它能保证环境容易设定、使用与升级，也能确保环境吸引人，而且是直觉化且完整的，如北欧橱窗的设计环境。实现以用户为中心的设计方法众多，按照其特性可分为故事法（Story-based Design）、剧本法（Scenario-based Design）与模型法（Model-based Design）三大类。

第 2 章 休闲农业中的人文情绪表征研究

2.1 情感化设计的三个层面

全球知名的认知心理学家唐纳德 A. 诺曼阐明的以人为本的设计原则早已耳熟能详，情感与价值上的判断密切相关，而认知则与理解相关联，二者缺一不可。自我的概念实际上是人的一个基本属性。从心理学角度来讲，“自我”其实是一个很复杂的概念，它拥有文化的特异性。所以，东方和西方分别代表的自我观念差别很大，西方更注重个体，而东方更注重群体。美国人更倾向于作为个体而优秀，日本人更倾向于成为他们群体中的好成员，希望其他人认可他们的付出。实际上，总体来看，在同样的情境下不同的人有着相似的行为。由于文化创造了不同的情境，所以亚洲文化相比南北美洲和欧洲文化更有可能树立共享的群体态度，南北美洲和欧洲的个人主义情境更加常见。有趣的是，如果把亚洲人置于个体主义的情境之下，把美国人和欧洲人置于社会性共享的情境下，他们的行为也会变得非常相似。

菲利普斯曾经在设计著名的章鱼榨汁机（图 2-1）时说，他只想让女婿和岳丈在等待午餐的间隙多一些谈资。回忆能够反映出人们的生活经历。这些回忆让人们想起朋友和家人、成就和经验，同时也加强了自我认知的能力。纵使那些表明对他人如何评价自己没有兴趣的人事实上也是在乎别人看法的，只不过让其他人以为他们并不是很在乎。言行举止、所拥有的物质对象如首饰和手表、房子和车子等，这些都属于人们对自己的公开表达。自我的某些方面是有共通点的，如期望得到他人的尊敬，即使是被人赞扬这一行为在不同的文化中也会有所差异。无论是在崇尚标新立异的最个人主义的社会，还是在崇尚一致的最群体取向的社会，都会存在这种被人尊敬的期望。

在广告行业工作的业内人士都明白其他人观点的重要性，他们主要通过联想推销环境。展示既定的购买者梦想做的事情，譬如滑冰、浪漫旅行、奇异的场所和国外的土地；展示名人，将这些人称作消费者的榜样或者英雄，诱导消费者通过联想形成一种值得购买的心理感觉。环境的这些方面主要可以通过设计来提高。在环境设计方面，可以分为功能性和装饰性空间，但每一种空间都会特意呈现一个不同的形象。空间的尺度和色彩的不同，往往会暗示其他人关于空间的使用人群。因此，当人们选择不同的空间环境时往往会和其行为一样，向公众暗示他的年龄和价值观念。对于部分人而言，这一外在表现恰恰补偿了一个人内在自信心的缺失。总之，不管承认还是不承认、同意还是反对，对空间的选择都可以反映出选择者的个人的生活方式、自我形象期望以及选择者在别人心中的形象。

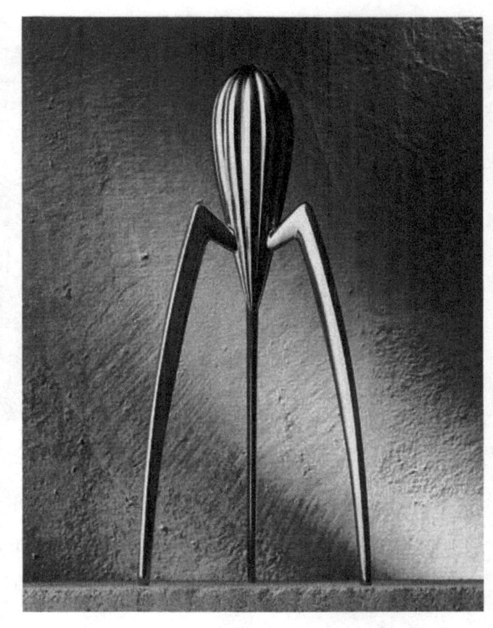

图 2-1 菲利普斯的章鱼榨汁机

人往往会在多种层次上解释某次经历，不过吸引这个人的东西不一定吸引另一个人。所以说成功的设计必须做到在各个方面都优秀。譬如，惊吓顾客从逻辑上来讲可能是坏事，不过游乐园中却有很多顾客恰恰就是为了光顾鬼屋和过山车（图 2-2）的。但是，这些惊吓是在非常可靠安全的条件下发生的。在诺曼先生的著作《情绪化设计》中，他着重对其设计体系中的情绪组成部分进行了阐述：设计共分为三个层面，感官层面（Viseera）、行为层面（Behavioral）和反思（Refective）层面。

设计对每个水平的要求并不相同。存在于意识思维之前的是本能水平。这时空间造型显得格外重要，并会形成第一印象。本能水平的设计和空间环境的最初效果息息相关，包括环境的外形、手感和材质。行为水平与环境的效果、环境空间的感觉息息相关。不过感觉包括诸多方面：功能、性能和可用性。环境的功能主要是指该环境可以支持什么样的活动，它能够做什么。人们在反思水平上才会存在意识、情绪、情感和认知的最高水准，才能体会到情感和思维

图 2-2 过山车

的潜在影响。而较低的本能和行为水平上只有情感，不存在解释或意识。解释和推理往往来自于反思水平。在这三种水平中，反思水平最容易随文化、教育、经验和个体差异的变化而变化。反思水平还能凌驾于其他水平。所以，有些人对恐惧的本能体验很青睐，而有些人就非常憎恶；有的人对某种设计无法接受，而有的人却认为该设计很有魅力和吸引力。

复杂化设计往往特别轻视大众要求，而某种设计吸引人们的特点又让很多知识分子苦恼。这几个水平之间还有时间的区别。本能水平和行为水平是看到环境当时的感受，但是反思水平会延续很长时间——你可以通过反思回忆过去、思考未来。所以，反思水平的影响是长期的，涉及拥有、展示和沉浸环境时的满足感。自我认同存在于反思水平中。环境和认同之间的交互格外重要，譬如你在进入某种环境时会感到光荣或羞耻。在该水平上，环境交互和空间服务也很重要。简单来说，这三个水平相互影响的方式效果大概是：本能水平的设计＞行为水平的设计＞使用的乐趣和效率反思水平的设计＞自我形象、个人满意程度。

本能水平的反应可迅速对好或坏、安全或危险作出有效判断，并向身体发出信号，对脑的其他部分发出警告。这就是情感加工的起点，决定于生物因素，控制上一级信号可以加强或抑制它们。行为水平的活动可通过反思水平增强或抑制，相反，行为水平还可以增强或抑制本能水平。反省的反思水平称为最高水平，它与感觉输入和行为控制无直接通路，反思水平监视、反省行为并使行为水平产生某种偏向。

如图 2-3 所示，三种水平相互调节。最低的本能水平发起活动，称作“自下而上”的行为；同理，最高的反思水平发起活动时，称作“自上而下”的行为。这些术语说明脑加工结构的标准模式，底层与解释身体的感觉输入息息相关，同时顶层与高级的思维过程也密切关联。自下而上由知觉驱动，自上而下由思维驱动。当大脑处于神经递质的化学液体中，自己的操作方式会发生变化。也就是说，神经递质通过突触改变神经细胞间神经冲动的传递方式。部分神经递质增强传递，部分神经递质抑制传递。看、听、触会让情感系统作出判断，警告大脑其他兴奋中枢，向情感状态释放神经递质，这就是自下而上的活动。反思水平在思考事情时，想法传递到底层，又会反过来激活神经递质。

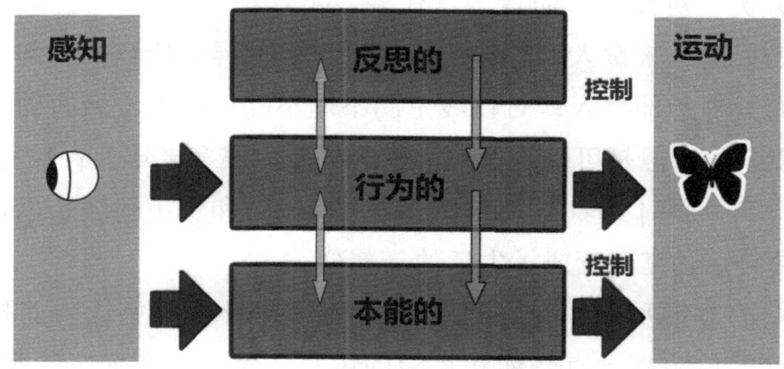

图 2-3 本能—行为—反思的相互作用

2.1.1 本能

本能在情绪化设计中属于第一个层面。虽然本能水平是大脑最简单最直接的部分，不过它对各种外界环境都特别敏感。这是由遗传主导的，在漫长的进化过程中，环境也在随之演变。环境可以单凭感觉信息识别，而本能水平无法进行推理，无法对某一处境和过去的某种经历进行对比。它以某种特定方式进行工作，认知科学家将这种方式称作“模式匹配”。

人类先天到底具备了什么呢？整体来看，在进化历史中，人们对那些提供了衣服、食物、住宿、娱乐的环境产生了正面情感。例如：温暖、明亮、舒适的场所，香甜的气味，适宜的气候，劝慰的声音以及欢快的旋律，微笑的面孔，美妙的音乐，爱抚，有旋律的节拍，饱和的色彩，对称或圆润平滑的物体，“漂亮的”人们，等等。相似的，下面列出的情境会自动地产生负面情感：过冷或过热的温度，拥挤的街道，腐烂的食物，尖锐的物体，从高处传来的巨大声响，刺眼的光芒，炎热的沙漠，湿冷的森林，摩擦声，不和谐的声音，其他人的体液、呕吐物等。

人类拥有强大的反思能力促使人们比其他动物优越，可以克服本能的、纯生物水平的支配。人们之所以可以将本能克服，一方面，这看起来似乎是满足人们心意的最简便的途径，由于对它的反应是生物的，所以世界上生活的每个人都是极其相似的。不过这不一定会直接转变为偏爱。并且，虽然所有人都具备大体相同的身体形状、心理器官，但是详细来讲，他们却有明显的不同。人们有的是身强体壮的，有的是身单力薄的，有的是积极的，有的是懒惰的。人格理论可以根据外向性、宜人性、情绪稳定性、责任感和开放性等一系列维度将人们进行分类。对设计者而言，这代表着不存在满足所有人的设计。另外，从本能反应的程度上来看人们表现出很大的个体差异。所以，一部分人会喜欢直线空间，而另外一部分人却对直线空间不理不睬。基本上所有的人最初都讨厌冰冷的环境空间，但是可以培养对它们的兴趣，很多老年人青睐的环境空间，年轻人在第一次见到时大多不太喜欢，但随着年龄和资历的增长以及境遇的不同，慢慢也会将这种空间变成了生活的一部分。

虽然人们的本能反应系统已进化到自动保护身体避免危险的程度，但是当下最为流行的体验都含有恐怖和危险的色彩，譬如：恐怖电影和恐怖小说，刺激的冒险运动和向死亡挑衅的旅行。正如上文提及的，冒险和感知危险给人们带来的快乐是独特的。正是人与人之间存在差异，才使我们每一个人都独一无二。

2.1.2 行为

在情绪化设计中，第二个层面为行为层面，通常是指一种环境空间在它的功能上是否出色。这一点相当重要。一个环境的设计，不仅需要让人参与，还要让人觉得它在自己的掌握之中。以儿童空间为例，如果尺度不合理，存在安全隐患儿童将无法使用。同理，在老年空间中，如果色彩过于刺激，也是无法让老年人感到十分舒适的。

行为水平与环境的效果和环境给人的感觉息息相关。不过感觉包括诸多方面，如功能、性能和可用性等。环境的功能主要是指该环境可以支持什么样的活动，它能够做什么。假设功能不全或者毫无益处，那该环境将毫无价值。性能指的是环境能多好地完成那些需要去实现的功能。假设性能不足，那么环境注定失败。 当人们在某种环境中感到迷惑或沮丧的时候，往往会产生消极的情感。如果某环境满足了人们的某种需求，如使用过程是充满乐趣的，则人们会产生积极的情感。

环境对情景的适宜性也是环境本身另一个非常重要的维度。从某种程度上讲，这适合于所有的人类行为，它表现为：在某种情境下，一种行为适宜且备受欢迎，而放在另一种情境下就未必适合，严重的还会遭到拒绝。人们已经掌握了在不同情景中调整语言的本领，例如在和亲密朋友交流时语言就很随意，在一场严肃的会议上作报告时语言往往都会变得比较正式。类似的例子还有：适合夜总会穿戴的服装放到商务活动场合下并不适合；一个充满童趣、色彩斑斓的环境未必适用于商务活动；适合工厂地板装饰的设计放在家庭的客厅就变得不伦不类。同理，许多商用环境并不具备娱乐环境的一些标准特征。譬如激光灯、播放器以及声音系统。主要是因为这些配置适合于娱乐和游戏，而在严肃的商务场合中娱乐和游戏肯定是不适宜的。经理们也会拒绝那些看起来太花哨的设备。所以环境的外在形象和用户的心理感受往往决定了消费者的类型。需要和想要的区别在于需要是客观的，属于物质层面，而想要是主观的，属于精神层面。

需要主要由任务决定：送水需要的是水桶，上下班携带文件需要的是某种文件包。想要受广告、文化、自我认识和自我形象决定。例如，虽然学生用的背包甚至纸袋携带文件非常方便，但是拿着这样的“包”走进一个严肃的“首脑”会议的环境就会觉得尴尬。当然，尴尬是一种情感，它表现出一个人内心对行为适宜性的心理感觉。环境设计者应十分清楚，“想要”在决定环境的成功时起的作用比“需要”更大。

满足人们的真实需要是极其困难的，其中包括不同宗教文化、不同年龄群体、不同国家和不同种族等的需要。现在要进一步满足环境购买者的心理需求，譬如幻想、偏见和看法，这是一个巨大的挑战。例如，承包人给房子装配先进设备进一步提高房子价格，却不考虑将来的居住者是否会使用它们。这些挑战对部分设计者来说可能会难以应付；但是这些挑战对另一部分设计者来说就会让他们产生灵感。

2.1.3 反思

反思层面是情绪化设计的第三个层面。反思层面和个人感受、个人想法关联密切，它是人们对自我行为思考的体现，也是对他人看法的关注。例如“我入流吗？”“我的做法对不对啊？”很多年轻女孩喜欢在手机上挂装饰物，她们的目的是想向别人传达“这就是我，这是我的手机”这样的信息。这一点非常有趣，因为她们也得融入同龄人的群体。

感官层面作为人性的组成部分，总的来说都是一样的，在感官层面人们对“好”有一样的定义。行为层面的内容可以通过学习获取，所以全世界范围内都有类似的标准，而不同的人学到的东西还是不同。反思层面与行为层面相比有很大差异，反思层面与文化相关联。事实上，产生真实稳定的情绪感受是花费时间的，这需要不断的交互作用。人们喜爱什么？厌恶什么？外形和行为产生的作用相对很小。历史因素、人们与物品的联系以及它们引起的回忆变得很重要。很少有人把纪念品、赠品、明信片和纪念物标志等看作艺术品。艺术与设计界把这些东西视作劣质品。

《哥伦比亚电子百科全书》谈及嘲笑低劣物品的单词：“从 20 世纪早期以来一直用来指被认为是做作的、格调低的作品。有利可图的商业化物品，如蒙娜丽莎丝巾，以及对雕塑名作进行粗制滥造的复制品均被形容为劣质品，就像那些声称具有艺术价值但又缺乏说服力、廉价或者感伤的作品一样。”《美国传统字典》将“感伤”解释为“由情绪而不是由理智或者现实主义引起或者影响的”。“情绪而不是理智”——很对，恰恰就是这一点。所以，名画、名建筑以及名纪念物的廉价复制品被称为是“低劣的”。这些复制品几乎没有任何艺术价值，仅仅是些劣质的复制品。相似的，纪念品和流行的装饰品大多也是华丽俗气的。

虽然如此，但是复制纪念品也有重要的一面，它是一种回忆、标志或者联想的源泉。纪念物是指“回忆的象征或者纪念”。同样的，某种空间环境具有魅力和广泛流行的源泉正是来自艺术界或设计界嘲笑的感伤性。设计界中习惯于把美和情感联系起来，我们制作美丽、可爱的空间，这些特征无论多么重要，都不会推动人们的环境。我们喜欢这些漂亮的环境，主要是因为我们喜欢漂亮环境所传递的感觉。在情感方面，情绪恰恰可以反映出个人的经历、记忆和联想。

在对“什么是环境”的研究中，我们走入居民家庭对居民进行采访，尝试理解他们和与他们有关的环境之间的关系。我们请求每个人指出其认为的“特别的”环境，接下来在详细的采访中讨论这些特别环境都由哪些因素构成。最终，我们明白了“特别的环境”指的是那些具有特别回忆的环境、那些具有特别感情的环境。特别的环境并非仅仅集中于环境本身，更重要的是在其中发生的故事或是某个特殊时刻。所以，一位妇女在接受采访时这样描述她客厅里的椅子："它们是我和丈夫最初买的两把椅子，当我们坐在上面，我就会不由自主想起我的家庭、孩子，还有与孩子一起坐在椅子上的那种情境。"

2.2 人文情绪导向设计的呈现形式

2.2.1 外在空间表征呈现

环境中的人文情绪呈现的主要方法是对空间的再划分，空间是村落人文要素的直接载体，通过对京津周边村落的调查与研究，我们希望找出这些村落的普遍特点，并通过对这些特点的总结，为京津周边村落的交互式环境治理与人文情绪引导设计提供一个可以参考的蓝本。在长达 3 年的调研中我们走访了京津周边 8 个县的 30 多个村落，足迹遍布京津周边全境。在此基础上，我们对典型村落进行了以下总结。

2.2.1.1 节点空间分析

京津周边村落的节点空间主要包括入口空间、街巷空间的局部放大或建筑界面退让形成的过渡空间。作为交通沿线上的突变区域，节点空间不但控制着整个内部空间结构的组织秩序，而且对居住者的聚居行为产生影响。因此在选址、建制方面，一般都需经过规划设计，旨在使居住者能够清楚地感受到周边环境的相互作用。

1. 村落入口空间

村落的入口空间在心理上具有多方面的意义，它标明了领域的界限，反映了领域的风格与拥有者的身份，具有明显的象征意义，使人产生强烈的视觉感受。这些入口空间成为识别整个村落环境的标志物和起始点。京津周边地区的村落由于选址和类型的不同，往往具有不同形式的村落入口空间。按入口的平面形式分，可以分为自由式、规则式；按入口的封闭程度分，可以分为设有城门的和自由进出的。下面介绍两种常见的入口形式。

（1）以广场作为前导性空间的村落入口

在京津周边，多数村落入口采用不同形式的广场作为前导性空间，并结合照壁、古树等要素，共同构成公共开敞空间。此种节点空间中一般村落入口与其主街直接相通，从而呈现出一定的公共交流、集散及交易功能。

（2）以建筑为标识的入口空间

京津周边井陉、蔚县、邢台、青龙和山海关等区域内的村落，出于村落安全防御的需要，往往在村口处设置过街楼或城门等建筑类型，旨在作为入口空间的标识。由于该类建筑一般具有一定的高度优势，且建筑形制也较为特殊，因此往往呈现出更为显著的标识性与引导作用。另外，兼具门楼功能的各类建筑因与城内主道路相通，遂成为联系村内村外的重要节点。（图 2-4 ～图 2-8）

图 2-4 河北蔚县西古堡入口

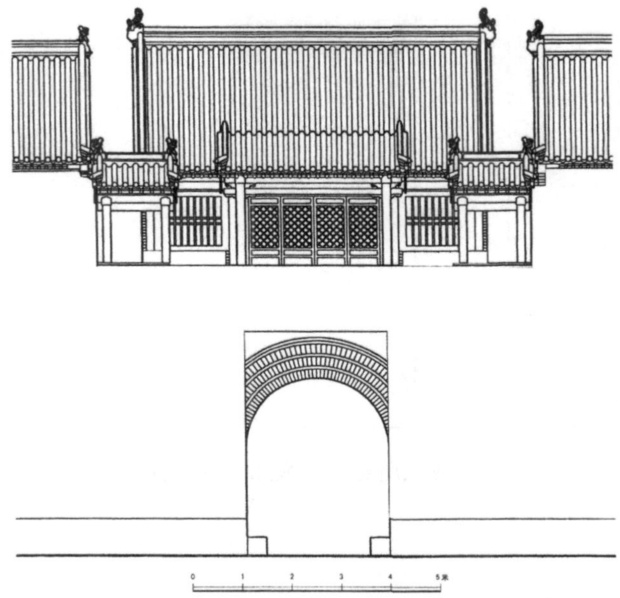

图 2-5 河北蔚县西古堡南门瓮城北立面

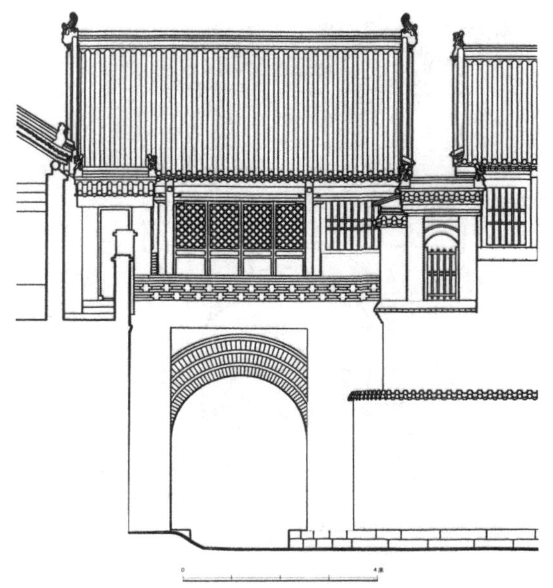

图 2-6 河北蔚县西古堡南门瓮城内立面

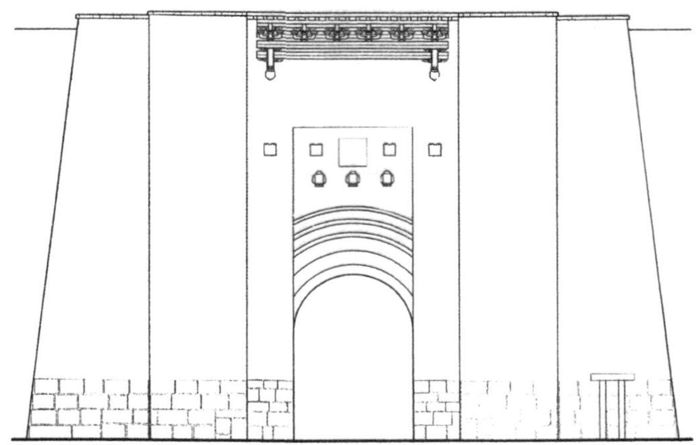

图 2-7 河北蔚县西古堡北门瓮城正立面

图 2-8 河北井陉县大梁村村入口

2. 街巷节点空间

街巷节点空间主要包括其端头、交叉转折处以及各种因局部凹凸变化而形成的集散节点区域。由于这些街巷节点多因所在地形局部放大或临街建筑发生退让而形成具有一定宽度的空间区域，因此根据街巷等级的不同，其衍生的街巷空间节点也存在相应的等级划分。在这里，因村落本身共同活动空间不多，故在很多村落中街巷交叉口等节点空间往往是村落中重要的节点空间，有的甚至成为村落的几何中心，也是村民地理空间和心理情感上的标志性空间场所。概括来讲，京津周边村落街巷节点空间因形成原因的不同，导致平面形式多呈现出十字形交叉口、T 形交叉口、Y 形交叉口、五道口等几种类型（图 2-9）。除满足基本的交通功能之外，街巷节点空间往往还兼具引导人流、建构交往活动场地的作用，特别是十字形和 T 形交叉口的街巷节点，更是人们停留、进行交谈活动最频繁的区域。

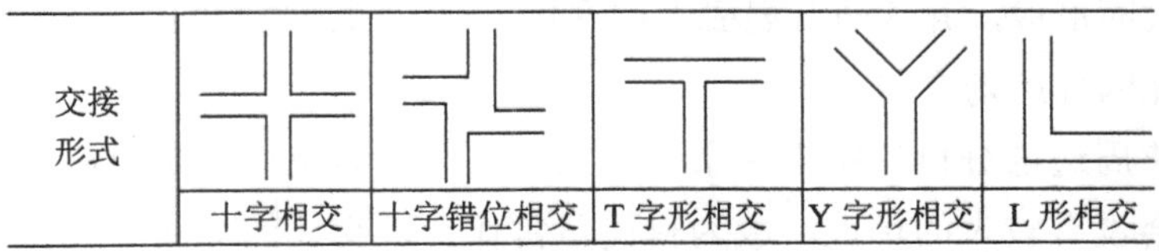

图 2-9 河北省村落交接形式

（1）十字形交叉口

十字形交叉口的街巷节点在平原地区的村落空间中十分常见。其优势是能够最大程度地保证交通的便利与视线的通达性。但是在山地地区的村落，其内部交通组织往往在十字形交叉口的基础上结合地形条件进行错位处理，从而在空间结构上呈现出带有倾斜的相交街巷节点。

（2）T 形交叉口

T 形交叉口一般是次要道路与主干道交接处的节点形式，它往往表现为一条主干道与多条次要道路的串联。由于这种类型的街巷节点空间不但具有较好的视觉封闭效果，场所感极强，而且交通也十分便利，因此其临街两侧也是人们驻足停留交谈的主要场所。

（3）Y 形交叉口

Y 形交叉口一般多出现在山地区域内的村落，并通常由各组不同走向的各级街巷相互连接而成。此外，由于存在高度差变化，该类节点空间往往在多个水平面上出现不同方向上的阶梯，空间层次极为丰富。

3. 广场空间

受我国传统文化的影响，老百姓平时公共活动相对较少，因此在我国古代，无论是城市还是乡村，专门用于公共活动的广场很少。在京津周边村落中也是如此。因此在这里我们要讨论的广场是指那些村落中兼具广场功能、面积相对较大的节点及街巷空间等。概括起来，京津周边村落中的广场主要包括如下几种类型。

（1）集市广场

中国民间的集市不仅是商品交易的场所，也是村民休闲、娱乐的好去处，同时还是人们进行交流、获取信息等的重要场所。在京津周边的村落中，一些规模较大、对外交通条件较好或在一定区域内影响较大的村落中，常常会设有以商品交换为特色的集市。与此相适应，便会形成一定的广场空间来满足这种定期的交易活动。这种广场空间，一般是结合已有的街巷空间或村庄入口区域，经适当扩大而形成，并逐渐发展成人们聚集、交流的公共空间。

（2）休闲性广场空间

在京津周边部分村落中设有宗祠、宗教庙宇等祭祀性建筑设施，在这些建筑前往往会设有较大的场地，成为村民日常休息、交往的场所；戏台也是村落中举行大型集体活动的重要场所，一般设在村中主要街巷旁，与街巷一起构成相对较为开敞的广场空间，此类空间形态相对较为规整，除举行社戏等娱乐活动之外，平时往往会成为村民日常活动的主要场所。另外，在京津周边的村落中，还有很多由井台、石碾及古树等构筑的开敞空间，这些建筑设施虽然很多早已失去其原本的功能作用，但很多由此构筑的公共空间目前还在发挥作用，依然是村民日常休息、交往的重要场所。（图 2-10 ～图 2-18）

图 2-10 河北省井陉县大梁村戏院

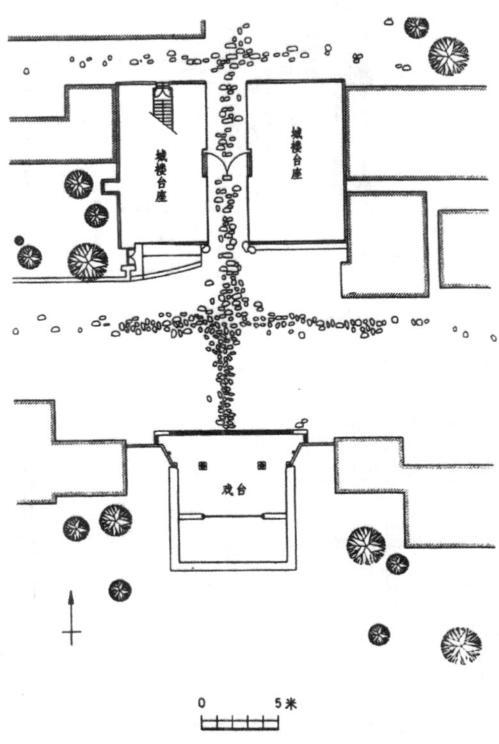

图 2-11 河北省蔚县水西堡城楼、戏台底层平面

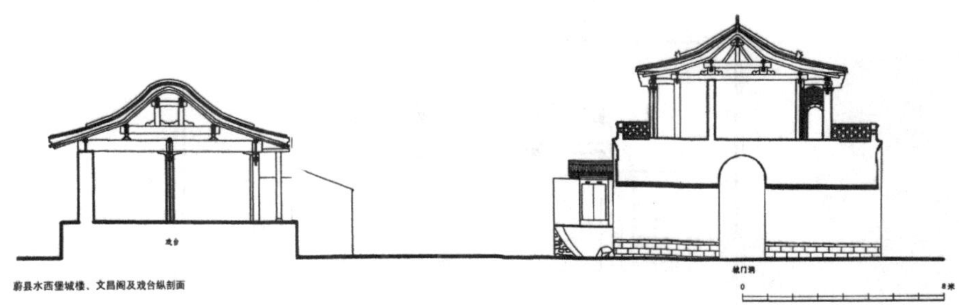

图 2-12 河北省蔚县水西堡城楼、戏台纵剖面

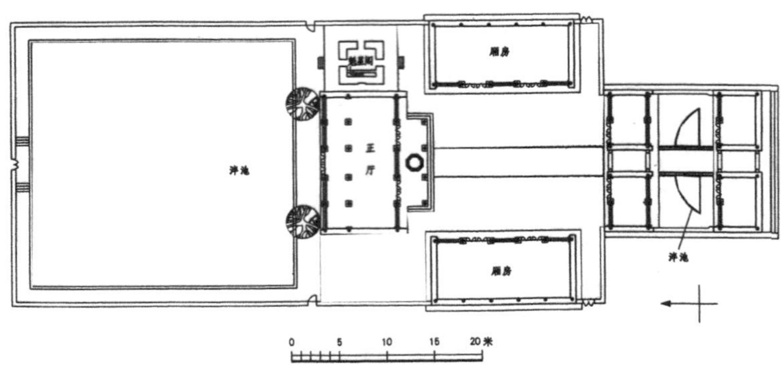

图 2-13 河北省蔚县水西堡王敏书院平面

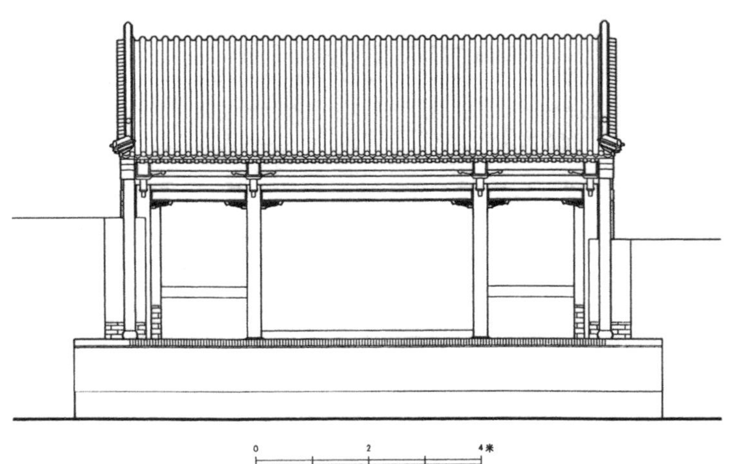

图 2-14 河北省蔚县水西堡戏台立面

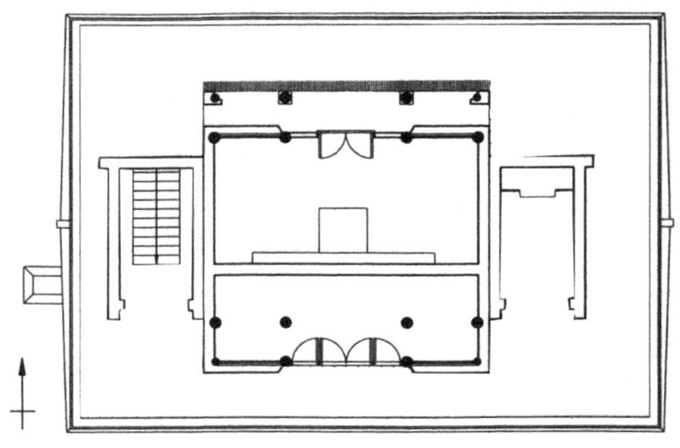

图 2-15 河北省蔚县水西堡城楼二层文靖阁平面

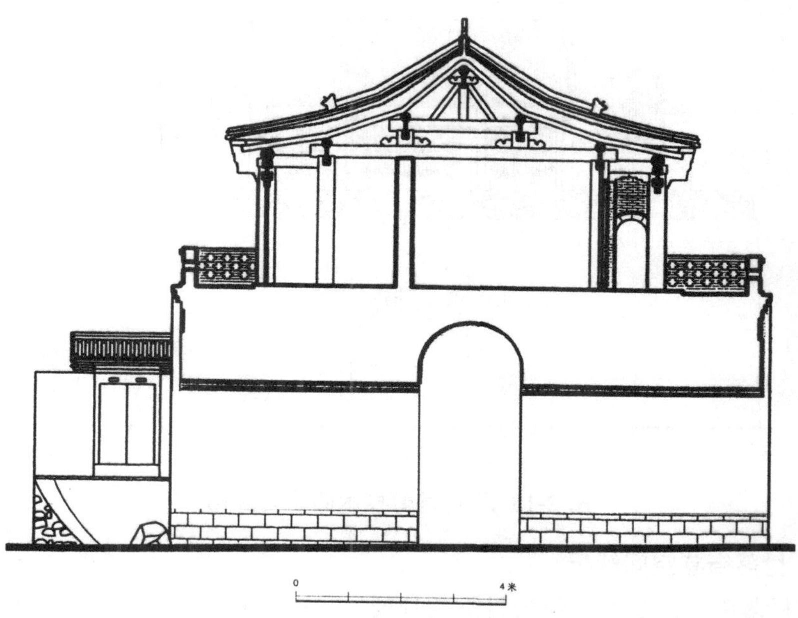

图 2-16 河北省蔚县水西堡剖面

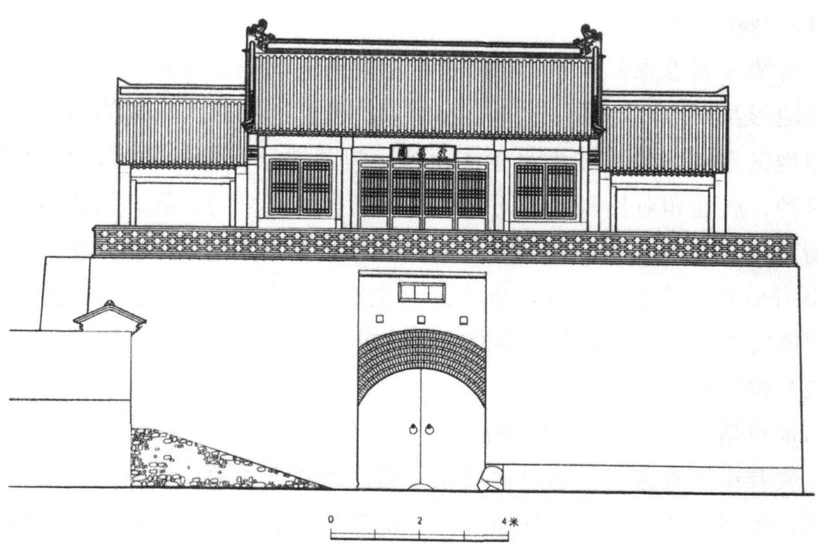

图 2-17 河北省蔚县水西堡正立面

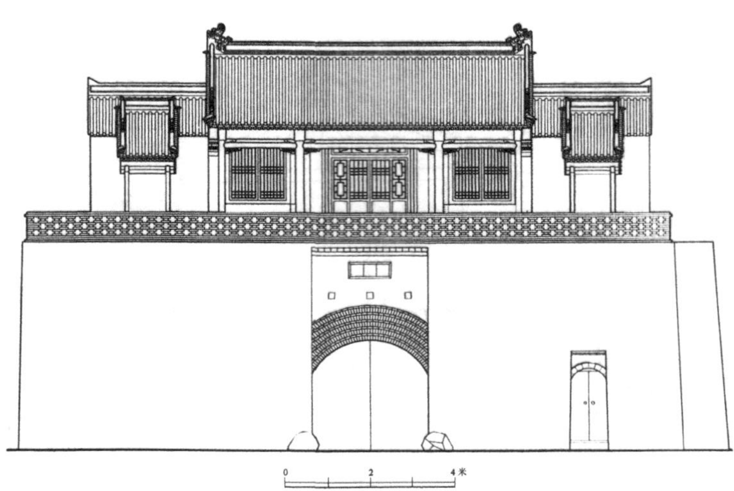

图 2-18 河北省蔚县水西堡背立面

2.2.1.2 村落街巷空间解析

在村落中，街巷空间作为村落的骨架，是对外联系、交往活动以及商品交易等的主要场所，是村落整体空间的重要组成部分。

1. 村落街巷的平面形态

（1）网状街巷

在传统规划思想影响下，村落街巷空间布局的理想模式是网状结构，但是由于受地形及周边环境条件的影响和制约，网状街巷空间布局的村落主要分布在平原地区及部分地势较为平缓的山区。村落选址在地势平缓、开阔的区域，利于耕种、居住和对外联系，同时也有利于村落将来的发展。网状街巷通常由几条街道构成村落主街，然后从这几条主街分散出许多背向生长的小街小巷。这些小街小巷有的彼此连通，成为次要道路；有的呈尽端式，成为入户巷道。一般规模较大的村落街巷格局多为网状结构。

（2）树枝状街巷

山地村落受地形条件的制约，其街巷空间多沿一条或两条主要街道发展，其他次要巷道都垂直于主街呈树枝状发展。这样形成的街巷空间层次分明、脉络清晰、布局灵活自由，很好地解决了地理条件的限制，遂成为京津周边山地村落街巷最常见的布局形式。在规模较小的村落中，简易式的树枝状街巷指代一条主街与多条辅街的组织关系。 在规模较大的村落中，除呈树枝状的主街之外，其他源于主街的次要街巷也会重新形成环状格局，并有一条或多条与主街平行的次要街巷，最终形成主次分明的街巷空间格局。

（3）放射状街巷

村落多为自然形成，交点处多形成公共空间，路网以此为中心沿地形走势和环境要素呈放射性布局。以青龙县干沟乡南胡哈村为例，村庄四周群山环绕，村前一条溪流向西汇入星干河，并与青龙河汇流，最后经滦河注入渤海，北与东侧有山体相依，主要道路沿河展开。受地理环境要素影响，道路分别沿河流、山谷展开，除局部地势平坦处为方格路网外，主要道路呈放射性结构。

2. 村落街巷的分级与特点

京津周边村落中的街巷空间一般分为两级，即主街、次街，部分规模较大的村落还会有第三级道路，即巷道。“主街—次街—巷道—院落”等构成了空间等级层次分明、风貌特色鲜明的村落街巷空间序列。

（1）主街

街巷空间是村落的骨架，主街则是村落的脊梁。对外，主街是村落村民对外联系的桥梁；对内，主街是村落的生活场所，也是村落风貌特色的重要组成部分。根据村落所处的区域不同，主街的布局、功能及宽窄等也各有特色。如平原地区村落的街巷空间多呈规则的网状布局，从而使主街相对平直，以保证良好的可通达性。而山地地区的村落因受到山势地形条件的影响，使得主街与巷道、巷道与巷道之间的组织结构也相对自由，具有不规则性。可见，由于山地村落内部街巷空间并不规整，导致主街成为连接城内外的主要通道，故通常发挥更为重要的功能用途。除交通功能外，主街也是整个村落交往活动的主要场所。相对于巷道而言，主街街道空间宽阔平坦，往往是村落中最热闹的地段。沿主街两侧修建的院落，其大门一般会朝向主路开设。大门作为院落主人身份和地位的象征，往往会受到主人的高度重视，在修建大门时一般会适当退让主街，在门前形成相对较为宽敞的空间。这样由于每家大门的形式、退让主街的距离等的不同，最终使村落的主街呈现出宽窄不一、变化自如的特征，而其宽敞处及院落门前往往成为村民开展日常交往活动的主要场所。

（2）次街

作为连接主街与院落之间的主要通道，次街通常与主街相垂直，并结合地形进行进一步演化。与城市内的次街不同，村落内部的次街一般尺度更小，仅能够保证 1 ～ 2 人并肩通行，故其疏散能力要明显逊于其沟通交往的使用价值。据统计，京津周边村落内部的次街主要包括与主街相连式巷道和直接入户的尽端式巷道两种类型。其中，前者多分布在平原地区的村落，后者多在山地村落中。

3. 街巷空间形态构成要素

构成街巷空间的要素包括两侧临街建筑物的垂直界面、底界面（地面）和顶界面（天际线）。其中，垂直界面不但限定了街巷空间的竖向尺度，而且借由其艺术风格的场景烘托，还可指涉街巷空间的使用职能。底界面在确定街巷空间平面尺度的基础上，同样凭借各组成要素所具备的不同功能与材质特性，赋予街巷空间以某种地域景观、场所精神以及使用职能的特定表达。而顶界面则在场所氛围感的塑造方面发挥重要作用。在这里，凭借这三种构成元素的组织关系，形成了街巷空间的基本尺度比例和围合度。

（1）底界面

街巷空间的底界面指代街巷路面及其附属场地。作为承载人们交流活动的基本界面元素，分析底界面主要包括其材质、色彩与高差变化。例如硬质铺装与砂石土路以及鲜亮与肃静的色彩，会给街巷空间带来不一样的视觉感受，高低变化也会给人们带来强烈的冲击力，从而赋予其不同的空间识别感和尺度感。

①材料与色彩

京津周边村落街巷形式虽然多样，但就街巷的地面来说，大都就地取材，采用当地的石材铺砌，由此也使得街巷的空间肌理、色彩、质感等方面都能很好地协调统一，有浑然天成之趣，形成鲜明的地域特色。

②升高和倾斜

街巷底界面的升高或倾斜主要出现在山地村落中。由于村落依山就势而建，街巷在竖向上出现起伏变化实属正常，这也是山地村落与平原村落街巷空间的主要不同。底界面的起伏变化可以增强街巷的方向性和引导性；同时街巷的起伏也能够带来不同的视角感受，呈现出不同的街景效果，可以增强街巷的趣味性。京津周边山地村落街巷底界面的升高与倾斜，主要通过坡道与台阶两种方式来解决。

一般来说坡道主要用于坡度较小的地段，台阶则用在坡度较大地段。但是为了更好地与所在地形条件相融合，通常采用两种方式相混合的设计策略，进而赋予其丰富多变的空间层次。在这里，由于京津周边村落主街的设置往往与等高线一致，因此坡道多出现在两组等高线之间，而台阶则多用在垂直于等高线的次街巷或是高差较大的主街上。

（2）垂直界面

垂直界面是村落街巷空间的主要构成要素，离开了垂直界面，街巷也就失去了存在的依据。村落中街巷的垂直界面主要包括建筑、围墙以及小品设施等，在山地村落中，街巷的垂直界面有时还由山体等组成。

①民居建筑

街巷两侧的民居建筑往往是街巷空间垂直界面的主要类型。由于我国民居建筑具有典型的地域特色，同时具有不同的使用职能，其从细部处理、造型设计到艺术风格的展现均具有一定的模式要求，因此凭借这些显著的形式特征，使得街巷空间的空间结构乃至场所氛围均具有明显的指涉性。另外，加上街巷空间的线型、收放以及视野的变化等，构成了街巷空间的节奏和韵律，形成了村落鲜明的地域特色。（图 2-19 ～图 2-23）

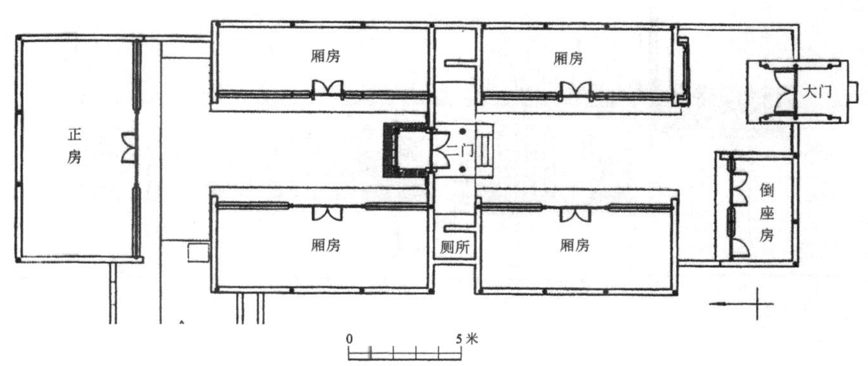

图 2-19 河北省蔚县水西堡董家大院平面图

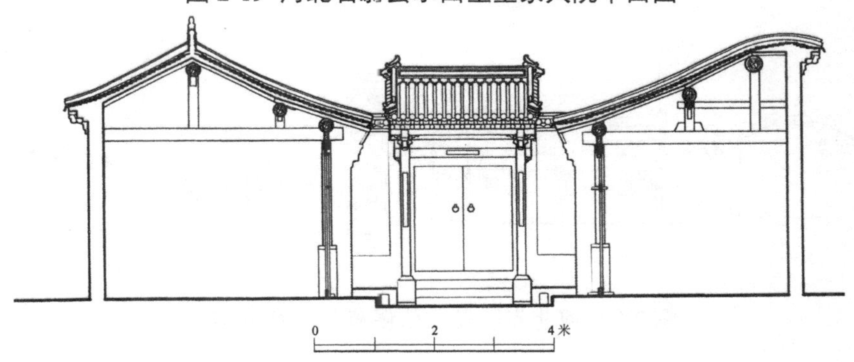

图 2-20 河北省蔚县水西堡董家大院二门立面

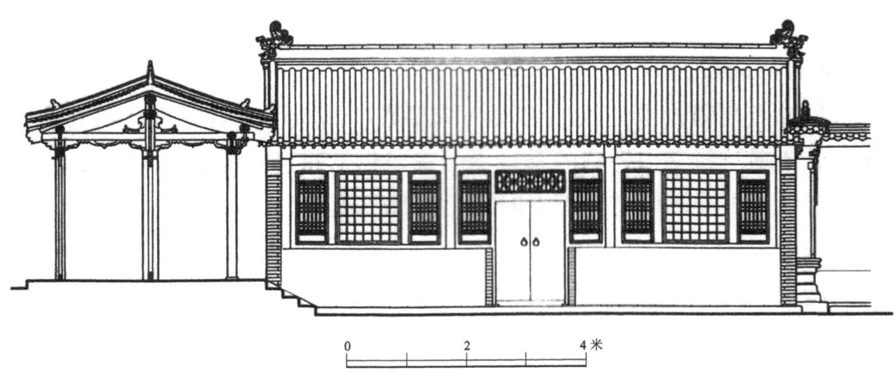

图 2-21 河北省蔚县水西堡董家大院一进纵剖面

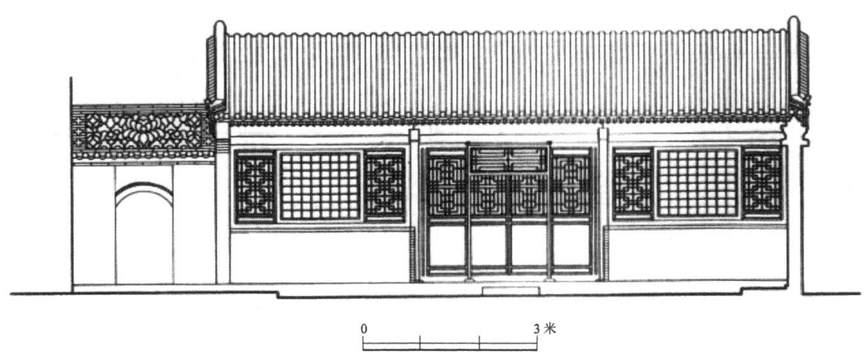

图 2-22 河北省蔚县水西堡董家大院正房立面

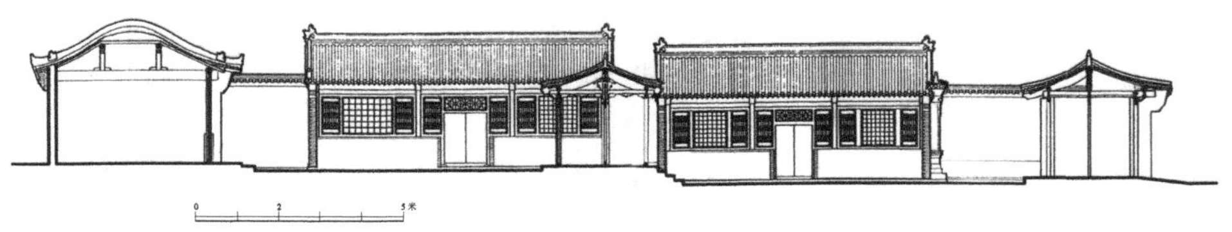

图 2-23 河北省蔚县水西堡董家大院纵剖面

I. 建筑墙体

我国自古就有重视民居建筑的传统，从房屋的选址、朝向到建筑的用料、做工等都非常讲究。特别是受北京三合院、四合院建筑形式的影响，在京津周边村落内现存的大量合院民居都体现出显著的地域特色。通过对各种合院建筑立面形式的分析发现，影响并构成街巷空间的建筑立面主要包括厢房山墙、倒座后檐墙等，并在立面造型上具有明显的上、中、下三段式划分。

II . 门楼

门楼是街巷垂直界面构成的又一重要因素，也是所有街巷垂直构成要素中形式最丰富和最有艺术价值的构成要素。作为院落空间的入口，门楼在风水学中被称作“气口”，被认为是影响主人运势的重要因素，因此，大门的朝向、形式及细部装饰等往往会受到主人的高度重视。由于传统民居建筑的封闭性和内向性，入户门楼也是主人对外人展示自身财力和身份地位的唯一途径。街巷中精巧的门楼与大面积实体墙面构成的虚实对比，丰富和美化了街巷空间的景观效果。门楼前的广场空间往往也成为人们在街巷中最主要的交往活动场所。按照民间建造习惯，大门一般应与相邻的厢房平齐或适当后退，这样，在各家门前会形成一定的“阴角”空间。在直线型的街巷中，由门楼所创造出来的阴角空间会给人以强烈的引导性，成为院落内外空间的过渡区，也是街巷中村民交往活动最频繁的区域。如在北京门头沟区，现存民居四合院使用较多的是如意门。如意门一般设在倒座的一侧，占用一间房屋的位置。为了炫耀自家的富有，村民们往往不惜重金装饰自家的门面，门楼一般采用硬山清水脊，墙体磨砖对缝，门楼的砖雕、石雕以及木雕等内容丰富、题材广泛。有的古民居在大门左侧墙上设置门神龛，呈长条形，由砖砌成，龛内书写或雕刻门神像。京津周边民居建筑的建造活动普遍就地取材，建筑墙体以灰砖石材为主，基础多用山石砌成。一般大户人家墙基的石块较大，且墙基较高，以此可以体现户主的身份和地位。也有的将石块、砖、土坯三种材料混合使用，用石材做台基，砖做墙裙，最上层使用土坯，在每层之间用砖条砌成腰线。非常讲究的户主会采用一砖到顶、磨砖对缝，并采用石雕、木雕、砖雕等对重要部位进行装饰，整体上看比例协调，质朴美观，具有很好的艺术审美特征。（图 2-24 ～图 2-28）

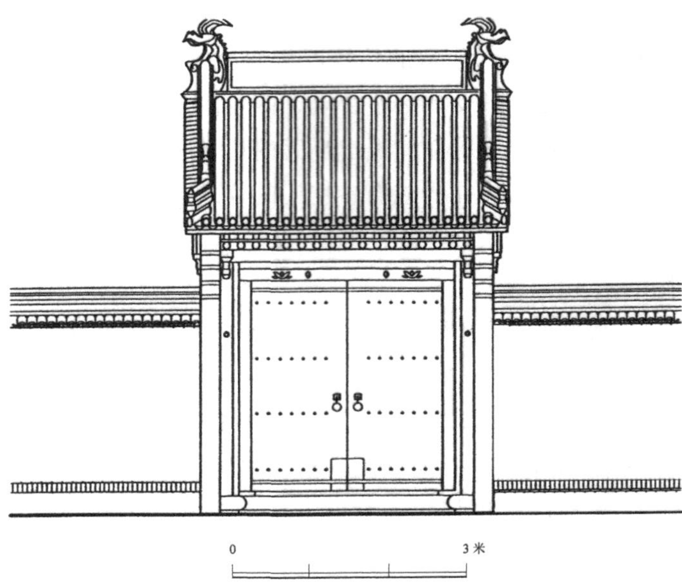

图 2-24 河北省蔚县农村住宅大门立面

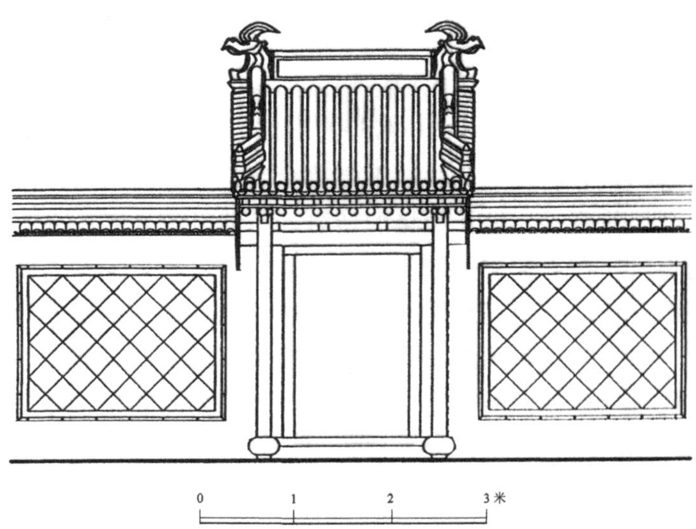

图 2-25 河北省蔚县农村住宅大门立面

图 2-26 河北省蔚县农村张氏住宅大门立面

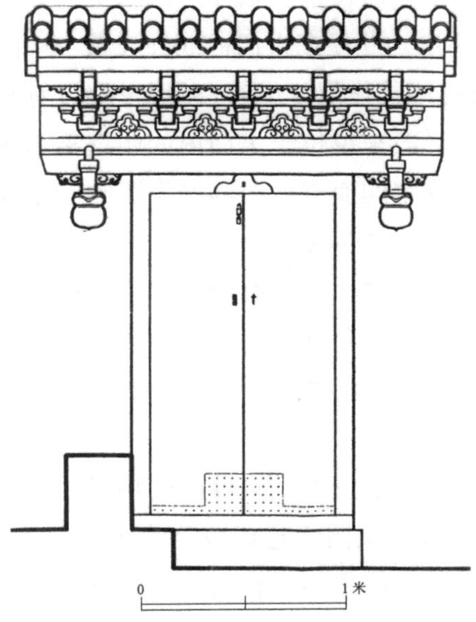

图 2-27 河北省蔚县苍竹轩大门立面

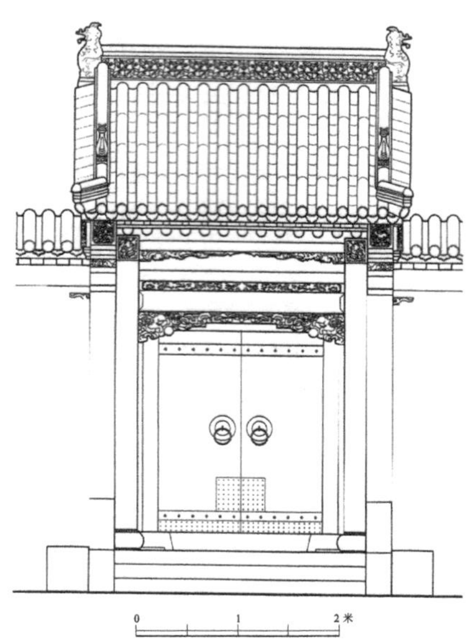

图 2-28 河北省蔚县古堡“小自在”大门立面

III. 照壁

照壁是京津周边合院式民居入口的重要组成部分，是风水学中为了避免作为“气口”的大门导气太冲而设置的墙体。风水讲究导气，但是气又不能直冲厅堂，否则被视为不吉利，为此便在大门内或外设置一堵墙，即为照壁。现实中，照壁主要起挡风、遮蔽视线的作用。另外，若照壁墙设有装饰，则可以形成对景，丰富进门的景观效果。一般来说位于大门内的照壁称为内照壁，位于大门之外的为外照壁。就村落街巷空间而言，对其产生影响的主要是外照壁。除了具有挡风、遮蔽视线的作用之外，外照壁立于街边，在街巷中首先看到的并不是门楼，要通过照壁才能看到门楼，这样可以有效增加街巷空间的层次。在一些街巷较窄的区域，外照壁则往往无法独立存在，一般会在大门对面的墙壁之上直接砌出小墙帽并做出照壁的形状，往往也成为街巷空间的一景。

IV. 院墙

民居建筑的院墙也是街巷空间垂直界面的构成要素之一。作为合院式建筑的连接要素，院墙一般与建筑同步建成或略晚于建筑，由于其功能相对单一，所以在用材、砌筑工艺等方面也相对较为简单。京津周边村落中的院墙一般是就地取材，多用自然石材、砖或素土砌筑，根据户主地位及经济状况的不同，围墙的建造形式和做法也存在一定的不同。大户人家的围墙往往和建筑一脉相承，立面和建筑一样分为三段式，上、中、下三个部分分别与建筑保持一致；而多数一般家庭的围墙相对较为简单，仅用当地材料简单砌筑而成。（图 2-29、图 2-30）

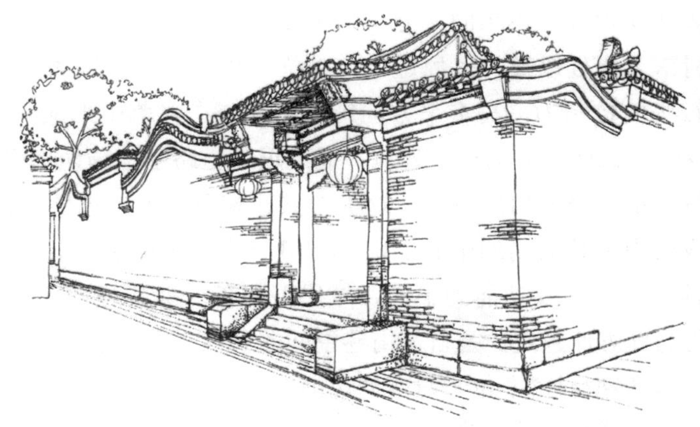

图 2-29 河北省蔚县暖泉村大门立面

图 2-30 河北省井陉县大梁江村门户

②公共建筑

京津周边村落中的公共建筑主要包括庙宇、戏台、过街楼等，建筑性质的不同决定了这类公共建筑与民居建筑的材质和色彩等会有不同，由于其特殊的作用，一般建筑形制与规格较高，色彩较一般民居建筑鲜艳，位于村口、村落的中心或街巷的交叉口。由于建造目的、时间以及自然条件的不同，公共建筑在村落的位置和面积也各不相同，分布的主要位置有：村落中心区域、主要道路节点处、村落入口处以及村落周边山上。位于村落中心区域的公共建筑对整个村落具有较强的控制力，与多个方向道路相通，在村落中形成向心凝聚力；位于主要街巷一侧或两侧处的公共建筑，通过退后道路空出场地形成公共广场，包括村口广场、街巷交叉口广场等，这类公共建筑及其前广场的存在丰富了街巷空间，构成村中公共活动的中心；位于村口的公共建筑主要出现在城堡型的村落中，根据村落环境及功能的不同，城堡型村落一般会设两个以上的城门，门楼作为村落的标志性建筑，是村落街巷空间的起点。在我们走访的 30 多个村落中，有 12 个城堡型村落；位于村落周边山地制高点处的公共建筑，借助地势高差优势对村落形成控制力，通过曲折迂回的石阶登上山顶，不禁令人生出对上苍的敬畏，也是俯瞰全村景色的绝佳位置，但这类公共建筑一般对村落街巷空间不会产生影响。（图 2-31、图 2-32）

图 2-31　河北省蔚县北方城南门立面

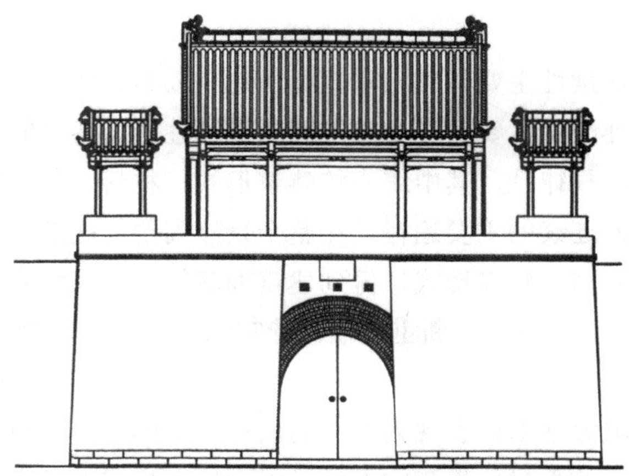

图 2-32 河北省蔚县水东堡城楼正立面

③挡护墙

挡护墙也是村落街巷空间垂直界面的构成要素。京津周边村落中设立的挡护墙主要出于两个目的：一是对于山地村落，出于建造安全和防止自然灾害的需要砌筑的挡土墙；二是为了防止战乱影响或盗匪的威胁等建造的挡护墙。墙体多由山上的碎石堆叠而成，高低不同，现很多已经成为丰富的街巷景观的重要组成部分。当墙体高度在 2 米左右时，人的视线会被墙体完全遮住，墙体本身成为视觉焦点；当墙体在 1.5 米以下时，人的视线则会开阔，可以看到远山或村落景观。

（3）顶界面

顶界面是村落街巷中变化最丰富、最接近自然化的界面单元。村落中严格意义上的顶界面很少，在通常概念中顶界面一般指代街巷中两个侧界面顶部边线所限定的天际范围。在山地村落中，顶界面多为山体与天空的分界线。在有些绿化较好的村落，村中街巷两侧或广场中高大的乔木树冠，往往也可以看作街巷顶界面的组成部分。

4. 街巷空间形态特征

（1）街巷空间形态的属性特征

街巷空间作为村落各功能结构的组织者，借由不同的合院布局、多样的节点空间以及精美的细部处理，以连续性、限定性、可度量性的模式化表达出来，并最终建构了村落街巷空间的艺术品质。

①连续性

这里所说的连续性主要体现为垂直界面建筑要素、底界面地面铺地、顶界面街巷天际线的连续性。要实现街巷空间的连续性，街巷空间各构成要素的组合必须具有一定的规律性，其中统一的建筑形式、材料、色彩以及相同的建筑技艺等是实现空间连续的主要途径。在整个京津周边地区的村落中，典型的合院式建筑从院落布局到建筑形式，再到建筑细部的处理及色彩与装饰等均有其内在的一致性，各种要素的不断重复使街巷空间形成了很好的连续性。

②限定性

街巷空间的限定性主要表现为对人的出行方式的限定。村落中的道路一般是未经统一规划、随着村落建筑的不断增多而逐渐形成的，在道路的形式、尺度等方面与城市存在明显的差异。在这里，由于受到地形地势条件以及传统交通工具发展的制约，村落街巷的形态、格局均强调以人的尺度为衡量点，从而使得步行系统成为街巷空间建设的基本内容。也就是说，村落街巷空间的形式基本将其他交通方式排除在外。调研发现，京津周边保存较好的村落中，一般主街相对较宽，3～5米不等，多数可以满足行车；支巷则较窄，一般在1.8～2.5米之间，多数不能通车。

③可度量性

京津周边村落街巷空间的另一重要属性是可度量性。人们置身在村落街巷中，往往比较容易判断出自身所处的位置，并可以感知村落的整体形态。因为由建筑、墙体、门楼及地面铺装等构成的街巷空间尺度宜人，可感知度强。虽然构成要素相对比较单一，但每一个合院、每一个空间节点又都有自身鲜明的特征，一个门楼、一个戏台或者一棵古树等都能成为很好的参照物，成为人们判断和识别位置的依据。

（2）街巷空间基本形态

①直线形

直线形街巷空间主要分布于平原地区的村落。街巷空间整体上呈线形，两侧由院落的建筑、院墙等组成的垂直界面整齐规整。此种街巷空间视线通透，可达性强，在村落中主次分明。在北京门头沟、延庆等少数地形相对平缓的山地村落中也存在一些直线形街巷，由于地形的起伏变化，山地村落中的直线形街巷往往更具秩序感和韵律感。

②折线形

由于街巷形成的自发性和长期性，使得村落中多数街巷平面上呈现曲折变化的形式，即折线形街巷。该类街巷多分布于山区村落中，由于街巷走向随地形及建筑物的变化而变化，人在街巷中行走虽然是简单的线性运动，但随着街巷的曲折变化以及地形的起伏，会给人带来更多的期待感和神秘感，更增添了街巷的审美情趣。

③曲线形

曲线形街巷是自发形成的不规则街巷平面，常常是根据具体条件因地制宜而形成的。例如山地村落中弯曲的街巷多是顺应等高线而成。从视觉效果及行为感知来看，曲线形街巷与折线形街巷类似，只是这种变化更为柔和、顺畅，甚至不易被感知。

（3）街巷空间的尺度和比例

尺度，一般表示物体的尺寸大小。但在建筑术语中，尺度所指的是建筑物整体或局部构件与人或人熟悉的物体之间的比例关系，以及这种关系给人的感受。而比例是物体要素之间的对比关系。因此，以熟悉的尺寸作为衡量标杆，获取未知尺寸的信息，这种基于认知模式上的参与行为，即为尺度感。而对各种尺度感的感知（包括视觉上与心理上的），则对建筑设计起到决定性的作用。对村落街巷空间形态的感知，实际上核心就是街巷空间的尺度问题。街巷中一般用街巷的宽度与两侧建筑界面的高度的比例关系来表示街巷空间的尺度。街巷宽度及两侧建筑物高度的变化以及建筑物的疏密情况等，都会影响街巷空间给人的感受，引起人们相应的心理反应。按照著名建筑师芦原义信的理论，我们用街巷的宽度 D 与街巷两侧建筑的高度 H 的比值，来对村落街巷空间比例尺度进行分析。通过对京津周边村落街巷空间的实地调研测绘，村落主街巷的宽度 D 一般为 3 ～ 5 米，而两侧建筑的檐口高度 H 通常在 3 ～ 5 米之间，宽高比（D ∶ H）一般在 1 ～ 2 之间。

以京津周边蔚县北方城为例，通过实地调研可知，其主次路空间的 D ∶ H 值在 0.5 ～ 2 之间，属向心内聚、追求安定亲切空间的心理感受。而河北蔚县西古堡村次路的 D ∶ H 值主要集中在 0.9 ～ 2.2 之间，尺度同样宜人，并具有最佳的尺度感表达，满足人们对事物认知的心理习惯。

可见，京津周边平原区域的大部分村落，由于其用地较为富裕，其街巷的宽高比略大于山区地区的村落。同时，同样是在山区，因地形及环境条件的不同，其宽高比也有一定的差异。但总体上看，京津周边村落街巷空间的宽度与高度之间比例适宜，空间尺度宜人，是村民交往活动的重要空间。

（4）街巷空间的序列与层次

京津周边村落中街巷空间的序列主要体现在街巷的等级、功能以及使用等几个层面。

如前述，京津周边村落的街巷按照宽窄和功能可以分为三级，即主街、次街和巷道。在空间形态及结构上呈现出由主到次的等级序列：村落入口—主街—次街—巷道—院落入口；根据村落中不同的街巷布局结构，由主街到院落会经过不同的路径，呈现不同的空间序列关系。就街巷的承载功能而言，由主街到院落会呈现出从复合到单一的序列关系。主街作为连接村内外的通道，承载着交通、生产、生活以及交往活动等几乎所有的村落功能，而到了巷道，功能则会逐渐减少。同时，从街巷空间的使用来说，从主街到院落（图 2-33）还呈现出从公共到私用的等级序列关系。

图 2-33 河北省井陉县城吕家村院落

2.2.1.3 村落院落空间解析

民居在很大程度上构成了村落的特征，没有居住功能的传统村落是不存在的或是根本没有存在过。那些居住功能最初从属于其他建筑体（城堡、军营）的村落，村落结构很快就会发生变化，以使住房变得重要起来。历史和实际情况告诉我们，住房并不是无形的，也不是易于被迅速改变的物体。居住建筑的形式及其类型特征与村落形式密切相关，民居体现人们的生活方式和文化，它的变化是极其缓慢的。在此从院落群体与院落个体两个层面对村落的院落空间进行解析。

1. 院落群体空间组织模式类型

在漫长的历史岁月里，村落形成了不断发展变化的空间秩序，作为村落基本构成单元的院落，在组合、排列、连接中体现着传统乡土文化的价值观。京津周边村落中的民居院落形式较城市更为灵活，随地形地貌和气候条件不同呈现不同形态，院落组合和形态地域性明显，不拘泥于一定形式。

（1）平面组织形态

京津周边村落院落平面组织形态各不相同，对其进行提炼归纳，有并联拼接和串联拼接两种基本形式。

①并联拼接

并联拼接是指院落平行于道路或河流成行并置。平原地区的村落没有地形限制，用地开阔平整，村落形制规整，路网横平竖直，院落多坐北朝南沿东西向呈一字形排开，长度依街块长度大小而定。院落连续拼接个数由几个到十几个不等，但一般不超过20个。各院落大门基本全部位于南侧东南角，宅前路沿院落排布方向呈东西走向，连接南北主路或次路。山地型村落因特殊的山形地势所限和经济条件的差异，民居院落整体布置形式随山就势、因地制宜，院落平行于等高线并联相接成坊，街坊内各院落标高基本相同，而各个街坊间形成高差，宅前路与垂直于等高线的主路或次路相接从而联系整个村落。

②串联拼接

串联拼接是指院落垂直于道路或河流成列排布。平原地区的村落院落坐北朝南，沿南北方向成列拼接，长度通常依街块宽度长短而定，一般不超过5个院落，各院落大门开在东侧东南角位置，宅前路南北走向，连接东西主路或次路。古代家族成员较多时，多进院落同属一家也可横跨一个街块，此时大门一般开在南侧东南角，通常北侧设一后门通向北面街巷。山地型村落受地形限制形成垂直于等高线的串联排布方式。在这里，各院落标高相差很大，宅前路通过台阶或坡道形式联系各个院落入口，再与平行于等高线的村落主路相连。这两种平面原型具体反映到村落中发生了原型的转换，通过长短变化和相互组合形成了多样的院落群体形态。对于平原型群体组合来说，由于没有地形的限制，院落群体行列排布形成方形或矩形片状街坊，再通过主要道路连接成整个村落居住区域。山地型院落群体组合因高差变化产生了丰富的村落景观层次。

（2）空间序列关系

对于传统村落院落群体的空间组合来说，其空间层次与序列一般由连接各个院落的宅前路控制，通过进入体量大小形似、排布有序的院落形成节奏感较强的空间序列关系。通过宅间路—次路—主路等不同等级的道路系统，自下而上的联系院落—街坊—区域，等级秩序分明，组织关系明确。

①院落空间组织模式类型

民居是百姓居住之所，包含居住建筑本身和由此延伸的居住环境。合院建筑是我国传统民居最主要的类型之一，将外部环境引入居住环境内部是其最大特色。京津周边村落的庭院式布局规模，既不像东北地区地广人稀，院落占地面积很大，也不同于南方地区由于人口密集、气候炎热形成的如天井式的小尺度院落。以河北省蔚县地区村落为例，作为组织人们起居生活的主要空间类型，院落空间以北京四合院的建筑形制为蓝本，不但在纵向轴线上根据礼制等级布置重要房间，而且还在轴线两侧对称布置各类用房。在这里，尊崇严格的等级划分，主次用房的建筑形式具有很大差异，体现了尊卑长幼的礼教制度。

②构成元素

京津周边村落民居建筑单体以“间”为基本单位，建筑层数多为一层，院落形式沿袭北方合院形制，主要构成元素有：院门、正房、厢房、倒座、围墙以及被建筑物围合的院子。

院门：按照风水学理论，院门在南墙东南角或是倒座房东南角一个开间，此为八卦中的“巽”位，为吉祥之位。进入院门正对着照壁，或是东厢房正对院门一侧山墙上用砖砌影壁，避免视线对冲、邪气进入，同时形成了进入院子的第一个转折过渡空间。

正房：与其他合院空间的组织系统一样，正房是指位于合院中轴线上的最主要房间，它通常用作供祭祖先与主人起居会客。据史料记载，自明代起，我国就有“庶民房舍不过三间”的规定，不许造九五间数。但是随着构造技术的不断发展以及人们需求的进一步提高，自清朝起便大批涌现五间七架，甚至是九架正房等类型。但是由于九间正房并不易于生活起居，因此京津周边地区的合院建筑仍是以三或五间数居多。在这里，正房形制标准为全院之首，而有些大型合院正房的两侧还设置耳房加以辅助使用。两边体量、布局形式乃至色彩、材料、构造等细节均一致，体现出规范化的模式定制要求。

厢房：是合院东西两边的房屋。其一般为三开间，房门居中设置，朝庭院内开设。据记载，厢房数量的多少取决于居住家庭人口数量。另外在一般情况下，厢房也可当作杂物间、灶房等使用，或是作为晚辈的房间。总之与正房一样，厢房设置也体现出长尊有序、父为子纲的礼教制度。

倒座：位于院落南侧，坐南朝北，最东侧或中间的一个开间作为院落大门。倒座一般用于管家账房或是客房和储藏室。

围墙：院落重要的围合边界，起到连接各部分主要建筑和确定院落边界的作用，高度略低于厢房和倒座檐口高度，一般为砖石砌筑或泥草土坯墙。

院子：村落合院空间中，院子借由其使用功能的不同，大体分为以提供居住者生活起居为主的核心场所，以及作为厕所、杂物间等的附属空间两种类型。在这里，前者多被设置在合院民居中心位置，且保证各类房间的门窗皆对其敞开，同时植物、附属配置也较为考究。后者则多跨院设置，且外人很少进入，并通常设有外门方便车马出入。

③ 院落平面类型

京津周边地区村落中的基本院落类型种类较多，运用以上各类构成要素灵活组合形成完整的方形院落，其方正的形态、完整的院落空间和良好的采光条件都是健康生活的基础保障。根据院落内建筑多寡，可将平面类型分类为一合院、二合院、三合院和四合院。

一合院：仅由正房和三面院墙围合成的院落。

二合院：由正房和一个厢房以及两面围墙围合而成，或由正房和倒座以及两面围墙围合而成的院落。

三合院：三合院由正房、东西厢房和南侧围墙组成，院落入口在墙体上开门，也有少量利用正房的左上角开口；或由正房、厢房、倒座和一面围墙组成，院落入口在倒座最东侧开间上。

四合院：组成要素较为完整，包括正房、东西厢房、倒座，并由围墙相互连接。

村落民居依据宅门内小家庭数量的多少，以单一合院为母体可分为独院式、两进（跨）院、多进（跨）院。

独院式：院落规模较小且内部构成简单明了，适合家庭成员较少的小门小户，是普通百姓最主要的居住形式。

两进（跨）院：一种为纵向前后两院，以正房最东侧一间为过廊或中门，正房做了厅房连接前后院落，后院正房多设有后门直接通向另一街巷；另一种为东西横向并排的两跨院落，东厢房与倒座相连的围墙上开设侧门，保证与东院相连。在这里，东院主要为辅助用房和杂物院。

多进（跨）院：上两种合院院落，适合人口不多的一家人居住，但是有些大家族，兄弟众多，各有妻子儿女，两进（跨）院落就不能满足居住要求了。横向发展多进（跨）院落既能满足各个家庭对私密性的要求，又方便联系。这种组织方式强调在纵横两个向度上结合自身需求不断扩大，形成了连片的合院或府邸。

④空间序列与尺度

京津周边村落民居以院落为单元，多高墙，一般不对外开窗，十分重视建筑的防御功能和内向性。同时，高墙具有抵御寒风的功能，使合院内空间独立封闭自成一体。京津周边村落民居建筑整体建筑形象端庄大方，格局以轴线对称为主，时刻体现辈分等级和内外之分。色彩和细部装饰庄重古朴，多数都很好地结合了实用性和美观性，鲜有单纯装饰作用的构件。

庭院是京津周边村落民居空间组织的灵魂所在。独院式通过中轴线对称的格局方式体现了长幼尊卑的传统伦理关系，倒座、庭院、正房布置在南北轴线上，正房南侧左右对称布置东西厢房，体量和高度均小于正房，民居建筑单体的开间和门窗也为对称布局；多进院或者多跨院则以各个院落的庭院为中心，分别通过串联或并联的方式组织纵向或横向抑或横纵结合的空间序列，不似一般公建院落以纵深方向为主要轴线来体现建筑沿单一方向的节奏变化，民居沿街面、沿横向轴线发展较快，通过过廊、过厅、侧门等要素连接重复的院落组织母题，形成节奏和秩序。

村落民居庭院的尺度非常舒适宜人，四合院的正房一般为三开间，正房前面或有三间四柱外廊，其中两根明柱、两根半柱。所谓半柱，即柱子一半隐于山墙中，只有一半露明。“柱高八尺，面阔一丈”，柱子的高度从柱础算起到穿插枋约为 2.7 米。正房中间的一间宽度约为 3.3 米。室内地平到檐口的高度约为 3 米，从地面到屋脊的高度由正房的进深决定。如果一间正房的进深是 5 米，那么屋脊的高度大约也为 5 米。有的正房两侧各有一间或者两间耳房。如果按正房三开间为 10 米计算，两侧有耳房（耳房的开间、进深与高度都比正房小）的整个院落的宽度约为 17~20 米。东西厢房和南侧倒座的宽度可依据正房间数推测。

如东西厢房各三个开间，而南房进深 4.5 米，六个开间，正房与厢房、厢房与南房之间留出 1 米间距，那么整个四合院的尺寸也就大体确定了。由此可大致推算出一个标准的独院式四合院进深约为 25 米，面宽约为 20 米，整座院占地 500 平方米左右，约合 0.75 亩，如果加上院墙占地正好约为 1 亩。（图 2-34 ～图 2-38）

图 2-34 河北省蔚县北方城村青砖瓦房

图 2-35 河北省蔚县北方城村青砖瓦房内院

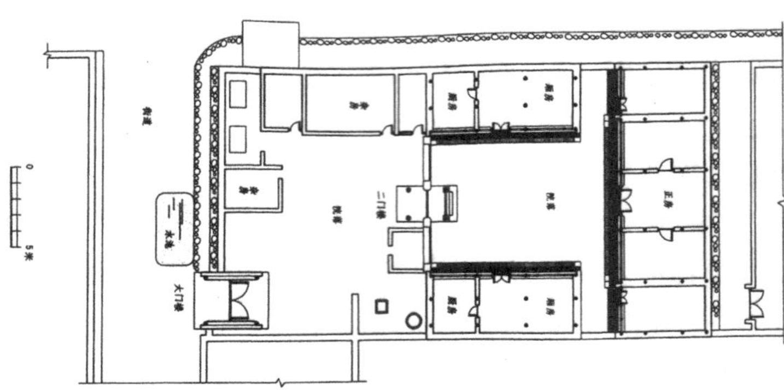

图 2-36 河北省蔚县北方城村平面

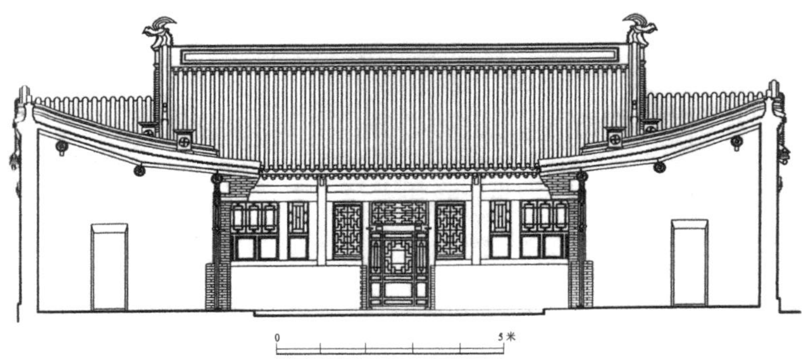

图 2-37 河北省蔚县北方城村住宅二进院横剖面北望

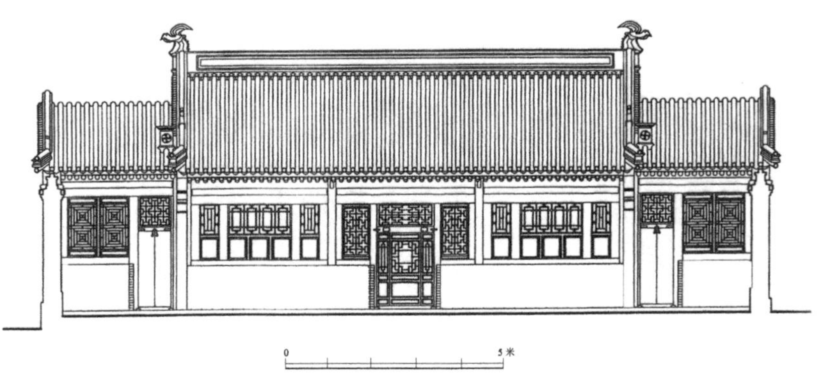

图 2-38 河北省蔚县北方城村住宅正房耳房南立面

2.2.2 内在文化表征呈现

乡村民俗文化是某一地区长期以来形成的具有本地区人文气息，能够真实反映本地区历史文化氛围的独特文化。因此，每个地区的乡村民俗文化都是独特的，而这种民俗文化间的差异表现为不同地域农业的人文特色。因此，乡村民俗文化的保护和发扬，能够为乡村休闲农业的发展增添一定的人文气息。而且，由于我国长期推崇人与自然和谐相处的发展理念，因此各地区的民俗文化也都极其关注对农业发展中生态环境的保护。所以，乡村民俗文化可以作为乡村休闲农业生态化发展的文化理论背景，增强其发展的文化底蕴。

我国市场经济的繁荣为休闲农业的发展带来了良好的机遇。然而，现阶段我国乡村休闲农业的发展很多陷入了城市化发展模式。在乡村休闲农业发展过程中，大量城市化元素的进入使乡村休闲农业丧失了本身应有的特色，导致其在后期发展中缺乏核心竞争力。乡村民俗文化是乡村地区最具特色的文化，是自然环境的人文表现，是历史氛围的载体。它对提高乡村休闲农业核心竞争力，突出乡村旅游与城市旅游业之间的差异有着至关重要的作用。由于不同地区乡村民俗差异明显，因此乡村民俗对于本地区休闲农业特色品牌建立具有重要的推动作用。乡村民俗文化根植于当地农业生产，最能展现当地休闲农业的发展理念，因此对于创建本地区特色休闲农业品牌以及促进休闲农业可持续发展具有重要的推动作用。休闲农业承载的文化内涵具有明显的层次性特征：自然风光、田园风景、绿色产品、生态设施等物质实体，展现出休闲农业的物质表层文化内涵；农事节庆、传统演艺、乡风民俗、手工艺体验、大型特色农业景观等以形式、仪式等来承载着休闲农业的浅层文化内涵；绿色食品认证、特色管理制度、生产性项目和服务性项目的管理体系以及相关的法律法规等，传达出体制中层文化内涵；休闲农业所体现的生态自然观、环境价值观、生命价值观等，孕育着观念深层的文化内涵。

地域文化是指一定地域范围内社会成员在特定生活环境里形成的独特的行为方式和思想观念，能够反映一定的生活环境及民族习性，具体包括因长期历史发展而形成的历史遗存、文化形态、区域习俗、生活方式等物质和精神方面的全部成果与成就。它反映的不仅是地区内的自然环境，还包括区域内的经济水平、生活方式、人生价值观等多个层面。休闲农业园中所涉及的地域文化资源多样，主要分为以下几种类型。

2.2.2.1 农耕文化

由于地理、气候等自然环境条件的影响，我国传统的社会生产经济形态为农耕经济。农业为中华民族提供了基本的衣食之源，创造了相应的文化环境，在方方面面影响着中国人的生活。由于历史上受到“重农抑商”思想的影响，中国的农耕文化只是简单的种植文化，种植业经济和畜牧业经济没有有效地结合，形成了一种“男耕女织”“天人合一，顺应自然”的文化体系，区别于西方的农耕文化。以“渔樵耕读”为代表的农耕文明是农业耕种的创造和积累，是农业社会有关的物质、精神及文化的总和。田园式的生活方式，封闭庭院式的居住条件，纯朴、自然、和谐的生存环境等，为该文化体系的形成奠定了坚实的基础。然而随着城市化进程的加快，人们在生活方式上早已脱离这一文化环境。正是由于这种状况，使人们在需要休闲时对于文化氛围的追求更为强烈，如我国传统的牛拉桩、水推磨、石舂米、家织布等设备与技术，无论是对外国人，还是对城市居民，尤其是出生在当代的年轻人，都是新鲜和奇妙的，这也是促进休闲农业开发的有利因素。上万年的时光流转中人类创造了灿烂的农耕文化，广阔的地域分布造就了农耕文化纷繁多姿的地域差异。这无不体现着各个民族的智慧，浸透着先辈们的血汗。这是历代先辈实践经验和教训的总结，是中华民族在人与自然关系及规律上的认识和把握。

我国特有的农耕文化生态理念包含北麦南稻、旱地水田、红壤绿洲、牧场果园、梯田平川，以及相应的农牧方式、作业周期、除病防灾等农事表现和过程。中国农耕文化不仅具有各异的农业形态，还有与之匹配的祭祀、崇拜、禁忌传统。如灶祖神、五谷神的祭祀，对自然环境或某种树木、花草、动物、山体、江河等的神秘崇拜，各种庙祭、节会中的禁忌仪式等，这些都使得田园农耕文化富含特色。古老的农业大国，几千年的自然调适，从村落建筑到农田果园，从生产方式到生活习俗，每个区域又是如此的别具一格。即使是在农村长大的人，也会因自己生长在一个特定的地方而对其他区域的农业文化感到陌生与好奇。所以，现代的农业园景观中不仅要对农耕文化进行继承与创新，而且要开发出农业生产在社会主义新农村建设中更多的价值与功能，有效推动我国农业经济的持续健康发展。

2.2.2.2 植物文化

植物不仅具有观赏价值、构景价值，还具备文化功能。从文化角度来理解植物文化的内涵，有利于人们读懂园林、理解园林。休闲农业园中植物文化包括作物文化和园林植物文化两种。作物文化主要体现在物质方面，是与食用、药用等有关的价值文化。园林植物文化是从植物文化的精神层面来理解的，主要反映社会的审美情趣与价值观念。中国古代受道家思想的影响颇深，认为花木是有生命的活物，具有人的品质，因此植物被赋予特定的人文气质，形成了有丰富内涵的植物文化。在中国传统文化中，常常将竹子挺拔秀丽的竿、坚劲硬朗的节、四季常青的叶、中空外直的腔与中国传统的审美情趣、伦理道德契合，用来象征虚心谦和、高风亮节、坚贞不屈的操行与孝义精神，因而竹子成为古代才子理想的人格化身。宋代开始借用梅花来象征名人的人格。“凌寒独自开”的梅花寓意孤芳自赏、冰清玉洁，是为文人赞赏和喜爱的花卉之一。菊花寓意清净、傲骨，同时具有辟邪保健的功能。自晋陶渊明栽菊南山后，菊花就成为隐逸君子的象征。自古荷花主要在江南生长，东汉时随着佛教的传入，荷花在人们心目中的善美形象也日益加深。周敦颐的《爱莲说》赋予了莲花“出淤泥而不染，濯清涟而不妖”的“花中君子”美誉，从此莲荷便成为冰清玉洁、具有高尚品格的作物。桃树在古代被看作是能驱鬼的仙树，具有镇鬼辟邪的功能。

我国广阔的领土、悠久的历史、复杂的生态环境，形成了丰富多彩的植物资源和各具特色的植物文化。休闲农业园中加强植物文化的应用，不仅利于提高植物在色彩、意境、形式等方面的美学价值，营造独具特色的“历史人文符号”，更为乡村休闲农业的开发增添了丰富的文化内涵。

2.2.2.3 民俗文化

民俗文化是民间风俗与生活文化的统称，也泛指一个国家、民族创造与传承的风俗习惯，是人民大众在生产生活过程中形成的物质文化和精神文化财富。民俗文化的内容非常丰富，包括：社会民俗、礼仪民俗、岁时民俗、精神民俗、物质民俗等。我国独具特色的民间建筑、服饰和工艺品都具有较高的审美价值，不仅能够满足旅游者的审美需求，还可以为游客提供体验民俗、审美文化的机会。我国有许多带有浓厚娱乐性质的民俗活动，如藏族的雪顿节、傣族的泼水节、蒙古族的那达慕大会、苗族的花山节和芦笙舞等。目前，我国对文化产业的开发多是针对时尚文化、自然和历史文化遗产进行的，乡村民俗文化尚未得到足够的重视。然而，一个国家和地域的民俗最能体现该地域的原始风格与鲜明特色。这种地方差异和生活气息，往往更能吸引异国异域的游客。尤其是那些历史悠久、特色突出的民俗文化，更是旅游者青睐的旅游资源。因此，不论是从满足游客需求来说，还是继承中国优秀传统文化出发，民俗文化都应该得到传承，并且要使其在农业旅游发展中占据核心地位。

2.2.2.4 饮食文化

饮食文化是指美食在加工、制作和食用过程中形成的俗尚，是民俗文化中最活跃持久、富有特色的因素。自古以来，中国人在饮食方面很是讲究，早在3000多年前，中国的烹饪技艺就已经达到了较高的水平，经过历朝历代的发展，相关的饮食文化更加完善成熟。中国的饮食文化深厚广博，包括食源的开发利用、食品的生产消费、餐饮的服务接待、饮食与人生境界的关系等。由于中国地域广袤，地理条件复杂，气候品种齐全，由此形成了不同的地方经济文化，因而中国烹饪艺术也具有浓厚的地方色彩。在漫长的历史发展进程中，又形成了不同流派、各具特色的饮食文化。如一提到北京，人们马上会想到北京烤鸭、老北京炸酱面等；说到广州就会想到潮州牛肉丸、广州文昌鸡、糖醋咕噜肉等。

饮食文化已成为中国历史文化的一个重要方面，既体现了中国社会与文化的融合，也成为一种重要的旅游商品资源，令国内外游客叹为观止。因此在休闲农业园中融入本地的饮食文化，不仅丰富了农业景观的文化内涵，提高了农业园的影响力，还能增添情趣，使游客了解当地饮食文化的历史知识，达到物质和精神上的双重满足。

第 3 章 京津周边休闲农业发展现状

京津周边休闲农业起步于 20 世纪 90 年代，发展至今已形成一定规模，且成为河北旅游业发展的重要支撑力量。休闲农业的发展类型、发展模式、产业规模在很大程度上决定着乡村休闲农业的发展方向。因此，对京津周边休闲农业发展现状的分析，应首先从京津周边旅游业总体特点入手，再对休闲农业的发展类型、发展规模、发展模式进行现状分析。

3.1 京津周边休闲农业共性特征

京津周边东临渤海、西依太行山脉、北邻燕山山脉，地形地貌齐全，自然资源和人文资源丰富，为休闲农业发展提供了有利的条件。休闲农业是京津周边旅游业的主体形式，主要表现在旅游资源特性和旅游景区空间分布两方面。

（1）旅游资源的属性具有显著的乡村性

京津周边的旅游资源主要以自然和人文为主，自然旅游资源主要包括草原、森林、山地、水域、农业园，人文资源主要表现为民俗、古村镇、长城、红色、主题公园等。张家口、承德坝上草原风景优美，衡水湖、陶然亭等湿地资源丰富。京津周边地区处于平原，不仅拥有丰富的农业旅游资源，同时具备浓厚的乡村古镇文化、多样的传统民俗及红色旅游资源。这些旅游资源主要分布在乡村地区，因而具有显著的乡村性。

（2）旅游景区的空间分布具有显著的乡村性

截至 2015 年 12 月，京津周边 4A 级以上旅游景区共 120 个，其中坐落在乡村地区的有 92 个，占总景区数量的 76.67%。京津周边 3A 级以下景区共 394 个，其中位于乡村地区的有 265 个，占总景区数量的 67.26%。由此可以看出京津周边旅游景区多分布在乡村地区，具有显著的乡村性。此处被界定为乡村地

区的景区包括:（县）及其郊区、村（镇）景区，市区景点不包含在内。（表 3-1）

表 3-1 河北省各地市旅游景区数量分布

地市景区	4A级以上景区			3A级以下景区		
	市区	乡村	小计	市区	乡村	小计
石家庄	3	24	27	29	33	62
张家口	1	13	14	8	31	39
承德	2	6	8	6	21	27
邯郸	4	8	12	5	22	27
秦皇岛	5	4	9	18	16	34
唐山	6	11	17	15	31	46
保定	1	11	12	7	23	30
沧州	1	1	2	11	19	30
廊坊	4	5	9	8	29	37
邢台	0	8	8	9	33	42
衡水	1	1	2	13	7	20
河北省	28	92	120	129	265	394

综上所述，从旅游资源特性和旅游景区空间分布两方面来看，京津周边旅游资源具有显著的乡村特色。因此，利用该优势因地制宜地发展乡村休闲农业，依靠旅游业综合带动性强、关联性大的特点，培育其成为旅游业发展经济增长点，对于京津地区产业化经济的发展具有重要战略性意义。

3.2 京津周边休闲农业的产业规模

3.2.1 休闲农业资源规模

本节主要从旅游景区、休闲农业示范点和历史文化名村名镇三个方面概述京津周边休闲农业资源规模。（表 3-2）

表 3-2 河北省各类乡村旅游资源数量

地势资源指标	乡村A级以上景区	乡村旅游示范点	休闲农业与乡村旅游示范县	全国休闲农业与乡村旅游示范点	国家现代农业示范区	省级历史文化名镇	省级历史文化名村	国家级历史文化名镇	国家级历史文化名村
石家庄	57	5	1	0	2	1	7	1	3
张家口	44	3	0	3	1	4	6	2	4
承德	27	2	3	2	1	0	0	0	0
邯郸	30	1	1	2	1	7	5	5	2
秦皇岛	20	3	0	1	1	0	1	0	0
唐山	42	2	2	3	2	2	1	0	0
保定	34	7	0	2	1	0	3	0	1
沧州	20	1	0	0	1	1	1	0	0
廊坊	34	1	0	1	1	2	1	0	1
邢台	41	4	0	2	1	1	4	0	1
衡水	8	1	0	0	1	0	0	0	0
河北省	357	30	7	16	13	18	29	8	12

3.2.1.1 京津周边旅游景区众多

北方的旅游景区大都集中在京津地区。据相关调查显示，截止到 2015 年 12 月，京津周边 4A 级以上乡村景区 92 个，3A 级以下景区 265 个，共计 357 个，其中石家庄最多，唐山、张家口次之。

3.2.1.2 京津周边休闲农业示范点繁密

2006 年京津周边政府率先出台《加快休闲农业发展的实施意见》后，首次推出 30 个休闲农业示范点。2010 年国家颁布《农业部国家旅游局关于开展全国休闲农业与休闲农业示范县和全国休闲农业示范点创建活动的意见》文件后，开始大力扶持农村示范县的发展。因此，截至 2014 年年底，京津周边共有全国休闲农业与休闲农业示范县 7 个，占全国休闲农业与休闲农业示范点总数的 44%。

3.2.1.3 京津周边历史文化名村名镇集聚

京津周边地区多历史文化古城，如滦州古城、灵水村等。据相关数据显示，截止到 2014 年年底，京津周边地区拥有政府公布的省级历史文化古镇 18 个，省级历史文化村 29 个；国务院公布的国家级历史文化古镇 8 个，占全国总数的 3.17%；国家级历史文化名村 12 个，全国共有 275 个，占总数的 4.36%。

可见，京津周边地区的全国休闲农业与休闲农业示范点、省级以上农业旅游示范点、省级以上历史文化名村名镇景区等在数量上已经形成规模。大力发展京津周边旅游业，发挥旅游业综合性作用，休闲农业是其无可取代的组成部分。

3.2.2 休闲农业经济规模

休闲农业已经成为京津周边旅游业的主体形式，因此可以用京津周边旅游业的效益指标（旅游收入和旅游人数及增长率）来反映京津周边休闲农业的经济规模。（表 3-3）

表 3-3 河北省乡村旅游经济规模指标数值

年份	国内旅游业收入（亿元）	国内旅游收入增长率（%）	河北省GDP(亿元）	河北省GDP增长率（%）	旅游接待人数（万人次）	旅游接待人数增长率（%）
2004	350		8477.63		7285	
2005	424.1	21.17	10012.11	18.1	8130.54	11.61
2006	509.3	20.09	11467.6	14.54	9125.3	12.23
2007	580.2	13.92	13607.32	18.66	10100	10.68
2008	554.5	-4.43	16011.97	17.67	9822.03	-2.75
2009	709.7	27.99	17235.48	7.64	12200	24.21
2010	914.5	28.86	20394.26	18.33	15000	22.95
2011	1221.3	33.55	24515.76	20.21	18700	24.67
2012	1588.3	30.05	26575.01	8.4	23000	22.99
2013	2010.1	26.56	28442.95	7.03	27100	17.83
2014	2561.49	27.43	29421.15	3.44	31500.66	16.24

根据调查得知，除 2008 年旅游收入年增长率小于旅游接待人数增长率外，从 2004 年到 2014 年京津周边旅游收入增长率均大于旅游接待人数增长率（图 3-1）。该数据表明京津周边休闲农业经济发展态势良好，游客的旅游消费水平逐年提高。

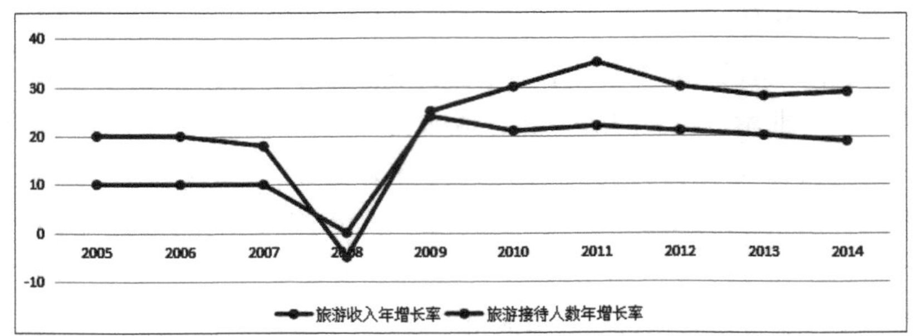

图 3-1 旅游收入与旅游接待人数年增长率示意图

3.2.3 京津周边休闲农业的发展类型

依据京津周边休闲农业自然资源与人文资源特点，可以将休闲农业资源分为自然景区、农业旅游资源、古村镇旅游资源三大类。因此，休闲农业发展类型可以分为以下几类。

3.2.3.1 依托旅游景区发展休闲农业

自然景区依托型就是依托自然生态资源来发展休闲农业，这与城市旅游资源有着本质区别。该休闲农业是以自然景区游客为主要客源，其发展依赖于自然资源的吸引力，以农家院、农家酒店、土特产售卖和果实采摘等农业特色为主形成产业化发展，带动当地居民就业，增加居民收入，促进经济发展。典型案例就是河北省平山县天桂山景区。天桂山景区附近有两个村庄：燕尾沟和燕尾庄，分别坐落于天桂山景区入口处地势较低和地势偏上的位置。在燕尾沟村有三家农家院，分别是农家客栈、天桂山农家院和农家酒店，景区游客中心有 6 家小型酒店，景区有一片已具 10 年历史的私人果园。这些农家乐、农家酒店、土特产买卖均依赖于每年来景区的游客。

3.2.3.2 依托特色农业发展休闲农业

观光体验型休闲农业是以农业资源为依托，在农业发展过程中引入旅游要素而形成的一种发展方式。观光农业园规模有大小之分，小型农业观光园只包括单一的农业果实采摘和景观观赏，大型农业观光园有独具特色的细分市场，根据不同的细分市场划分经营区域，如老年公寓区、采摘区、垂钓区等。大型农业观光园典型的例子是藁城市华澳农业观光园。

近几年来京津周边观光体验型休闲农业发展速度较快。截至 2014 年年底，该地区已拥有国家级农业示范园 6 处，国家级农业旅游示范点 15 处，全国休闲农业与休闲农业示范点 16 处，全国休闲农业与休闲农业示范县 7 个。

3.2.3.3 依托文化古村镇发展休闲农业

文化型休闲农业的发展要求具有特殊的历史文化背景，能够以保存完整的历史文化为吸引点，拥有较高的文化研究价值，表现形式为历史古村镇与民俗文化村。历史古村镇一般是指在历史上经济较发达、现在经济发展相对落后，保留浓厚历史气息与研究价值的城镇。河北省邯郸市广府古城就是历史古村镇的典范。民俗文化村是以乡村区域居民的民俗习惯为吸引物，表现为乡村传统、民间艺术、民间习俗等。截至 2014 年，京津周边拥有国务院公布的省级历史文化古镇 18 个，省级历史文化村 19 个，国家级非物质文化遗产（乡村传统、民间艺术、民间习俗等）共计 66 项。

3.2.4 京津周边休闲农业的发展模式

通过上文对京津周边休闲农业相关资料的查阅与分析，我们发现休闲农业都是沿着一定方针路线发展的，因而形成了不同的休闲农业发展模式。

3.2.4.1 农民自发型发展模式

农民自发型发展模式是依托当地自然气候、农业特色及历史文化资源发展起来的农业，后演化为乡村农家乐旅游发展模式。张家口市怀来县太师庄村就是这样发展起来的。从怀来县到太师庄村大概需要半个小时，一进入村庄，映入眼帘的便是主干道两旁 20 余户农家乐和农家院。这些农家乐是村民根据旅游需求自发形成的，这些旅游需求主要产生于当地的活动项目，如骑马、快艇、篝火晚会和一些富有乐趣的农事活动。十几年前，当地思想前卫的居民意识到其中的有利商机，便开始经营农家乐满足游客需求，一段时间后效益显著。其他村民竞相模仿，追随先锋，利用自家房屋开办起农家乐，相应的旅游配套设施也日渐齐全。这种基于当地旅游资源引发的旅游需求形成旅游系列配套设施的发展过程，便是农民自发型发展模式。这种模式的最大特点是基于旅游资源驱动，即以当地特色旅游资源吸引的游客为主要客源，由当地居民利用自家房屋和自家宅基地建立个体农家乐经营户。

自发型休闲农业模式的特征：①经营权和所有权统一。农户可以充分利用自家房屋和农、林、牧、渔等资源为游客提供住宿和餐饮服务项目，户主自主支配经营所得。②竞争环境自由，垄断现象不明显。各农家乐均是当地居民利用自家财产资源建立，因此规模一般较小，不存在垄断现象，环境比较自由。③该发展模式尚处于休闲农业初级阶段。村民为满足旅游活动引发的需求自发形成的休闲农业，是一种自发无序式休闲农业，因此被看作是初级发展阶段。

3.2.4.2 政府主导型发展模式

政府依据当地特色主导开发某项目，并围绕此项目引导利益相关者，使其投入其中，基于这种发展方式形成的休闲农业即为政府主导型发展模式。我们以历史文化悠久的河北省邯郸市广府古城为例进行说明。

广府古城四周城墙环绕，城内以古老建筑形式为主，拥有丰富的文化底蕴。但是如果政府不统一规划、不对文化遗产进行保护，村内建筑会失去原有色彩，不利于当地历史文化的传承与发展。为保护项目的完整性，政府部门开始建设配套设施，维护经营秩序，引导村民维护自己古老的房屋建筑，宣传当地历史文化的价值，策划旅游活动，挖掘当地历史文化价值。这种政府主导其发展的过程就是政府主导型休闲农业发展模式。其特点是：只有政府先意识到资源的价值存在，并且组织开发与宣传，才能实现资源的价值，从而通过发展休闲农业带动当地经济社会的进步。

政府主导型发展模式的特征是经营权与所有权分离。广府古城隶属于永年县政府管辖，在开发初期，政府投资建设相关基础设施，但是为了更好更快发展古城，专门成立“广府生态文化园区管理委员会”负责古城的全面管理，又广泛吸纳外来投资企业规划指导古城发展，还设立广府古城文化旅游开发有限公司作为经营管理机构。因此，文化资产的所有权归政府，而经营权利属于文化旅游公司。

3.2.4.3 农业企业带动型发展模式

农业企业带动型发展模式是指由多个股东投资建设的集团公司通过合作社、村委会等组织承包农户的土地，建设相关农业、娱乐、康体等综合项目以吸引游客，并且制定相关制度使农户积极参与并获得利益的一种休闲农业发展模式。石家庄市藁城现代农业观光园便是典型的企业带动型发展模式。

藁城现代农业观光园是以产梨、卖梨为源头发展起来的。起初农业主通过种植经济农作物积累了部分资金。随着国家对休闲农业旅游的政策支持，农业主开始响应政府号召，扩大规模，实现多元化发展，最终形成了集观光、采摘、娱乐为一体的综合示范园区。藁城现代农业观光园的发展为当地提供了更多就业机会，推动了乡村产业结构的优化与进步。这种由农业企业带动乡村经济社会发展的模式，就是农业企业带动型发展模式。

农业企业带动型发展模式的特征：投资企业拥有经营管理权，村委会起到中间组织的作用，全部经营收入由各大股东决策分配。企业集团租用土地是经过村委会号召征集的，企业集团不直接面对农户。应得收益由集团公司按土地租赁面积将租金打包给村委会，村委会按照各家土地使用面积发放租金给居民。企业集团的政策往往有利于居民，这样居民便会自愿参与经营管理过程，参与绿色瓜果蔬菜的种植，获得经营劳务费。剩余资金收入除发放工资、缴纳相关税费外，股东作为盈余或进行股利分配。

休闲农业是京津周边旅游业的主要发展形式，前文中已从旅游景区多数位于乡村区域和旅游资源大多具有乡村性两方面予以说明。休闲农业主要有景区依托型、农业旅游示范园型和文化古村古镇型休闲农业，发展至今已形成一定规模，取得了经济效益。从休闲农业的发展历史来看，主要形成了农民自发型休闲农业、政府主导型休闲农业和农业企业带动型休闲农业三种发展方式。

3.3 京津周边休闲农业的量化研究

3.3.1 休闲农业多元价值功能分析

如图 3-2 所示，休闲农业的多元价值功能包括经济价值功能、社会价值功能、生态环境价值功能、文化价值功能。多样的休闲农业类型、不同的乡村经济社会发展水平，不同程度地表现出休闲农业经济、社会、生态环境和文化价值功能。同时休闲文化的四种价值不是独立存在的，它们相互影响，共同作用。

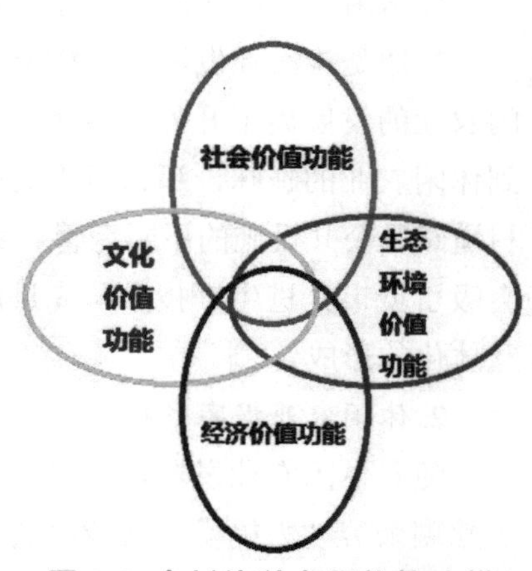

图 3-2 乡村旅游多元价值功能

3.3.1.1 休闲农业具有经济价值功能

休闲农业综合带动性强，能够转变乡村经济发展方式，增加当地经济收入，促进休闲农业经济价值功能的发挥，提高经济效益。经济效益主要体现为休闲农业带来的直接经济效益和对乡村的间接经济效益。

1. 休闲农业直接经济效益

通常情况下游客接待数量与消费量成正相关关系。休闲农业的发展可以吸引游客，增加休闲农业接待人数。游客增多，其餐饮、住宿、娱乐等需求也会增加，为旅游经营者带来最直接的商机。同时游客的餐饮、住宿、娱乐等需求也会反向推动旅游项目的建设，增加旅游投资项目，拉动经济增长。

2. 休闲农业间接经济效益

休闲农业促进乡村经济结构转型。根据产业关联理论，休闲农业的发展带动商贸业、服务业、交通业、加工业等关联产业的发展，形成休闲农业带动第三产业，第三产业推动第一、第二产业，反过来第一、第二产业又对第三产业提出更高要求的循环过程，促进乡村经济结构顺利转型，使得经济价值充分实现。

3.3.1.2 休闲农业具有社会价值功能

休闲农业的社会价值功能主要表现为公共设施建设和乡村居民生活质量的提高。休闲农业的发展在发挥经济价值功能的同时，推动着乡村道路建设，加快了农村信息化进程，增强了城乡互动，在提高农村居民生活水平、促进思想观念转变等方面发挥着重要的作用。

1. 休闲农业能够推动乡村公共设施建设

交通是旅游业发展的关键要素，它与休闲农业的发展更是互相促进的。休闲农业的发展离不开外来游客，若交通不便，外来游客便游览困难，更领略不到休闲农业的趣味，那么再大的商机也会被埋没，因此休闲农业的发展需要乡村道路及公共设施的不断完善。交通的便利与游客对休闲农业产品的相关需求，会吸引城市先进生产技术与先进产品的相互融通，加速城乡互动，有利于城乡一体化的形成。

2. 休闲农业提高乡村居民生活质量

随着休闲农业发展，乡村产业不断扩张，出现大量的发展机会。这不仅为当地剩余劳动力提供了就业机会，还增加了居民收入，提高了生活水平。同时居民受到外来游客先进思想的影响，他们开始追求先进理念与发展方式，以进步的眼光造福自己的后代。下面以河北省平山县天桂山景区休闲农业案例予以说明。凭借天桂山景区，当地农村居民利用自家房屋开办起农家乐，随着景区游客的增多，该村居民的收入也逐渐提高，我们曾调研了解到其中一家天桂山农家院的经营年收入大概为 6 ～ 7 万元。同时受外来游客各方面影响，当地居民思想观念逐渐提升，为改变当地儿童上学难的现状，特意出钱集资招聘老师教孩子，来改善当地的教育问题。

3.3.1.3 休闲农业具有生态价值功能

休闲农业是人们追求自然、贴近自然的途径，良好的乡村环境是进行休闲农业开发的前提与基础，因而发展休闲农业需要改善乡村生态环境，增强当地居民、企业、政府和游客的生态环境保护意识。

1. 休闲农业对保护生态环境提出内在要求

休闲农业主要是利用乡村独有的生活环境、田园风光、乡村民俗等要素发展起来的，一旦这些要素遭到破坏，休闲农业便会失去色彩，直接影响其经济价值与社会价值的发挥，因此休闲农业的发展对乡村自然环境的保护提出内在要求，发展休闲农业有助于乡村原生态环境的保护。

2. 休闲农业有助于美化村容村貌

随着国家新农村建设政策的出台，多数村庄对农村环境进行综合治理，如加强村庄道路的绿化与美化，实施垃圾集中处理。在政府、企业和村民的共同努力下，乡村告别了以前的“脏”“乱”“差”现象，村容村貌得到进一步提升。同时为适应旅游业的发展，追求更多经济利益，政府采取了外在环境保护措施，如与企业签订相关环境契约，一旦企业开发活动对当地环境造成了破坏，就必须提供资金来整治和维护环境。

3. 休闲农业改善了当地的环境条件

为加快休闲农业的发展，追求更高的经济利益，在政府、企业与当地居民的共同努力下，种植绿色植物，扩大植被覆盖面积，建立自然保护区，改善空气质量，积极优化旅游地生态环境，美化生态景观。这些均展现出休闲农业具有生态价值功能，京津周边国家森林公园的建立对全国森林资源的保护与开发起到了示范作用。

3.3.1.4 休闲农业具有文化价值功能

发展休闲农业有助于乡村文化的传承、保护和开发。京津周边乡村文化资源丰富，包含农耕文化、历史文化、民间风俗等。通过发展农业旅游、民俗风情旅游可以充分挖掘当地文化价值，使当地生产生活环境成为特色文化的载体，让农业文化和历史民俗文化得以淋漓尽致地展现。游客在游览过程中便可以感受到农业文化、历史民俗文化的熏陶，更能够增强游客学习的主动性。游客了解当地文化越多，对文化越感兴趣，当地居民对本地文化越自信，保护与传承的意识就会越强，于是会有更充足的动力来促进乡村文化的开发、保护和传承，这便是文化价值功能开发利用的良性循环。

3.3.2 休闲农业多元价值功能指标评价体系

构建休闲农业多元价值功能指标评价体系需要遵循一定的原则，通过对休闲农业相关指标定性与定量分析，确定以下原则指导指标体系的设计。

3.3.2.1 设计原则

第一，客观性原则。休闲农业多元价值功能的评价是为了满足相关政策性建议的需要，因此选取的指标必须能够真实地反映休闲农业的价值。如果选取的指标不够客观真实，那么对指标的数据寻找、数据处理及分析就失去了存在的意义，甚至会误导相关部门做出错误的决策。客观性原则是指标体系选取的基本要求。

第二，层次性原则。休闲农业多元价值功能指标体系的构建，是为了将复杂的多元价值变得可以计量和分析，为休闲农业多元价值功能的评价提供依据。在构建该评价指标体系时不可能考虑到所有指标，因此，应当抓重点，选择能够反映休闲农业价值功能及发展规律的核心指标，最好可以根据休闲农业价值理论，结合实际案例，综合得出能够评价价值功能的指标。

第三，可得性原则。可得性是指指标数据的获得、指标的利用评估是现实可取的。目前，各研究领域使用的数据主要来源于权威的官方网站。所以选取指标应尽量取于官方网站，保证数据指标的可得性与可操作性，难以获得的数据指标可用相近指标代替。

3.3.2.2 指标选取

依据本书对休闲农业多元价值功能的定义界定，在参考“全国休闲农业与休闲农业示范点评选标准”和“《美丽乡村建设指南》国家标准”的基础上，遵循客观性、层次性和可得性原则，从经济价值功能、社会价值功能、生态环境价值功能和文化价值功能四个视角，构建休闲农业多元价值功能指标体系。由于京津周边休闲农业收入的数据不可获取，休闲农业又是京津周边旅游业的主体形式，因此用京津周边的旅游业收入代替休闲农业收入。同理，用旅游接待人次数代表休闲农业接待人次数，用旅游业收入占 GDP 比重表示休闲农业收入对 GDP 的贡献。用以上指标，可以表示出河北省乡村旅游多元价值功能。（表 3-4）

表 3-4 河北省乡村旅游多元价值功能

	目标层	指标层
乡村旅游多元价值功能	经济价值功能	旅游业收入（X1） 旅游接待人次（X2） 旅游业重点项目投资（X3） 旅游业收入占GDP的比重（X4） 省级以上农业旅游示范点（X5） A级以上景区数（X6）
	社会价值功能	农村公路总里程（Y1） 高速等级公路里程（Y2） 农村居民恩格尔系数(Y3) 乡村第三产业从业人员占比(Y4) 农村居民纯收入增长率(Y5)
	生态环境价值功能	森林覆盖率(Z1) 省级以上自然保护区数(Z2) 二级以上优良天数(Z3) 省级以上森林公园(Z4) 省级以上风景名胜区(Z5)
	文化价值功能	省级以上历史文化名镇名村数（U1） 国家级非物质文化遗产数（U2） 省级以上文物保护单位（U3）

全国休闲农业与休闲农业示范点、省级以上农业旅游示范点、A 级以上景区是休闲农业的三大主要形式，且相对休闲农业其他价值功能来说，经济价值功能发挥更为突出，因此将视为休闲农业发展的经济价值功能指标。

京津周边非物质文化遗产较多，目前来看，京津周边国家级非物质文化遗产对休闲农业发展有些积极影响，然而省级非物质文化遗产因为知名度较低，几乎只有当地人才知晓，当地以外的其他人根本没听过，更谈不上发展休闲农业的可能。因此本书仅对国家级非物质文化遗产对休闲农业多元价值功能的影响进行分析。省级历史文化名镇名村和省级文物保护单位对京津周边休闲农业具有一定影响，因此利用省级以上（国家级和省级）历史文化名镇名村和省级以上文物保护单位等相关指标来表示。

3.3.3 休闲农业多元价值功能的数据搜集与处理

3.3.3.1 数据搜集

从中央人民政府网站、京津周边人民政府网站、京津周边森林公园网站、京津周边旅游经济运行情况、京津周边旅游局、京津周边环境厅、京津周边林业网、经济统计公报等搜取相关指标数据，分别对经济价值功能指标、社会价值功能指标、生态环境价值功能指标和文化价值功能指标的数值变化进行简要分析。

调查发现，2004—2014 年间，旅游业收入、旅游接待人次、旅游业收入占 GDP 的比重从整体看来呈上升趋势。2004—2013 年旅游业重点项目投资呈直线上升态势，然而 2014 年京津周边旅游业重点项目投资有所减少。省级以上农业旅游示范点在 2004—2014 年呈直线上升态势，A 级以上景区数整体呈上升态势，2014 年稍有下降。（表 3-5）

表 3-5 2004—2014 年河北省乡村旅游经济规模指标数值

年份指标	旅游业收入（亿元）	旅游接待人次（万人次）	旅游业重点项目投资（亿元）	旅游业收入占GDP的比重（%）	省级以上农业旅游业示范点（个）	A级以上景区数（个）
2004	350	7285	40	3.96	8	120
2005	424.1	8130.54	46	4.24	15	169
2006	509.3	9125.3	57	4.44	15	184
2007	580.2	10100	62	4.26	15	181
2008	554.5	9822.03	101	3.46	15	195
2009	709.7	12200	120	4.12	36	217
2010	914.5	15000	180	4.53	63	242
2011	1221.3	18700	320	5.04	81	282
2012	1588.3	23000	380	5.98	85	300
2013	2010.1	27100	410	7.1	88	306
2014	2561.49	31500.66	350	8.71	92	301

通过查阅相关数据，在 2004—2014 年间，农村公路总里程、高速等级公路里程、乡村第三产业从业人员占比呈直线上升态势，农村居民恩格尔系数整体呈直线下降趋势，然而农村居民纯收入增长率变动尚未发现规律。（表 3-6）

表 3-6 2004—2014 年河北省乡村旅游相关社会价值功能指标数据

年份指标	农村公路总里程（万公里）	高速等级公路里程（万公里）	农村居民恩格尔系数（%）	乡村第三产业从业人员占比(%)	农村居民纯收入增长率（%）
2004	5.71	0.17	42.51	14.57	11.1
2005	6.57	0.21	41.02	15.33	9.79
2006	12.56	0.23	36.69	15.78	9.2
2007	12.8	0.29	36.81	16.67	12.93
2008	7.14	0.32	36.17	17.34	11.69
2009	13.21	0.33	35.69	17.24	7.39
2010	13.3	0.43	35.15	17.91	15.7
2011	13.5	0.48	33.53	18.5	19.5
2012	14.1	0.51	33.9	18.9	13.5
2013	15.1	0.56	32	19.2	12.63
2014	15.6	0.6	28.2	19.86	11.91

研究数据表明，2004—2014 年期间，森林覆盖率、省级以上森林公园数、省级以上风景名胜区数逐年增加，呈直线上升态势。省级以上自然保护区数整体看来呈上升趋势，仅在 2009 年稍有下降。二级以上优良天数整体呈上升趋势，在 2013—2014 年由于标准变动致使其有所下降。（表 3-7）

表 3-7 2004—2014 年河北省乡村旅游相关生态环境价值指标数据

年份指标	森林覆盖率（%）	省级以上自然保护区数（个）	二级以上优良天数（天）	省级以上森林公园数（个）	省级以上风景名胜区数（个）
2004	18.21	26	273	44	16
2005	23.25	30	296	47	16
2006	23.25	35	300	52	16
2007	23.25	34	313	55	16
2008	23.25	34	324	64	16
2009	23.25	33	334	77	16
2010	23	35	337	78	25
2011	26	35	339	87	43
2012	27	43	340	92	45
2013	28	44	220	92	49
2014	28	46	248	94	49

通过查阅相关资料，发现在 2004—2014 年期间，省级以上历史文化名镇名村数、国家级非物质文化遗产数和省级以上文物保护单位均呈现不同程度的增加态势。（表 3-8）

表 3-8 2004—2014 年河北省乡村旅游相关文化价值指标数据

年份指标	省级以上历史文化明镇明村（个）	国家级非物质文化遗产数（项）	省级以上文物保护单位数（个）
2004	0	0	670
2005	2	0	670
2006	2	30	670
2007	23	58	670
2008	41	58	930
2009	41	58	930
2010	44	58	930
2011	44	61	930
2012	61	61	930
2013	61	61	930
2014	68	66	930

本书主要从经济、社会、生态环境和文化四方面对休闲农业多元价值功能进行综合评价。运用因子分析方法降低指标变量的复杂性，其基本思想是根据相关性大小将原始指标变量分组，使得同组内的变量间具有较高相关性，而不同组的相关性较低，每组变量用一个不可观测的综合变量（公共因子）表示。结合 SPSS 软件，对京津周边 2004—2014 年乡村旅游多元价值功能发挥水平的相关数据进行无量纲化，通过因子分析法提取公共因子，从而更好地对京津周边休闲农业多元价值功能发挥状况进行评价。（表 3-9）

表 3-9 2004—2014 年河北省多元价值功能指标标准化后数据

年份	X1	X2	X3	X4	X5	X6	Y1	Y2	Y3	Y4	Y5	Z1	Z2	Z3	Z4	Z5	U1	U2	U3
2004	0.34	0.47	0.21	0.78	0.17	0.49	0.48	0.45	1.19	0.84	0.9	0.75	0.72	0.9	0.62	0.57	0	0	0.8
2005	0.41	0.52	0.24	0.84	0.32	0.56	0.58	0.56	1.15	0.88	0.8	0.96	0.84	0.98	0.66	0.57	0.06	0	0.8
2006	0.49	0.58	0.3	0.87	0.32	0.74	1.07	0.81	1.03	0.91	0.75	0.96	0.97	0.99	0.73	0.57	0.06	0.65	0.8
2007	0.56	0.65	0.33	0.84	0.32	0.73	1.09	0.77	1.03	0.96	1.05	0.96	0.95	1.04	0.77	0.57	0.65	1.25	0.8
2008	0.53	0.63	0.54	0.68	0.32	0.79	0.81	0.85	1.07	1	0.95	0.96	0.95	1.07	0.9	0.57	1.17	1.25	1.11
2009	0.68	0.78	0.64	0.81	0.77	0.88	1.12	0.88	1	0.99	0.6	0.96	0.92	1.11	1.08	0.57	1.17	1.25	1.11
2010	0.88	0.96	0.96	0.89	1.35	0.98	1.13	1.15	0.98	1.03	1.28	0.95	0.97	1.12	1.1	0.9	1.25	1.25	1.11
2011	1.16	1.2	1.7	0.99	1.74	1.14	1.15	1.28	0.94	1.06	1.58	1.07	0.97	1.12	1.22	1.54	1.25	1.31	1.11
2012	1.53	1.47	2.02	1.18	1.82	1.21	1.2	1.36	0.95	1.09	1.1	1.11	1.2	1.13	1.29	1.61	1.73	1.31	1.11
2013	1.94	1.73	2.18	1.4	1.89	1.24	1.28	1.49	0.89	1.1	1.03	1.16	1.32	0.73	1.29	1.76	1.73	1.31	1.11
2014	2.47	2.02	1.86	1.72	1.97	1.33	1.32	1.6	0.78	1.14	0.97	1.16	1.28	0.82	1.32	1.76	1.93	1.42	1.11

首先我们对选择的各项指标变量进行赋值，赋值结果如：

F1：休闲农业生态资源要素效益的公共因子

F2：休闲农业文化资源社会效益的公共因子

X1：旅游业收入

X2：旅游接待人数

X3：旅游业重点项目投资

X4：旅游业收入占 GDP 的比重

X5：省级以上农业旅游示范点

X6：A 级以上景区数

Y1：农村公路总里程

Y2：高速等级公路里程

Y3：恩格尔系数

Y4：乡村第三产业从业人员占比

Y5：农村居民纯收入增长率

Z1：森林覆盖率

Z2：自然保护区

Z3：二级以上优良天数

Z4：省级以上森林公园

Z5：省级以上风景名胜区

U1：省级以上历史文化名村名镇

U2：国家级非物质文化遗产

U3：省级以上文物保护单位

然后对数据进行无量纲化。将每一变量值除以该变量值的平均数，做均值化处理。无量纲处理方法的核心便是均值化，在消除量纲和数量级影响的同时，保留了各变量取值差异信息，变量差异程度越大，对综合分析的影响也越大。

其次提取公共因子（表 3-10）。特征值是反映公共因子影响程度大小的指标。将特征值大于 1 作为公因子选取的标准，提取前两个公共因子的特征值均大于 1，且方差累计贡献率达到 87.749%，即这两个公共因子集中了原始变量 87.749% 的信息，解释效果较好。

结果分析，从旋转后的因子载荷矩阵和模型（表 3-11）可以看出：

表 3-10 公因子方差分析表

公共因子	初始特征值	
	特征值	方差贡献率%
F1	10.363	53.375
F2	6.187	34.374

表 3-11 旋转后的因子载荷矩阵

	componont	
	1	2
X4	976	115
X1	934	330
X2	912	395
Z2	858	404
Z5	836	439
X3	784	548
Y3	780	541
Z1	780	483
Y2	772	629
Y5	68	638

（1）反映休闲农业生态资源要素效益的公共因子

公共因子 F1 上载荷值由大到小的指标依次是 X4（旅游业收入占 GDP 的比重）、X1（旅游业收入）、X2（旅游接待人数）、Z2（自然保护区）、Z5（省级以上风景名胜区）、X3（旅游业重点项目投资）、Y3（恩格尔系数）、Z1（森林覆盖率）、Y2（高速等级公路里程）、X5（省级以上农业旅游示范点）、X6（A 级以上景区数）、Z3（二级以上优良天数）、Y4（乡村第三产业从业人员占比）、Y1（农村公路总里程）。其中 Y3 和 Z3 与该因子负相关。

X1、X2、X3、X4、Y1、Y2、Z3、Z5 反映休闲农业运营状况，表现为经济生态效益水平，X5、X6、Y3、Y4、Z1、Z2 反映休闲农业发展的硬件设施，包括农业生态资源条件和基础设施条件，因此 F1 的实际意义是反映了在乡村基础设施支撑作用下，乡村农业生态资源条件和休闲农业经济社会生态效益水平的公共因子。该因子分数值越高，休闲农业生态资源要素规模越大，休闲农业经济生态社会价值水平越高。

（2）反映休闲农业文化资源社会效益的公共因子

公共因子 F2 上载荷信息量由大到小指标依次排列为 U2（国家级非物质文化遗产）、U3（省级以上文物保护单位）、Z4（省级以上森林公园）、U1（省级以上历史文化名村名镇）、Y5（农村居民纯收入增长率）。

Z4 代表省级以上森林公园，可以拓展表示为一种植被文化。所以 U1、U2、Z4 反映的是休闲农业软件条件，即文化资源条件。Y5 反映农村居民收入变化状况，Y5 提高说明乡村居民整体从旅游中获益较多，社会效益水平较高。因此 F2 是反映休闲农业文化资源规模和社会效益水平的公共因子，在该因子上得分越高，表明乡村文化资源规模越大，社会效益发挥越好。

3.3.3.2 评价结论

根据各因子的方差贡献率占两个因子总方差贡献率的比重，将其视为权重进行加权汇总，计算因子得分，最终得出休闲农业多元价值功能综合得分 F：

$$F=（53.375*F1+34.374*F2）/87.749 \quad （1）$$

利用软件运行结果 F1 和 F2，再根据公式（1）计算出综合得分 F。（表 3-12）

表 3-12 乡村旅游多元价值指标的公共因子得分即其综合得分

年份	F1	F2	综合得分F
2004	-0.63	-1.59	-1.01
2005	-0.41	-1.35	0.78
2006	-0.25	-0.95	-0.53
2007	-0.59	-0.16	-0.42
2008	-0.93	0.46	-0.39
2009	0.59	0.43	-0.19
2010	-0.59	1.06	0.06
2011	-0.25	1.44	0.41
2012	-0.44	1.02	0.67
2013	1.76	-0.23	0.98
2014	2.03	-0.14	1.18

通过运行计算，我们发现：休闲农业生态资源要素效益因子 F1 在 2004—2014 年整体呈上升趋势，但是由于 2008 年受金融危机的影响，旅游业收入占 GDP 比重下降使得 F1 略有下降，在 2009 年出现逆转。这表明休闲农业生态资源要素整体规模越来越大，经济生态社会价值整体发展水平越来越高。F1 的发展变化主要是经济、生态、社会价值功能作用的结果，整体看 F1 趋好，经济价值功能指标受其影响最大，可以说经济价值功能发挥最好；其次是生态价值功能指标，说明生态价值功能发挥次之；社会价值功能指标受 F1 的影响更小，说明社会价值功能发挥较差。因此，我们可以得出结论：从 F1 指标分析来看，在休闲农业多元价值功能发挥中，经济价值功能发挥最好，其次是生态价值功能，再次是社会价值功能。

对休闲农业文化资源社会效益因子 F2 的分析：2004—2011 年整体呈上升态势，2012—2014 年由于农村居民纯收入增长率 Y5 下降导致 F2 下降。F2 的发展变化主要是文化、社会价值功能综合作用的结果。文化价值功能指标受其影响最大，社会价值功能受其影响最小，结合 F2 对休闲农业多元价值功能贡献较小，社会价值功能指标无论受 F1 作用还是 F2 影响，其数值均最小，这说明休闲农业多元价值功能中社会价值功能发挥最差，其次是文化价值功能。

综合看来 F 从 2004—2014 年呈直线上升态势，说明京津周边休闲农业多元价值功能发挥水平逐年提高，这是文化资源要素与社会效益在乡村农业生态资源中充分发挥、综合作用的结果。2004—2011 年，F1 和 F2 发展水平呈现不同程度的提高，使得 F 也呈现上涨趋势，但从 2012 年 F2 开始呈下滑趋势，F1 仍在提高，多元价值功能发展水平也在提高。 F1 关键由经济生态决定，F2 关键由文化社会价值决定，因此说明经济价值功能决定着京津周边休闲农业多元价值功能的发挥，同时也说明近几年休闲农业发展注重经济价值功能较多，在价值文化和社会价值功能方面有所忽略。F1 对 F 的贡献大于 F2 对 F 的贡献，F1 中经济价值功能发挥最好，其次是生态价值功能，再次是社会价值功能；F2 中社会价值功能发挥最差，其次是文化价值功能。

综上我们得出以下结论：F1 在 2004—2014 年呈直线上升趋势，整体发展水平趋好。F2 在 2004—2011 年整体呈上升态势，但是在 2012—2014 年开始走下降趋势。多元价值功能发挥充分程度由大到小依次是经济价值功能、生态价值功能、文化价值功能和社会价值功能。

在休闲农业发展过程中，休闲农业多元价值功能受两个综合因子的影响，分别是 F1（反映休闲农业生态资源要素效益的公共因子）和 F2（反映休闲农业文化资源社会效益的公共因子），其中 F1 对休闲农业多元价值功能影响程度较大，F2 对休闲农业多元价值功能影响程度较小。

在 2004—2014 年 F1 整体呈上升态势，但是在 2007 年与 2008 年略有下降，2009 年开始回升。受 F1 影响，在休闲农业多元价值功能发挥中，经济价值功能发挥最好，其次是生态价值功能，再次是社会价值功能。而 F2 在 2004—2014 年整体呈上升态势，2012 年开始出现下滑。受 F2 影响，在休闲农业多元价值功能中社会价值功能发挥最差，其次是文化价值功能。F 在 2004—2014 年呈直线上升态势，说明京津周边休闲农业多元价值功能发挥状况趋好。F1、F2 对休闲农业多元价值功能贡献不同，受主要价值功能作用程度也会不同，得出休闲农业多元价值功能发挥程度由大到小依次是经济价值功能、生态价值功能、文化价值功能和社会价值功能。

第 4 章 京津周边休闲农业的人文情绪导向设计研究

4.1 基于人文情绪导向的老年康养休闲农业发展研究

老年康养休闲农业设计不同于一般建筑物的康养设计，它面对的设计环境是自然环境、人文环境和人工环境均复杂多样的乡土村镇。康养设计的服务对象是老年人，其设计目的是满足老年人的适老化需求，为老年人营造良好的旅游居住环境。要了解老年人的适老化需求，就要研究老年人在生理和心理方面的特征。另外，康养型休闲农业乡村既需要为来自其他城市里的老年游客提供便利，也要能够改善本地乡村老人的日常生活环境。城市老年游客在康养型休闲农业乡村是短时间旅游，而乡村本地老人是长时间居住，两者存在本质上的差异。因此，在分析康养型休闲农业乡村的老年人群体时，既要分析所有老年人的普遍性特征，又要将城市老年游客和乡村本地老人分开分析。

4.1.1 设计环境分析——乡土村镇环境

4.1.1.1 自然环境

我国幅员辽阔，地形复杂，乡村聚落受到自然地理环境的影响更大。

①地形、地质、地貌：如高山、平原、沙漠、丘陵等，直接影响乡村聚落的形态、景观环境、建筑类型。

②降水：各个地区降水量的大小会直接影响到房屋建筑的形态，也会影响植被的生长，形成不同的景观效果。

③气温：气温对建筑的影响极其显著。气温高的地区，建筑往往墙壁薄，房间大，窗户小，从而达到防暑的效果；气温低的地区，建筑墙壁厚，房间小，有利于保温。

④水源：南方乡村一般临近水源，便于生活用水，因而村庄多沿河流两岸、湖泊四周分布，形成“小桥流水人家”的景观。而在水源较少的北方地区，乡村只能地下取水。

通过上述分析可知，进行康养型休闲农业乡村康养设计时，需要充分考虑当地的自然地理环境，在充分利用有利条件的同时降低不利因素的影响，为老年人营造舒适的旅居环境。以京津冀为例，京津冀地区具有独特的自然环境，针对京津冀地区的康养设计应与京津冀地区的自然环境有效结合起来。京津冀地区的自然环境有以下特点：首先，京津冀地区位于华北平原北部，北靠燕山山脉，南依华北平原，西倚太行山，东临渤海湾，西北和北面地势较高，南面和东面地形较为平坦。空气清新，风景优美，适合老年人开展登山、徒步等健身运动。其次，京津冀地区四周植被茂盛，氧气充足，负氧离子含量高，对老年人的身体大有裨益。另外，京津冀地区生长有数百种野生中草药，自然条件得天独厚。京津冀地区的康养设计应与这些自然条件因素有效结合起来，例如设计一些适合老年人的登山道、散步道、中草药采摘活动和疗养项目等。需要注意的是，凛冬季节京津冀地区气温较低，空气较为干燥，因此室内空间的康养设计要注重阳光朝向、建筑保暖、提升空气湿度等。

4.1.1.2 人文环境

我国是一个历史悠久、民族众多的国家，五千年文明的传承，人文积淀深厚，广大乡村便是这些历史文化的主要载体，具体表现在：

①历史文化：我国历史悠久，不同朝代的文化都在这里留下了痕迹，包括当地历史故事、神话传说、文物遗址、革命旧址等；

②地域文化：我国地域辽阔，不同地域有着各自不同的地域文化特色。这些文化特色随着千百年来的生活习惯而产生，包括民众性格、方言、饮食习惯、劳作方式、民俗活动、传统手工艺、传统服装等；

③民族文化：中国是多民族的国家，除汉族外各少数民族多以村落聚居，因而这些村落的民族要素也不尽相同，包括民族庆典活动、民族祭祀活动、民族服装、民族信仰等；

④宗教文化：我国是一个宗教信仰自由的国家，民众信仰的宗教主要是佛教和道教，也有基督教与伊斯兰教。但是因为各地对宗教的理解与传承方式各异，导致不同乡村的信仰方式也会有所差别。

上述人文环境要素对于老年康养休闲农业设计有着重要的影响。我们依旧以京津冀地区为例。京津冀地区的人文环境具有独特性，会对康养设计产生如下影响：首先，京津冀地区的村落拥有不少传统民居，古村风味犹存，令不少老年游客流连忘返。其次，京津冀地区的广大农村曾孕育着广大老年朋友推崇的红色革命文化。在对京津冀地区进行康养设计时应结合以上两点特色，设计相关的旅游项目和服务设施。如今的京津冀周边地区农村社区建设良好，尽管设施简陋，但在村中已形成一股尊老、爱老、敬老的正直风气。这为京津冀周边地区村落日后的康养设计、老年社区服务建设奠定了坚实基础。

4.1.1.3 人工环境

在我国乡村地区，依旧保留着大量的乡土建筑。乡土建筑是指民间自发建造的传统风土建筑，具有浓厚的农家小院气息，主要包括乡土的住宅、寺庙、祠堂、书院、戏台、酒楼、商铺等，是岁月流逝过程中乡土精神与本土文化的外在表现。康养型休闲农业乡村所在地通常有大量的乡土建筑精华，如安徽的西递、宏村。做好乡村旅游的康养设计，必须要尊重当地的乡土建筑，保留其精华。

（1）建筑类型

我国乡土建筑受到自然条件和人文环境的影响，类型多样，单以民居为例，就有四合院、窑洞、吊脚楼、土楼、碉房、蒙古包等多种形式。对其进行乡村旅游康养设计时，要结合当地的建筑类型，保留当地文化特色，做到因地制宜。

（2）建筑材料

乡土建筑建造过程中使用的建筑材料大多取材于自然，是村民触手可及，最方便快捷、简单实用的材料。尽管传统的建筑材料主要为砖、土、竹、木、瓦，但各民居类型最常用的建筑材料还是存在差别。以砖为例，就有青砖、灰砖、土砖、陶砖等类型。各类型不仅原始材料不一样，规格制式也不同。对康养型休闲农业乡村进行康养设计时，应尽量使用当地传统建筑材料，做到与当地建筑风格保持一致。

（3）建筑技艺

受自然条件与人文环境的影响，我国乡土建筑不仅类型各异、取材多样，千百年来流传的建筑技艺也大不相同。在对康养型休闲农业乡村进行康养设计时，不能单纯套用城市元素作为康养设计的手段，必须对当地的传统建筑技艺进行深入研究，将传统技艺进行保留与改进，从而达到适老化的效果。京津周边地区拥有大量历史久远的传统村落，村中有许多建于清朝的民居四合院或三合院，这些院落依山而建、错落有致，具有很强的建筑特色。另外，因京津周边地区山区众多，村民常用山区的石块作为建筑材料来砌筑围墙或铺设道路，形成京津周边地区的独特景观。对京津周边地区村落进行康养设计时，应该尽量延续其传统建筑技艺，同时加入一些新元素。如传统建筑中的火炕可以保留但必须要改造，做到节约环保、舒适温暖，适合老年人使用。建筑花窗的设计做到美观并具备保暖、隔热、防蚊虫等功能。同样，在京津周边地区的室外景观设计方面也可以保留岩石堆砌的做法，用石块铺设的道路应尽量平坦，适合老年人行走。

4.1.2 服务对象分析——老年群体

4.1.2.1 老年人的基本特征

国际上许多国家主要依据本地区的人均寿命对老年人进行界定，而人均寿命很大程度地受到当地的经济发展水平、物质生活水平和医疗卫生条件的影响。据调查，发达国家的老年人通常是指 65 周岁及以上的人群，而发展中国家的老年人指 60 周岁及以上的人群。我国属于发展中国家，60 周岁及以上的人都属于老年人。根据老年人的身体状况和行为特征，可分为四个年龄阶段：健康活跃期、自食其力、行为缓慢期和照顾关怀期。本章节的写作目的是研究老年康养休闲农业设计，主要涉及老年人的身体状况与生活护理方式，因此可将老年人分为自理型、半自理型和全护理型三类。但无论是哪种类型，在其生理和心理上都会呈现出老年人共有的特征，这些特征是老年人独有的，也是本章节研究康养型休闲农业乡村适老化需求的基础。

1. 老年人的生理特征

人类的老化现象在老年人的生理特征上表现最为明显，主要体现在以下几个方面：

（1）形态上的老化

身体的衰老首先从形态上直接表现出来：身体各部分的肌肉萎缩使体重变轻，骨骼萎缩变形导致脊背弯曲、身行缩小，细胞和身体机能的衰老导致皮肤暗淡无光，出现皱纹，头发、牙齿开始掉落等。

（2）肌体的老化

人类进入老年，骨量丢失速度大于新骨生成速度，骨质会变得疏松，骨骼容易损伤、骨折，也容易出现各类疾病。内脏器官也会衰老，出现心脏病、肠胃病等，听觉、视觉也会随之下降。肌肉和骨骼的萎缩会使得老年人力量变小，活动力度和速度降低，变得行为迟缓且不协调。

（3）脑力衰退

人到老年，脑细胞也会衰老死亡。老年人在概念辨析、逻辑推理、问题处理上变得迟缓，不再像年轻人那样思维敏捷、灵活，创造性强。同时，老年人的记忆力衰退较为普遍，机械性记忆和短时记忆能力衰退尤为明显。

以上老年人生理衰退老化的特征都会给老年人生活起居及外出旅游带来较大的阻碍和困扰。

2. 老年人的心理特征

生理上以及退休后在社会中所处地位和身份的变化，都会使得老年人的心理产生强烈落差，从而会产生一些较为消极负面的情绪：

（1）怀旧情绪

怀旧情绪的产生，主要是因为人处于老年期时的不适应以及对于年轻时美好时光的怀念和不舍。老年人怀念的东西很多，他们经历过的事件，熟悉的人、物和环境，能够代表他们年轻时代的文化，这些都会勾起他们的回忆，引发怀旧的情绪。

（2）孤独情绪

当今社会空巢老人现象严重，子女不在身边，配偶去世，离开工作岗位，身边会缺少亲人的陪伴。少部分老年人尚且能够通过参加社会活动或与邻里街坊闲谈交友来减少寂寞，但大部分老人还是会因为人际关系的减少、社会和家庭地位的改变而倍感孤独，仿佛自己已经被社会和家人所遗弃。

（3）恐惧情绪

老年人自理能力减弱，生活上需要依赖他人的照顾，自然而然会产生恐惧心理。这种恐惧是多方面的，一方面是对死亡和疾病的恐惧，害怕自己疾病加重拖累亲人，更害怕因死亡而离开人世；另一方面的恐惧源自对亲人的依赖，害怕亲人抛弃自己、冷落自己。这种恐惧会让老人变得多疑而急躁。

（4）失落情绪

老年人的失落情绪源自身心状况的自卑。一方面，老年人形体衰老和身体状况变差会使老年人在今昔对比中丧失自信，变得自卑和失落。另一方面，社会的进步与新兴事物的不断兴起，让退休在家的老年人感觉自己与社会脱节，无法跟上时代步伐而失落。

当然，老年人的心理特征不都是负面消极的，还有一部分老年群体被称作“乐龄族”。因为他们到了退休年龄，功成业就，子孙满堂，没有了工作上的竞争压力与养儿育女的烦恼，前所未有的自由、轻松。此时老年人会产生如下积极正面的心理特征：

（1）宽容豁达

人在进入中老年后，随着人生阅历的丰富，对待各种事情变得更为豁达，讲求以和为贵，无欲则刚，他们不再像年轻时那样凡事喜欢争强好胜。此时，老年人性情相对年轻时会更加平静随和。

（2）返璞归真

有的老年人在退休后没有了工作上的压力，拥有更多属于自己的时间。他们可以不受约束地重新找回自己最舒服的生活状态，慢慢享受时光。一方面，老人会找回自己从前的各种爱好，投身其中；另一方面，久居城市的老年人更想要回到乡间田野，回归自然，回归故乡。

（3）返老还童

老年人常被人称作“老小孩”，这是因为“乐龄族”的老年人宽容豁达、返璞归真，在性情上更加真实率真，不再有伪装与防备，看上去更像不成熟的幼稚孩童般。老年人的返老还童也源自时代变迁，他们对许多新兴事物不熟悉，需要依靠年轻人教导与帮助，这也使老年人显得幼稚不成熟。

4.1.2.2 城市老年游客的特征

（1）较强的旅游意愿

据调查，老年消费群体中约有一半的老人有外出旅游的意愿，更有一部分老年人表示愿意经常外出旅游。老年群体旅游意愿显著，一方面是因为一些老人们在年轻时生活较为困苦，退休后经济更为宽裕，他们愿意把多年的积蓄拿出来进行消费，享受生活。另一方面，老年人在年轻时工作繁重，压力大，没有时间旅游，退休后空闲时间较多，需要通过旅游充实精神世界。更重要的是老年人长期在家难以排解负面情绪，而外出旅游时通过与别人交流，可以让他们舒缓精神，消除寂寞，拥有乐观向上、豁达开朗的心态，同时旅游还可让老年人欣赏优美的景色、开阔眼界、增长见识，调养与锻炼身体。

（2）自由充足的度假时间

在旅游时间的安排上，老年人是比较特殊的群体。首先，在旅游时间的选择上，因为老年人已经退休，他们不再需要像年轻人那样受到“三天假期”“七天假期”的影响和约束，只要身体状况允许，老年人可以随时外出旅游。另外，老年人不适合快节奏的旅游方式，充足而自由的时间恰好能让老年人放慢节奏，修养身体，随心所欲地放松自我，回归自然。

（3）较强的支付能力

进入老龄化社会以后，老年人可以享受到更加完善的社会福利政策和养老、医疗保险制度。工作退休后的老人不仅自己有一部分积蓄，还能每月领取固定的退休金与养老保险金。此外，老年人还有存款利息、投资受益、子女补贴、房租收入等其他方面的收入。因此，老年游客往往具有较强的旅游支付能力。

4.1.2.3 乡村本地老年人的特征

（1）数量多于城市

按照世界各国老龄化的一般规律，经济发展水平越高，老龄人口越多。但是在我国刚好出现了相反的状况，经济发展较快的城市地区其老龄化程度要远低于贫穷落后的农村。之所以出现城乡人口老龄化反差倒置的情况，是我国的基本国情决定的。近年来城市化进程加快，大量农村青壮年进入城市学习或工作，上了年纪的老人只能留在农村。因此，出现了农村常年居住人口大部分为 50 岁以上中老年人的现象。

（2）空巢和孤寡老人多

正是由于大量乡村青壮年劳动力进入城市，乡村老家只剩下年迈的父母，这些老人便成为了“空巢老人”。农村医疗条件差，老人在患病以后难以得到及时救治，因此亡夫或亡妻的“孤寡老人”更多了。这些老人身边没有亲人照顾，生活起居只能依靠自己或邻里帮忙，甚至有的老人还要照料父母外出务工的“留守儿童”。

（3）经济拮据贫瘠

绝大多数的乡村老人在年轻的时候是依靠在家务农过着自给自足的生活，耕作一年粮食便能食用一年，积蓄不会太多，也不像城市老人那样到了老年以后有退休金。而且我国农村社会保障体系的建立尚处于起步阶段，能得到国家经济补助和社会救助的乡村老人还只是少数，所以大部分乡村老人必须依靠儿女的资助来生活。经济拮据以致于很多身体还能活动的老人都愿意坚持务农，节省食物上的开支，儿女的赡养费也只购买衣服等一些必需的生活用品，除此之外不敢有更多大笔的消费。因此，对于乡村老人来说，不敢进城购物消费、有病不治成为了常态。

（4）精神生活匮乏

乡村老人往往受教育水平低，半文盲或全文盲占多数。而且乡村老人进城的机会少，有较少的机会接触到现代化的精神文化生活，即便是家里有电视，也缺乏符合老年人兴趣的电视节目。再加上乡村里年轻人少，较为积极、正面、充满活力的娱乐文化项目很难开展。所以老人们的精神生活匮乏，缺乏相应的娱乐项目来打发时间。在文化信仰上仍然会选择一些封建迷信活动，比如算命、请大仙等。

（5）医疗水平低

乡村的医疗水平低，一方面是因为农村地区缺乏大型医院，医疗服务网点少，子女不在身边的行动不便的老人很难就医。另一方面，也因为一些老人文化水平低，经济上较为拮据，缺乏对自身病情的判断，他们更迷信传统偏方而不愿意去正规医院就诊，致使病情延误而加重。

4.1.3 行为活动分析——旅游居住兼顾

4.1.3.1 老年游客行为活动

来自城市的老年游客众多，健康状况参差不齐，前往乡村旅游的目的和方式各不相同，需求也不一致。适老化的设计必须依据老年人的生理状况与真实需求，才能真正发挥其应有的价值。为更深入地了解老年游客的需求，根据老年人的健康状况将其分为自理型、半自理型和全护理型三类。

（1）自理型老年游客，是指身体健康，没有重大疾病，日常起居可以自理的老年人。这类老人在生理上与普通人没有太大差异，只是在心理上表现出老年人的特征。他们选择乡村旅游的主要目的是观赏美景，运动健身，体验乡村文化。因为旅行时间较短，所以对旅游项目的适老化需求较为紧迫，对住宿、餐饮、交通等服务要求与常人相差不大，适老化需求不高。

（2）半自理型老年游客，是指能自我行走活动，但行动迟缓、身体羸弱，某些情况下需要他人辅助的老人。这类老年游客通常年龄较大或身患慢性疾病，前往乡村旅游是为了放松身心、疗养身体，在身体允许的情况下能够参加一些运动健身和养生活动，或旁观乡村休闲娱乐活动。他们旅游居住时间较长，对适老化的要求较为全面，既需要住宿餐饮、交通服务的适老化，也需要医疗保健、运动健身、观光旅游、文化休闲等活动项目的适老化。

（3）全护理型老年游客，是指身患疾病，健康状况差，生活不能完全自理的老年游客。这类老年游客生活需要时刻有人陪护，他们前往乡村旅游的目的是借助乡村良好的自然环境疗养身体。旅游居住的时间长，期间主要待在老年公寓或疗养院进行室内疗养活动。他们对适老化的需求着重在住宿、医疗、餐饮、交通等基本服务方面。

4.1.3.2 本地老人行为活动

相比老年游客的“随住随走”，本地老人在此居住时间更长，面临的难题更为宽泛，亟待解决的适老化问题也更多。本地老人的康养需求与老人身体状况及由此主导的养老方式有很大关联。由于身居休闲型康养基地的本地老人与老年游客一样，身体状况各异，不能一概而论，因此也将本地老人分为自理型、半自理型和全护理型三类。

（1）自理型老人，是指身体健康，无重大疾病，可以正常料理日常起居的老年人。这类老人可以充分利用康养型休闲农业乡村的资源进行运动健身，开展文化休闲娱乐活动，甚至可以发挥本地人优势，担任志愿者、导游等职务，为来这里旅游的游客提供帮助。他们的适老化需求集中在上述活动场地，对住宿、餐饮、交通等服务设施的适老性要求不高。

（2）半自理型老人，是指能自我行走活动，但身体羸弱，行动受到限制，日常起居不能完全自理的老人。这类老人需要家人或村社的照顾，在身体允许的情况下也可以参加一些简单的运动健身与养生活动，观看一些休闲娱乐节目。他们对适老化的需求与半自理型老年游客的需求相似，既需要住宿、餐饮、交通等日常服务的适老化，也需要医疗保健、运动健身、观光旅游、文化休闲等项目的适老化。

（3）全护理型老人，是指身患疾病、不能自行活动，生活起居需要他人照料的本地老人。如果这类老人在家中有条件实施适老化改造并有家人陪护，可以选择居家养老，而不具备上述条件的老人可以选择村社或者入住康养型休闲农业乡村的老年公寓、疗养院进行养老。他们的适老化需求重点在住宿、医疗、餐饮、交通等基本服务方面。

4.1.4 康养型休闲农业乡村适老化需求总结

4.1.4.1 完善的功能配置

根据上文论述，我们了解到康养型休闲农业迎合了城市老年游客的审美趣味，成为众多老年游客的向往之地。做好老年康养休闲农业设计，必须要为老年游客营造出舒适怡人的旅行环境。同时乡村的生活环境条件相对较差，借助旅游综合体的康养设计，也能够为本地老人提供更好的居住环境。城市老年游客和乡村本地老人的适老化需求在很多方面是一致的。本地老年人常年居住在康养型休闲农业乡村内，不能说是康养型休闲农业乡村的服务对象，但也应该成为其受益对象。各类公共活动空间进行适老化改造后，应该使本地老人受益，在条件允许情况下还可以对本地老人的家宅进行适老化改造，为其提供更好的起居环境。在条件有限的情况下，完善各类适老化设施如老年公寓、老年学堂等，可以对本地老人免费开放或予以优惠对待。

4.1.4.2 舒适的室内外环境

康养型休闲农业乡村所处的乡村环境复杂，会受到人文环境、自然环境与人工环境等综合影响。然而，无论环境多么复杂，均可按照室内环境与室外环境两大类进行设计。虽然城市老年游客和本地老人根据身体状况可分为三种类型，每类老人的生活需求重点不同，但从宏观角度来说，老年人对于老年康养休闲农业的需求是全方位的，既包括各式各样功能配置的适老化，也包括室内环境的适老化。只有如此才能打造出满足各类老年人需求的、舒适安逸的乡村旅游居住环境。其中室外环境包括观光游览、运动健身、休闲交往空间等，室内环境包括起居、餐饮、娱乐、医疗、购物等空间。

至此我们对老年康养休闲农业设计进行了前期研究，分析了其设计环境、服务对象及其行为活动。根据分析我们了解到，康养型休闲农业乡村所处的乡村环境中包含各式各样的自然环境、人文环境与人工环境，这些会对当地的康养设计产生不同的影响。康养设计应当充分考虑城市老年游客与乡村本地老人的不同特征。如城市老年游客的旅游意愿强、度假时间充足、支付能力强等，而乡村本地老人数量多、空巢与孤寡现象严重、经济拮据贫瘠、精神生活匮乏、看病医疗难等。城市老年游客与乡村本地老人的行为活动和适老化需求并不完全相同。前文将两种老人都分为自理型、半自理型和全护理型三类，分别对他们的适老化需求进行研究，总结他们对康养型休闲农业乡村功能配置、室内外环境适老化需求的紧迫程度。根据分析得出如下结论：老年康养休闲农业设计应该考虑城乡不同老年人群的需要，既包括各类功能配置的适老化，也包括室内外环境的适老化。这为下文中对京津地区适老性开展调研、总结问题并寻找对策奠定了基础。

4.1.5 康养型休闲农业乡村康养设计要点与构想

4.1.5.1 功能配置的康养设计要点

康养型休闲农业乡村作为老年游客的理想旅游之地，应该为老年游客提供舒适休闲的旅游环境。老年游客是个特殊的旅游群体，他们时间充足，不仅希望游玩观赏景致，更想要通过旅游达到回归自然、强身健体、修身养性的目的。根据相关调查，在条件允许的情况下，老年游客旅游的时间越长，越能更好地放松身心、调养身体。因此，康养型休闲农业乡村在设计时要求除具有观光游览和服务接待等基本功能外，还应配置老年游客所需的医疗保健、文化教育、娱乐体验、安全保障等设施。既夯实游客们的日常生活保障类功能，更完善老年人需要的医疗保健安全类功能，最后突出具有老年特色的休闲娱乐类功能。

1. 夯实日常生活保障类功能

日常生活保障类功能是指为老年游客提供住宿、餐饮、交通、购物等服务，满足老年游客的日常需求。乡村基础环境设施较差，多数乡村旅游目的地只能进行观光游赏与农家乐体验，能够提供住宿的农家乐与酒店极少，也没有专供游客使用的交通工具，更没有购物场所，这些不便是老年游客不愿驻足长留的主要原因。所以进行康养型休闲农业乡村设计时，应该从为老年游客提供优质服务的角度出发，保障其生活便利，尽可能地延长老年游客停留时间，吸引更多的人前往。

（1）住宿设施类型多样

规划康养型休闲农业乡村时可以设计出多种多样的住宿设施，包括不同的类型和消费档次，如民宿、长租房、老年公寓等。老年游客可以根据个人的消费能力和喜好，选择不同类型的住宿。

民宿是指当地村民将自有住房进行改造，添加一些客房，使游客能够直接入住的住宿形式。游客住宿时间可长可短，一两天到数月皆可。由经营民宿的村民负责游客日常的住宿、餐饮、卫生和安全，按日或月收取游客的吃住费用。近几年来民宿这一住宿形式十分流行，得到越来越多游客们的钟爱。因为民宿的居住环境不仅别有乡村风味，可以让游客近距离接触当地村民并体验他们的生活，还能够与村民进行深入交流，了解当地的旅游环境和人文特色。民宿的价格便宜，环境温馨，更不像酒店客房那样千篇一律，在这里，游客能够产生宾至如归的感觉。

长租房是指将村中闲置的民居院落通过村委会转租给游客，游客既可以选择长期居住，也可以随时前来旅游居住。更重要的是游客享有民居院落的居住权与改造装饰权，可以按自身喜好设计家具陈设，对房屋进行轻微改造，以适应自身的生活习惯。

老年公寓是指专供老年人集中居住的住宿设施，除包括住宿功能外，还含有餐饮、医疗保健、休闲娱乐、文化教育等设施，适合接待人数较多的老年游客团体。康养型休闲农业乡村中的老年公寓不同于城市中的老年公寓，前者既可以接待老年游客，又能为本地乡村孤寡老人提供养老服务，而后者只是方便城市人进行养老。康养型休闲农业乡村中的老年公寓需要结合乡村环境设计，建筑规模不宜过大，应尽量设计成低层组团。邻里学认为居民能够感受到的邻里关系一般仅限于 12 户以内，住户数量在 8 ～ 12 户左右最有利于建立较强的人际关系。因此老年公寓单栋公寓的住户最好不要超过 12 户，另外可以增添庭院、走廊等元素设计，便于老人相互沟通与交流，加强感情。

（2）餐饮设施完备

康养型休闲农业乡村中为老年人提供服务的餐饮设施也应多种多样。餐饮地点的选取，一部分要与民宿、老年公寓等分布地点结合设置，另一部分可以遍布在旅游景点中，方便老年游客在游赏过程中解决餐饮需求。同时为老年人提供餐饮服务时需注意：场地设施的设计既要结合当地的饮食方式、饮食特色，更应充分考虑老年人的行为习惯。食物的选取上尽可能选择健康、有机的食品，严格控制食材的来源渠道与质量，可由当地村民提供，包括不施加化肥农药的蔬菜水果、不喂食人工饲料的禽畜等，既健康安全，也富含当地特色。

（3）道路交通设施，内部慢速、外部快捷

为迎合老年人的需要，康养型休闲农业乡村的道路交通可设计成慢速和快速两种，其中慢速道路为主要部分，包括自行车道、保健散步道、绿荫小道等。游客既可以步行，也能骑自行车或乘坐电瓶车。老年人身体状况不好，需要锻炼保健，步行、骑行或电瓶车是其最佳选择。同时，慢速交通工具噪音少、无尾气排放，不会对清新自然的乡村环境造成危害。康养型休闲农业乡村与外界联系依赖快速交通。游客出入以及其他供给服务需要快速通道，另外，一旦老年人突发意外需要急救时，也需要通过快速通道迅速转移到邻近的城市。

（4）购物设施根据老年人需求提供商品

康养型休闲农业乡村中购物商店众多，但是很少有专门针对老年人的商店，致使很多老年游客买不到想买的物品，一路游览却没有“收获”。与年轻群体不同，老年游客在购物时有自己的特色。一方面老年游客会给自己买一些实用性的物品，主要包括保健物品、食材和生活类物品，比如药酒、驱蚊水、风油精、按摩球及布鞋、老花镜等。另一方面老年游客是家庭中的年长者，习惯给家人尤其是小孩买一些物品作为礼物，所以具有当地特色的传统手工艺品、传统服饰、首饰、玩具等十分受到老年游客的喜爱。因此，康养型休闲农业乡村可以根据年龄段设计购物商店，多设置专门针对老年游客的购物商店，便于老年游客买到称心如意的物品，激发老年人的消费欲望。

2. 完善医疗健康安全类功能

康养型休闲农业乡村设计中必须添加医疗保健功能设施。这是因为尽管前往乡村旅游的老年游客中低龄老人占大多数，但是老年游客多少都会有慢性疾病，再者老年人的敏捷性、抗劳损性较差，旅途中身体出现意外的几率远高于年轻人。另一方面，大部分老年游客前往乡村旅游都是本着修身养性、调养身心的目的，通过旅游养生保健也是老年游客十分看重的。因此，康养型休闲农业乡村的医疗保健功能十分重要，既要完善紧急情况下的医疗救助功能，也要具备日常的养生保健功能，两者缺一不可。

（1）针对老人的医疗设施

为满足康养型休闲农业乡村中对老年游客的基本医疗救助功能，通常情况下需要建立专门的老年诊所或老年医院。针对老年人的常见疾病（比如冠心病、高血压、胃病）以及在旅途中容易引发的伤害（比如骨折、皮肤病、食物过敏等）设置诊断项目。另外一种情况是最好在康养型休闲农业乡村附近有等级较高的医院，可将此类医院作为定点合作对象，这样在综合体内建设一个简单的医务室即可。老年诊所和医院最好在交通便捷的地带设置，离老年游客居住和活动的场地较近，保证老年人身体突然不适时能在半小时之内实施急救。

（2）丰富多样的养生保健项目

要起到养身保健的作用，首先需要各式各样的养生项目，具体可分为三类：

一类是通过优美的自然环境养生，一类是通过民俗文化滋养身心，最后一类是通过保健的食品滋补身体来养生。康养型休闲农业乡村往往自然环境优美，富含浓厚的传统民俗文化，具有滋补作用的食材也很丰盛，天时地利人和，适合开展多种多样的养生项目。第一类如温泉疗养、森林氧吧，第二类如民俗歌舞表演、传统工艺制品等，第三类如各类中草药、民间偏方等，只要有效利用，这些都能够成为老年游客的养生项目。

（3）智能电子监测

想达到养生保健的目的，光靠养生项目尚不足以保障，还应为长时间停留的老年游客建立医疗电子档案，便于记录其病历和各身体指数。在老年游客旅游居住期间，电子档案会根据本人身体特征、当地气候变化需要，对老人的衣、食、住、行进行及时提醒，将老年游客的需求放在首位。老年游客在乡村旅游时，居住时间长，活动范围大，独自行动的几率高。另外，乡村本地的空巢老人多，缺乏家人陪伴，难以 24 小时对两类老人的安全进行监督与追踪。因此康养型休闲农业乡村必须具备安全保障功能。安全保障功能主要是指通过对老年游客活动全程监测，并通过各类电子警报设施和救助站实现及时救助。对老年人的智能监测主要包括老人身体状况、日常生活安全和行动定位等。

身体状况监测用于保障老年游客的身体健康安全，通过建立游客个人电子医疗档案，每天对带病的老年游客进行简单的身体检查，通过检查结果来安排旅游期间的活动，当老年游客身体出现异常时也便于及时得到救治。而本地的老人也需建立个人电子医疗档案，定期检查身体。

日常生活安全检测用来保障老年游客与本地老人在日常活动中的人身安全。日常生活安全监测主要有两种方法：第一，在公共区域安装监控摄像头，进行全天监测，一旦老人们出现跌倒、摔伤等意外情况，可以方便服务人员及时发现并给予救助。第二，每位老年游客和本地老人需携带一个智能手环，智能手环具有定位与报警的功能，当老年人迷路或走失时，可以向工作人员发送定位，或者当老人身体突然不适及出现突发情况时，老年人可以触动报警开关向工作人员寻求帮助。

3. 突出文化休闲娱乐类功能

文化休闲娱乐功能是康养型休闲农业乡村的重要组成部分，更是广大游客选择乡村旅游的目的所在，只有独具特色的文化休闲项目才能成为康养型休闲农业乡村吸引游客的核心驱动力。老年康养休闲农业设计，应该在功能配置上突出富含老年人特色的旅游产品，打造符合老年人喜好的旅游休闲环境。

（1）观光游览功能

观光游览功能是康养型休闲农业乡村的核心功能，是游客前来游玩的主要目标，也是老年人心情愉悦的重要保障。相比较其他景区，康养型休闲农业乡村想吸引更多老年游客前来，首先要对观光游赏系统进行康养设计，专门提供适合老年人的项目和服务。老年游客与普通游客相比，具有旅游速度慢、停留时间长的特征，因此在项目设计时要注意以下几点：

第一，创建优美有活力的游赏环境。老年朋友追求自然与回归的心理十分强烈，因此他们更喜爱自然优美的山水景观以及具有传统特色的古村古镇。

第二，老年朋友很喜欢养一些花鸟鱼虫或者小猫小狗，从这点可以说明老年人喜欢有活力有生气的事物，因此，为老年人提供的游赏环境最好具有丰富的动植物资源。

第三，康养型休闲农业乡村的旅游休闲项目多种多样，可分为动态和静态两种。动态项目的活动幅度和频率更大，需要老年游客消耗更多的体力，而静态的项目则相反。老年人需要进行适当的身体活动来强身健体，但是他们体力较差，不适合过度劳累。因此在设计游赏项目时应动静结合，但以静为主。

第四，个人活动与群体活动结合，以群体活动为主。老年游客大多是退休人员，人际交往圈的逐渐缩小及长期困在家中很容易造成心理疾病，所以老年朋友希望通过旅游认知外面的世界。在旅游时老年游客希望通过参加休闲娱乐活动舒缓大脑、放松心情，重新结识新的朋友。因此，能够与人交流、相互合作的群体性活动会受到老年游客的喜爱。

（2）文化娱乐功能

在我国旅游养老逐渐开始流行，但依然不是主流，能够接受并享受旅游养老的群体一般文化水平较高、接受新鲜事物的能力强，这些老年人有较高的文化娱乐需求，追求更多的文化设施和娱乐活动。康养型休闲农业乡村应该具备文化教育功能，满足老年游客对文化知识的渴望。另外，通常情况下乡村本地老年人文化水平不高，与外界沟通少，他们也需要“外来的”文化思想为老年生活增添乐趣。康养型休闲农业乡村可通过文化设施建设和文化项目建设为老年游客和本地老人营造健康积极向上的旅游休闲文化，进而实现这一功能。文化设施主要包括老年学校或老年学堂，在学校里设置老年人感兴趣的内容，可以是知识层面的，也可以是日常生活技能层面的。比如老年游客最为关心的养生保健知识，当地独特的历史故事、传统礼仪和风俗习惯，又如当地传统菜肴的烹饪方法、传统手工艺制品做法等。学校的老师可以由当地老人担任，既能展现本地老人的热情，又能增强本地老人与外来游客文化的交流与沟通。文化项目的表现形式可以是多种多样的，既可以引入都市流行文化元素，也可以挖掘本地的传统特色文化。比如书法、美术、器乐、歌咏、棋牌、二人转、戏曲、投壶、礼射等。

（3）劳动体验功能

康养型休闲农业乡村不同于普通的旅游景区，它不仅具有旅游的功能，更是村民们生产生活的地方。乡村有着不同于城市的生产劳作方式，老年游客在这里停留时间较长的话，也可以进行一定的劳动体验。选择乡村旅游的老年游客以低龄老人居多，这些老人身体健康，具有一定的动手能力，可以进行劳动体验。劳动体验一方面可以通过老年游客的劳动生产能力促进本地的生产发展，创造经济价值。另一方面可以让老年游客发挥余热，用劳动成果证明自己存在的价值，展现“老有所用”。本地老人也具有劳动体验的需要，一方面他们常年生活在这里，进入老年后依然保留劳动的习惯，也可以以此锻炼身体、消遣时间。另一方面这些老人可以发挥“余热”，将手中技艺通过劳作体验的方式教给游客，既增强了城乡老年人的沟通，也体现了乡村老年人的价值。

劳动体验功能可以通过丰富多样的田园项目来实现，不同类型的康养型休闲农业乡村可以有不同的劳动体验项目：

①田园农业型康养休闲农业乡村——有机农园。

田园农业型康养休闲农业乡村主要的设计思路是靠田园观光、游览、采摘等项目来吸引游客，利用有机农园实现劳动体验功能。有机农园种植的果蔬可供游客采摘，也能够为综合体内的餐厅提供食材。有机农园不对农作物使用农药和化肥，注重手工培植而非机械设备，因此需要不少劳动力。老年游客可以帮助园农做一些简易的农活来换取果蔬或者抵消部分旅游费用，还可以承包小片土地，在当地村民的辅导下，种植属于自己的果蔬或苗木。老年游客在翻土、耕地、除虫、采摘等农务活动中可以达到锻炼身体和放松身心的效果，也贴近了大自然，收获到各类有机果蔬。

②民俗风情型康养休闲农业乡村——手工作坊。

民俗风情型康养休闲农业乡村主要靠建筑、服饰、首饰、食品、容器以及生活中的方方面面，向游客展示当地独具一格的生活环境。因此，民俗风情型的乡村旅游地往往具有独具特色的手工技艺，游客可以通过手工作坊体验劳动，学习当地的传统技艺。在作坊内老人可以学习编织竹筐、塑造陶器、雕刻根雕等，亲自动手做出自己喜欢的作品。这些作品既可以作为旅游纪念品出售给其他游客，也可以自己带回家。

③古村古镇型和科普教育型康养休闲农业乡村——老年志愿者。

古村古镇型和科普教育型康养休闲农业乡村与前两种康养型休闲农业乡村不同，它们展示的多为人工景观，如古建筑或展览馆。一方面需要维护展陈物品和环境，另一方面还需要导游讲解服务，因此需要更多的日常管理人员。所以，这两类康养型休闲农业乡村开展劳作体验最好的方式，便是招募居住时间较长的老年游客、当地老年人担任志愿者，既可以维护综合体内的环境卫生、游览秩序，还可以让其担任导游，为其他老年游客提供讲解服务。

4.1.5.2 室外环境的康养设计要点与构想

康养型休闲农业乡村的室外环境是老年游客和本地老人开展观光旅游、进行运动休闲活动的主要空间，其适老性设计决定了老年游客进行旅游活动的舒适性，直接影响活动项目对老年人的吸引力。老年人们不仅进行观光游览，还需要利用室外空间开展运动项目，从而达到养生保健的效果。同时，老年人身体状况相对较差，身处室外可能随时需要停留休息或与同行游客进行交谈，因此休闲交往空间也是室外环境的重要组成部分。综上所述，康养型休闲农业乡村室外环境的康养设计，首先需要考虑观光游览空间的适老性，其次要完善普遍缺乏的运动健身空间，最后要随机穿插老人需要的休闲交往空间。

1. 完善观光游览空间

（1）田园观光采摘型

田园观光采摘是乡村旅游中最常见的活动，深受老年游客的喜爱。此类活动的空间集中在田间，因此康养设计时需注意以下几点：坡度较大、地面不平的果林田间不适合老人前往；重量较大、采摘时有一定危险的瓜果需添加防护设施；田间道路应硬化铺装，尽量平整防滑，上下陡坡或台阶处应设有扶手；田间最好有遮阳与避雨的休憩场所，供老年人体力不支时使用；田间设置果蔬洗涤设施，方便游客清洗瓜果、及时品尝。

（2）主题聚集活动型

乡村旅游中，为展现当地民俗风情，经常会举行一些别致的主题活动，如灯会、戏曲表演、篝火晚会、民俗舞蹈等。这类活动需要大量的游客参与，因而通常会选择在开阔地带诸如广场举行。康养设计时应注意以下几点：专门开辟老年活动区域，防止人群拥挤出现意外，给老年人造成伤害；在老年人活动的区域多放置些座椅；地面平整防滑，防止老年人摔倒。

（3）场地参观游览型

乡村旅游活动中，美丽的自然景观与别致的古村镇总是令老年游客流连忘返。但是老年群体的体力差，行进速度慢，因此在添加康养设计时应注意：结合观景平台和观景区域设置休憩场所；陡坡和台阶处尽量设置扶手；指示牌清楚明晰，方便老年游客识别。

京津地区室外观光游览活动主要包括村内革命旧址、传统院落参观及葡萄采摘等田间观光活动，村内也会不定时举行集体活动。但是这些活动空间基本维持原貌，没有任何适老化因素的考虑，所以前文针对京津地区的观光游览空间进行了康养设计构想，提出改进措施。

2. 补充运动健身空间

康养型休闲农业乡村中老年人常进行的运动健身活动多种多样，我们简单将活动空间分为个人型活动空间、群体型活动空间与移动型活动空间。

（1）个人型活动空间

个人型活动主要是个人单独进行的活动，如练剑、太极拳、器械等，进行这些活动的空间就是个人型活动空间。这类活动参与人数可多可少，但主要还是以个人活动为主，时间多集中在早晨或傍晚，老年游客和本地老人在参与完其他活动之余可随时进行。所以此类活动空间最好设置在民宿或老年公寓附近，方便使用，提高利用率。这些空间应地面平坦防滑、铺装完整，另外添加一些座椅，方便老人放置随身物品与休息。

（2）群体型活动空间

群体型活动包括广场舞、健身操、门球等需要群体参与的活动，进行此类活动的空间被称作群体型活动空间。这些活动的参与人数多，需要的场地面积大，地面需平整防滑，球类活动还需进行专门的场地设计。除正常的活动空间外，还需设置休息区，包括休息座椅、卫生间和储物柜。群体型健身活动往往在特定时间举行，常常产生一定的噪音，因此这类活动空间可单独布置，与民宿、老年公寓、医院等场所保持距离。

（3）移动型活动空间

移动型活动是指散步、慢跑和骑行等保持移动状态的活动。乡村自然景观优美，车辆少，活动空间大，适合散步、慢跑和骑行活动的开展。老年人在活动过程中既能锻炼身体，又能欣赏自然景观，呼吸新鲜空气，有益于身心放松。移动型活动空间主要由适合老人活动的慢行道路组成，这些道路应注重防滑、路面平整，不湿滑泥泞、坑坑洼洼。慢行道路系统应是闭合环线，连接综合体内各活动区域，不宜有尽端式道路。慢行道路应具有若干分支环路，给老人提供不同长度的路线选择。不同的分支环路具有不同的景观效果，比如绿荫小道或花丛假山等。道路的周边多设置休息长椅，供体力不足的老人休息。道路所经过的区域最好不种植大量落叶、落果的植物，因为落叶、落果容易造成地面湿滑致人摔倒，落果也容易砸伤路人。同时慢行道路应保证具有 2 米以上的可通行空间。

3. 穿插休闲交往空间

康养型休闲农业乡村内的休闲交往空间主要分为三类，第一类是游览休闲型，依据观光游览场所布置，方便游客在此休息或停留以及进行拍照、进食、聊天等活动。第二类是运动休闲型，结合运动健身场所布置，供游客和本地老人在运动健身之余稍作休息。第三类是日常休闲型，是专供游客和本地老人交往、休息的场所。

（1）游览休闲型空间

游览休闲型空间应选在良好的观景点处设置，便于游客在休息时也能欣赏景色。老年人身体羸弱，因此休闲空间之间的距离不宜太长，保证老人每行走一段路程，便可停下休息片刻。尽量选择在有阳光的地方，不宜选在风口或阴冷处。很多景区选择用天然石头当桌椅供游客休息，这并无大碍，但对于老人来说石头太凉，未经打磨，质地过于坚硬，舒适度很低。所以应尽量设计形态质朴自然更为舒适的座椅供老年人使用。

（2）运动休闲型空间

运动休闲型空间应位于运动健身场所附近，既不能影响活动的进行，也不宜太远，从而保证运动者很快找到休息场所。在座椅旁边应放置些桌子柜子，方便老人摆放运动器械、衣物水杯等。不同的运动类型参与人数也不同，因此需要配备不同规模的休息空间。移动型活动如慢跑、散步，其所在路线上的休息空间也应按距离布置。

（3）日常休闲型空间

日常休闲型空间是专门方便游客休息时使用的，如可以布置老年公寓周边绿地、街心花园等。这类休闲交往空间应当相对安静且具有良好的景观，与建筑或道路有适当的距离。距离较近才能吸引游客前来休息聊天，同时保持一定距离才能达到僻静的效果。

以上三种休闲交往空间在设计时有许多共性：首先，为方便老年游客在休息时进行沟通交流，休息空间不宜太小，应至少容纳 4 人以上，最好采取围坐方式。其次，休息空间的座椅应采用靠背式而非凳子，同时因为老人身体萎缩、身高降低，因此座椅也不宜太高，材质以温软材料为佳。最后，休闲交往空间的座椅应尽量可移动，方便老人根据不同人数、亲密程度以及阳光照射角度等进行调整。另外，最好布置一两处可供老人平躺的躺椅或矮桌，一旦老人身体出现不适或其他意外情况时，可供老人临时躺下，等待救护人员到来。

4.1.5.3 室内环境的康养设计要点与构想

对康养型休闲农业乡村的室内环境空间进行适老化改造时，不能使用同样的设计思路。本文将这些室内空间分为三类：私人空间、公共空间和专属空间。私人空间是指老年人独自使用或与伴侣一起使用的相对私密的空间，如卧室、卫浴等。公共空间是指老年人需要与其他人共同使用的空间，如餐饮、购物和医疗。专属空间是指专为老年人群体打造、供老年人集体使用的空间，如老年娱乐空间、老年教育空间等。不同的室内空间中老年人的使用地位也不相同，因此这三类空间在康养设计时应具备差异化的设计思路。在私人空间中，老年人处于主导地位，所以应实施全方位的康养设计；在公共空间中，老年人不再处于主导地位，所以应为老年人专辟活动区域，保障他们的安全与舒适；在老年群体活动的专属空间，应更加突出老年人群体特色。

4.2 基于人文情绪导向的中青年旅游型休闲农业发展研究

4.2.1 服务对象分析——两类群体

4.2.1.1 青年人的基本特征

“青年”一词在不同的社会中其含义是不同的，而青年的定义则随着政治经济和社会文化环境的变化一直在变化。联合国于 1985 年首次将青年定为 15 ～ 24 岁之间的人。而现在，根据世界卫生组织确定的新的年龄分段，青年的年龄范围上限被提高到 44 岁。1995—2000 年的世界青年人口估计数从 10.26 亿增长到 10.66 亿，在全球人口中所占比例从 18.1% 下降至 17.6%。随着世界范围内人口的老龄化，青年占全球总人口比例到 2050 年预计将下降至 13.2%，届时 15 ～ 44 岁的青年人总数将会是 11.76 亿人。青年中的绝大多数生活在发展中国家，数据显示，2000 年时，占青年总人口数 85% 的 9 亿青年生活在发展中地区。同时，随着发达国家老龄化人口的增多，这一比例将会进一步增加。

1. 青年人的生理特征

与儿童和少年相比，青年的情感已经趋向成熟、稳定。但是与中年相比却又显得热情有余而理智不足。其基本特征表现为：

（1）热情、奔放、容易激动

青年人热情、奔放，因而情感容易受激发；办事积极、热情，行动迅速、果断。但是，有时青年的情感也容易过分激动，以致失去控制。比如常常为一点小事而冲动，做出不应该做的事情来；或者为了一点不同的看法而争论不休，甚至怄气、打架。这一特征与青年生理上、自我意识上的急剧变化有关，也与青年对社会、对人生的认识有关。

（2）情感的持续时间长

儿童情感持续时间短，而青年情感的持续时间长。青年情感的转换不再像儿童那样容易，破涕为笑的现象是极为罕见的。青年因为一件不痛快的事情而引起的伤感情绪常常会久久留在心上，难以很快消除。相比之下，可以说儿童的情感更多地受外在变化着的情境的影响，而青年的情感则更多地受内在的、较稳定的心境的影响。

（3）从外倾型情感向内隐型情感过渡

从年龄特征的角度讲，内隐型情感是成人的情感特征，外倾型情感是儿童的情感特征。青年的情感正处在从前者向后者过渡的时期。可以说既具有外倾型的特征，又具有内隐型的特征。比如，青年的情感热烈、奔放、容易激动，遇到令人激动的事，其情感表现更容易外露。另一方面，青年的情感表现又较儿童更为内隐一些。例如青年在与异性交往时，明明对某异性朋友有好感，很想接近对方，但表面却表现得冷淡，并保持一定的距离。

2. 青年人的心理特征

（1）克服困难的主动性、积极性强

与儿童相比，青年在解决问题的过程中克服困难的主动性和积极性高得多。儿童遇到困难时，常常不肯自己多动脑筋想办法解决，而忙于向成人求助。青年则不同，他们在遇到困难时，往往乐于独立钻研，想办法克服困难、解决问题，而不肯求助于成人。如果成人不适当地过分热心地帮助他们，反而会伤害其自尊心，引起他们的反感。

（2）自制力强

青年控制和调节自己行为的能力比儿童和少年强得多。首先是目标明确，该做什么、不该做什么，心里很清楚；其次是行动合理，该按什么程序行动，都有明确的计划和步骤，做事有条不紊；再次是动作准确，该用哪些动作完成任务，都有明确的选择，很少有多余动作，而且动作准确、迅速。此外，他们行动的理智性也比较强，比如遇到某些自己想做而实际不该做的事情，他们能控制自己不去做。

（3）富于坚持精神

青年做事的坚持性显然比儿童和少年强得多。他们做事轻易不肯认输。这种勇于求成、勇于求胜的心理是他们富于坚持精神的突出表现。此外，生理上的成熟（如神经系统尤其是内抑制功能发达；体力强，精力旺盛）也是促成他们富于坚持精神的原因。

（4）意志活动中的动机斗争复杂、内隐

儿童意志活动中的动机斗争比较简单、外露，而青年则比较复杂、内隐。动机斗争的复杂化和内隐化与青年道德认识、道德感、理智感的深化及自我意识的成熟有关。

4.2.1.2 中年人的基本特征

中年阶段的年龄划分，世界各国尚无统一标准。根据我国的现有国情，

40 ～ 55 岁作为中年阶段较为合理。此类人知识仍在积累增长，经验日益丰富，然而人体生理功能却在不知不觉中下降。

1. 中年人的生理特征

人到中年，知识积累增长，经验也逐渐丰富，然而人体生理功能却在逐渐下降。心理能力的继续增长和体力的逐渐衰减，是中年人的典型身心特点。人在 20 ～ 25 岁时，生理功能达到全盛时期。此时期会经过短暂的稳定，从 30 岁开始，人体的各个器官功能开始衰减，每年递减 1%。所以，随着年龄的不断增长，中年人的患病率也逐渐高于青年。以高血压为例，中年人的患病几率是青年人的 8 倍。

2. 中年人的心理特征

心理能力继续发展是心理成熟的生物学基础。中年人的心理能力往往处于继续向上发展的时期。一个智力正常的人，其心理发展最终达到的高度，不仅与所处的社会环境有关，更重要的还与自身的主观努力息息相关。勤于实践、积极接触社会及新生事物、扩展生活领域、更新知识、勇于探索和拥有创造力的人，其心理能力在整个中年期往往都在继续增长。反之，其心理能力停滞，甚至提前衰退。早期，孔子便将自己的心理能力发展概括为:“吾十有五而志于学，三十而立，四十而不惑，五十而知天命，六十而耳顺，七十而从心所欲，不逾矩。”孔子的此番概括说明了人的心理能力不仅在中年期仍在发展，到了老年也不会终止。

这里的心理能力指的是人的全部心理活动能力的综合，而非单项能力。就某一单项心理能力来说，中年之始就可能处于下降阶段，如记忆能力、反应速度等。中年人应充分利用心理能力不断发展的机会，提高心理品质和完善人格，努力实现心理健康。中年人的心理能力发展始终处于一个动态过程，不过个体差异很大，因此心理成熟的标准很难界定，通常包括以下几个方面。

（1）能独立进行观察和思维，组织自己的生活，决定一生的目标和道路并进行调整，不必过分依赖长辈的训诫和保护。其中，目标和道路的决定并非臆造，而是把符合社会进步和民族利益的个人抱负作为前提，根据条件灵活地把握时机和决定方向。

（2）智力能够发展到最佳状态，能进行独立的逻辑思维和作出理性的判断，具备独立解决问题的能力。

（3）情绪稳定，延缓对外界刺激的反应，在大多数情况下能够按照客观情境调控自己的情绪和情感。

（4）处世待人的社会行为干练豁达。能较好适应环境和把握环境。能虚心接受批评和意见，按照正确意见调整自己的行为。

（5）明确自我意识。清楚自己的才能和所处社会地位，并以此决定自己的言行举止，做到有所为和有所不为。

（6）有坚强的意志。坚持自己的个人目标，勇往直前，遇困难不气馁、不退缩。当个人目标失去实现的客观可能性时，能够做到理智调整目标并重新选择实现目标的途径。

成熟的界定指标还有许多，上述诸项为其要者。

4.2.2 行为活动分析——旅游居住兼顾

4.2.2.1 中年游客的行为活动

来自各个城市的中年游客多种多样，前往乡村旅游的方式和目的也不尽相同。适合中年人的设计与中年人的生理状况有较大联系，中年人处于壮年向衰老的过渡阶段，无论在社会还是在家庭中，中年人都处于一个承上启下、继往开来的地位，他们既要承担事业上的重担，又肩负着赡养老人、抚育儿女的重任，属于负荷最大的人群。同时人体生理功能又从人生的鼎盛阶段向衰老转变，躯体疾病会不时侵袭，从而产生力不从心的感觉。由于意识到大好时光即将流逝，中年人常会加班加点工作，使原本就已经耗损的身心受到更大的伤害。中年时期复杂而又容易被忽视的性生理和性心理的变化，也经常会给中年人带来不可言喻的苦恼。中年期的心理卫生问题是非常突出的。因此，他们前往乡村旅游的首要目的就是缓解压力，放松身心，休闲解压放空自己，因为旅游的时间较短，所以旅游项目的娱乐性要求并不是很高，不过关于住宿、交通、餐饮等基础设施的要求相对较高。

4.2.2.2 本地区中年人的行为活动

京津地区的中年人，尤其是在本地时间较长的中年人，他们是家庭中的顶梁柱。这类中年人可以凭借康养型休闲农业乡村的独特资源进行运动健身、文化娱乐等休闲活动，并且可以依靠自身是本地人的优势，担任诸如志愿者、导游、教师等一系列的职务。他们对于住宿、交通、餐饮等基础服务设施的要求并不是很高。

4.2.2.3 青年游客的行为活动

年龄在 15 ～ 44 岁之间的青年，正好生活在一个变化、开放、新鲜事物层出不穷的社会当中。他们的价值观、生活方式、行为方式以及心理特征与前几代青年有着明显的不同，他们拥有独特的群体个性。这代青年是在改革开放之后成长起来的，他们更容易接受新的事物和观点，乐于尝试新的生活方式，也不循旧保守。他们具有独立的思维、批判精神和创造的激情，更敢于向权威发出挑战。他们做事追求效率，拥有竞争意识，讲求平等，积极参与各种活动，有较强的法律意识，热心服务于社会活动，有较强的公益心、公民意识和良好的社会责任感等。当代青年的这些行为和心理特征，恰恰反映了一个时代对于青年的深刻烙印。当代青年十分注重提高自身生活品质，追求理性的消费与休闲。他们去乡村旅游的目的是追求对新鲜事物的体验和探索。他们喜欢旅游，不过经济压力较大，对于住宿、交通、餐饮等服务要求不高，但对基础娱乐设施和乡村文化休闲活动的体验追求新颖、刺激。

4.2.2.4 本地区青年的行为活动

当代乡村青年的乡土情感与父辈祖辈们相比出现明显的淡薄。出现这种淡薄的原因在于乡土情感赖以产生的以土地自由流转制为核心的社会物质基础、以礼仪世俗社会为核心的社会形态基础、以城乡社会之间自然区分为核心的社会自由基础、以传统孝道为核心的社会文化基础等四大社会基础的变化或丧失。乡村青年的乡土情感淡薄化对社会发展产生巨大的影响。乡村旅游可以让本地青年参与到乡村建设的队伍当中，借助其自身对旅游的体验来为乡村旅游提出宝贵的意见。

4.2.2.5 旅游型休闲农业乡村适中青年需求总结

（1）完善的功能配置

通过以上分析可知，一方面旅游型休闲农业乡村吸引着广大中青年，要做好旅游型休闲农业乡村的适中青年设计，为中青年游客提供一个富有新意、使人放松的旅游环境。另一方面，鉴于本地中青年生活环境和经济状况，可以凭借旅游综合体的适中青年化设计为本地中青年提供良好的就业机会和更优的生活环境。当然，来自城市的中青年游客和乡村本地中青年的需求是有差别的。乡村本地的中青年长期居住在旅游型休闲农业乡村内，虽然不属于旅游型休闲农业乡村的服务对象，但也至少应作为受益对象。旅游型休闲农业乡村的公共活动空间在经过适合中青年的改造之后，本地中青年也能受益，有条件的还能为本地中青年提供一系列就业岗位。在条件允许的范围下，可以带动乡村无业中青年的就业，进而改善他们的生活水平。所以，旅游型休闲农业乡村的中青年设计要对功能配置进行完善，首先是要满足中青年群体的日常食宿交通要求，其次是布置中青年人娱乐休闲的相关活动设施，最后是完善具有旅游特色的休闲娱乐功能。无论是中青年游客还是本地中青年，其需求各有所不同。

（2）舒适的室内外环境

旅游型休闲农业乡村所处的乡村环境错综复杂，除人文环境以外，还需考虑各种自然环境和人工环境。不过，不论是什么样的环境，在设计过程中均可分为室内环境和室外环境。室外环境主要包括观光空间、运动与健身空间、休闲空间等，室内环境主要包括起居、娱乐、餐饮、购物、医疗等空间。

4.2.3 功能配置适中青年设计要点与构想

旅游型休闲农业乡村作为中青年身心放松、压力释放、亲密接触大自然的目的地，可以为中青年游客提供舒适放松的旅游环境。中青年游客有很明确的旅游目的，他们没有宽松的时间，还要花时间忙于工作和家庭，除了简单的游玩观赏以外，他们更希望通过旅游来回归自然、放松身心、释放压力。实际上，在短暂的时间里完全达到娱乐放松才是本次乡村旅游的真正目的。所以，除了观光游览和服务接待等基本功能外，还应配置中青年游客所需的文化教育、娱乐体验、安全保障等其他功能。因此，旅游型休闲农业乡村要在功能配置上满足中青年的旅游居住需要，首先务必夯实中青年生活必需的日常生活功能，随后完善中青年人需要的休闲放松类功能，最后突出新颖的文化休闲娱乐功能。

4.2.3.1 夯实日常生活保障类功能

日常生活保障类功能指的是为游客提供住宿、交通、餐饮以及购物等一系列服务，满足中青年游客日常的一些基本需求。乡村环境基础设施数量普遍不够，大部分乡村旅游目的地只有观光游赏的功能，游览结束后去农家乐吃饭，而能够全面提供住宿的农家乐和酒店非常少，专供游客使用的交通工具更不具备，附近也没有购物场所，这些都是促使中青年游客不愿长时间停留的重要原因。因此旅游型休闲农业乡村应该为中青年游客提供全面优质的接待服务，保障中青年游客的生活便利，同时保证有舒适的环境，才有可能延长中青年游客的停留时间，同样也会吸引更多老年人前往。

4.2.3.2 餐饮设施种类丰富

旅游型休闲农业乡村中要为中青年人提供多种多样的服务餐饮设施，其中一部分与民宿、青年旅社等住宿设施相互结合，另一部分为达到中青年游客在游赏过程中的餐饮要求，单独设立饭店或餐厅。餐饮设施在为中青年人提供相关服务时应注意以下几点：设计场地设施既要结合当地饮食特色，也要充分考虑中青年人的行为习惯；选择食物需满足中青年人的身体需求，尽可能提供健康、有机的绿色食品。食材的来源和质量应严格把关，绿色食材可让当地村民提供，如不喷洒化肥农药的蔬菜水果、不喂食人工饲料的禽畜等，既安全健康，也富有当地乡土特色。

4.2.3.3 突出文化休闲娱乐类功能

文化休闲娱乐功能作为旅游型休闲农业乡村的重要组成部分，是众多游客前往乡村旅游的重要目的，极富特色的文化休闲旅游能成为旅游型休闲农业乡村吸引游客的核心驱动力和特色。中青年旅游休闲农业设计，在功能配置方面应该凸显具有中青年人特色的旅游产品，创造出符合中青年人喜好的绝佳旅游休闲环境。

4.2.4 室外环境适中青年设计要点与构想

旅游型休闲农业乡村的室外环境可以让中青年游客开展观光旅游以及运动休闲活动。舒适的室外环境决定了中青年游客开展旅游活动的舒适性，并直接影响到室外活动项目对于中青年人的吸引力。除了进行观光游览外，中青年人还可以利用室外空间运动健身达到养生保健的效果。另外，当人身处室外环境时，随时需要停留以便短暂休息，此时可以与同行游客交谈，所以休闲交往空间也是室外环境重要的组成部分。对于旅游型休闲农业乡村室外环境的设计，首先应该完善观光游览空间的休息娱乐设施，继而对乡村普遍缺乏的运动健身空间进行补充，最后穿插中青年人需要的休闲交往空间。

4.2.4.1 完善观光游览空间

（1）田园观光采摘型

田园观光采摘活动作为乡村旅游中的常见活动，往往受到游客的青睐。采摘活动主要在田间进行，因此在设计时应注意以下几点：对于坡度较大、地面不平的果林田间不建议前往；重量较大、采摘时有一定危险的瓜果需要完善相关防护设施；对田间道路硬化铺装、平整防滑，上下陡坡或台阶处应设置扶手；田间应设立能够遮阳和避雨的休憩场所，以供游客疲惫时休息使用；田间应具备果蔬洗涤设施，以便游客及时品尝。

（2）主题聚集活动型

为了展现民俗风情，乡村旅游经常举办一些主题聚集型的活动，譬如灯会、篝火晚会、戏曲表演、民俗舞蹈等活动。此类活动往往聚集大量人群，因此通常在广场等一些开阔地带举行。

（3）场地参观游览型

在乡村旅游过程中，自然景观和古村镇的观光游览成为必不可少的一部分。在设计过程时应多结合观景平台和观景区域设立休息场所；陡坡和台阶处务必设置扶手；休息场所、扶手以及指示牌等应围绕景观进行环境设计。

4.2.4.2 补充运动健身空间

旅游型休闲农业乡村中青年人的运动健身活动方式多种多样，相对应的活动空间分为个人型活动空间、群体型活动空间以及移动型活动空间。

（1）个人型活动空间

个人型活动主要包括水果主题采摘园、农事体验、花海世界、野趣体验等一系列可以个人独立进行的活动（这些活动也可以群体进行），因此进行这些活动的空间被称作个人型活动空间。这类活动的参与人数多少不定，不过在旅游型休闲农业乡村主要还是以个人活动为主，因此这类活动空间应尽量布置在民宿或青旅等住宿设施附近，以便提高使用率。这些空间的地面应务必平坦防滑、铺装完整，此外可以设计一些小椅子，可方便游客放置一些随身物品，同时在运动后也可坐下稍作休息。

（2）群体型活动空间

群体型活动主要是指篝火晚会、门球、健身操等需要群体参与的活动，因此，进行这类活动的空间就被称作群体型活动空间。由于这些活动参与的人员较多，需要较大的场地面积，地面需要平整防滑，球类活动还必须进行专门的场地设计。这类空间不仅要有正常的活动空间，还需额外设立休息区，休息区需要包含休息座椅、卫生间以及储物柜，并可以遮阳。群体型健身活动通常在某个特定时间举行，且会产生一定噪音，所以这类活动空间需要单独布置，并与民宿、医院以及青年旅社等场所保持距离。

（3）移动型活动空间

移动型活动通常是指散步、慢跑和骑行等一些保持移动状态的活动。乡村拥有优美的自然景观，有较大的活动范围，并且车辆较少，所以散步、慢跑和骑行等活动受到游客和本地人的广泛喜爱。中青年人在这些活动过程中不仅能锻炼身体，还能欣赏秀美的自然景观，呼吸新鲜的空气。移动型活动空间主要是由供游客活动的慢行道路构成，这些道路应满足防滑、平整的要求，避免湿滑泥泞、坑坑洼洼。慢行道路系统需要设置互相联通的闭合环线，路经综合体内的活动区域，避免尽端式道路。慢行道路需要有若干分支环路，这样可以给游客提供长度和难度不同的路线选择。不同的分支环路还应具备不同的景观效果，譬如绿荫小道或花丛假山等，不同的景观和空间也应具备不同的私密程度。道路的两侧应设立休息长椅，以便游客休息。道路所经过的区域不要种植产生大量落叶和落果的植物，这是因为落叶、落果容易使地面湿滑导致行人摔倒，落果也很可能砸伤行人。慢行道路上方应确保具有 2 米以上的可通行空间。

4.2.4.3 穿插休闲交往空间

一般来说，旅游型休闲农业乡村内的休闲交往空间通常分为三类，第一类是游览休闲型，结合观光游览场所的布置，游客可以在游览之余休息片刻，进行拍照、进食、聊天等休闲活动。第二类是运动休闲型，结合运动健身场所的设置，游客和本地人可以在运动之余休息片刻。第三类是日常休闲型，游客和本地人可以进行日常交往休息活动。

（1）游览休闲型空间

游览休闲型空间，在结合观光游览场所设计基础之上，相距不宜太长，务必保证游客每行走一段路程就可以停下休息片刻。休闲交往空间的选址应选在良好的观景点，这样游客可以在休息时也能欣赏到美景。游客休息区不宜选在阴冷的地方，应选择有阳光的地方。很多景区为了追求自然的景观选用天然的石头当桌椅供游客休息，因为石头太凉，质地坚硬，且未经打磨的石头坐起来舒适度极低，所以设计上应追求形态质朴自然，让游客产生返璞归真的感觉最好。

（2）运动休闲型空间

运动休闲型空间应设置在运动健身场所附近，不能影响运动健身的进行，但也不能太远，必须保证运动者能很容易找到休息场所，并能转为观众的角色继续欣赏他人的健身活动。座椅旁边应设置桌子或柜子，以便运动者摆放运动器械或日常用品。可以根据不同的运动类型中参与人员数量的不同，配置不同规模的休息空间。移动型活动譬如慢跑、散步等，所在路线上的休息空间也应按一定距离设置。

（3）日常休闲型空间

日常休闲型空间主要是让游客日常休息交往的，可以设置周边绿地、路边绿地等空间。这类休闲交往空间应僻静，拥有良好的景致，并与建筑或道路保持合适的距离，既可以吸引游客休息聊天，又可以达到僻静的效果。

4.2.5 室内环境适中青年设计要点与构想

4.2.5.1 居住生理需求

中青年人的居住生理需求具体包括空气、阳光和居住安全，舒适性和日常居住需求可以保证中青年人的生活质量，达到中青年人居住生活条件的基本需求。在现代化的社区居住环境设计中，方便快捷的社区道路布局、完善的通风换气设备、最为合理的光照间距等都是设计师为满足中青年人居住生理需求而主要考虑的方面。

4.2.5.2 领域和领域感需求

领域和领域感主要涉及对人身的安全防护、局部空间生活的私密性保护和对自我或亲友的活动空间进行占领及保护的需求。领域和领域感也是空间对人形成的一种心理作用。领域空间能够让人产生自尊与责任感，有助于中青年人保护属于自己的生活空间，使破坏性的行为减少，自身私密性得到保障。怎么样才能在社区户外空间里体现领域和领域感？可以通过娱乐设施、休息座椅以及交谈空间等强烈的围合空间形式体现出来，使中青年人可以对这样的环境产生较强的掌控感。例如在设计过程中应减少环境的通透性，恢复成自然状态，防止视线监督。自然的屏墙（树木）可以用来阻挡视线，为喜好安静、舒适的中青年人创造使其身心愉悦的环境，让中青年人对他们的居住环境产生领域感。

4.2.5.3 私密性需求

空间私密性的保护涉及很多内容，譬如睡眠、个人卫生行为、休息和其他私密内容。空间私密性常受到室外噪声和视线等方面的不利影响，而通过阻挡视线和隔绝噪音，能够较好地保护室内居住生活环境的私密性。中青年人的心理特点又决定了他们往往喜欢受人注目，习惯以自我为中心。室内环境关于“注目”与“被注目”的空间设计往往是设计人员需要考虑的重要方面。

4.2.5.4 交往、沟通需求

喜欢喧闹、对生活充满激情的中青年人在与家庭成员或外部社会交往过程

中，渴望通过沟通交流得到他人的认可。针对这一心理现象，在进行社区居住空间设计过程中，应着重设计围合度良好的交流空间以及相关配套服务设施。

4.2.5.5 室内环境适中青年设计构想

中青年人往往性格外向，乐于追求时尚，不愿生活在一成不变的空间格局中，习惯于按照自己的意愿装饰自己的居住空间。而刚刚踏入社会的中青年人往往经济能力有限，一般会选择实用小户型。中青年人居住的基本需求是小而精。这适合于现代简约风的装修。虽然居住空间狭小，不过简约、有序、精致。布置居室内部要充分照顾到男性和女性的不同心理、不同专业的居住要求。由于中青年人特别的生活习惯，他们在室内使用功能这方面存在着一些与普通住宅不同的特殊要求。譬如，中青年人对特定功能空间有着较低的使用率，将这样的功能空间叠加，可以让户型中的空间得到最大程度的利用。在色彩方面，部分中青年人追求个性的张扬，喜欢按照他们自己的个性随意将色彩进行搭配。需要注意的是，过于兴奋的色彩不宜运用于卧室里面，譬如红色，极容易造成中青年人兴奋，导致失眠。交流空间是中青年人室内设计的重点核心。一方面，中青年人追求独立自主的个性空间，另一方面又希望和家人、志同道合的朋友进行更多的交流和分享，也就是我们经常说的实现认同感。总之，在对室内交流空间进行设计时要格外注意这一点。

4.3 基于人文情绪导向的青年亲子休闲农业发展研究

4.3.1 儿童的认知特点

4.3.1.1 儿童的分类

根据姚时章、王江萍在《城市居住外环境设计》一书中对儿童的年龄分组，本书将儿童分为四个阶段，即幼儿期、学龄前期、学龄期和青少年期。

1 ～ 3 岁为幼儿期。该阶段儿童自我行动能力较差，绝大多数行为及动作的实现需要依靠外界的帮助。

4 ～ 6 岁为学龄前期，是入学前的准备阶段。该阶段的儿童活动量大，身体生长迅速，周边环境对其成长的影响显著。

7 ～ 11 岁之前为学龄期。此阶段儿童主要通过学校教育逐步养成良好的生活习惯，并形成各种不同的性格与处事方式。

12 ～ 13 岁之前为青少年期，是儿童身体发育的黄金时期。该阶段儿童往往性格叛逆、思想丰富、思维活跃。

4.3.1.2 儿童的生理、心理特征及其阶段性

不同年龄段的儿童具有不同的身体条件，受成长环境的影响，接触的事物也不尽相同，这些是形成差异化的生理、心理与行为特征的根本原因。

幼儿期时，儿童身体、智力发育不健全，行动能力与自我保护能力弱，身体极易受到伤害，各种活动都需要成人的引导和帮助，喜欢攀爬、打闹，好奇心重、破坏性强，不能离开成人的视线范围，需要家长的时刻陪伴。

学龄前期的儿童身体发育迅速，对身边的事物开始有自己的判断，并选择性的接受或拒绝，具有一定的认知和学习能力。活泼好动，不易安静下来。这个阶段也是儿童心理发育的黄金时期，接触的事物会对他们的成长产生较大的影响。

学龄期的儿童身体快速生长，心智基本健全，对事物有自己的看法，开始通过技巧性的活动和团体游戏选择“合得来”的伙伴，注意力与兴趣密切相关，道德、情感初步建立。

处在青少年时期的儿童，第二性征开始发育，对异性的关注逐渐增多。该阶段是向青年的过渡时期，他们往往性格叛逆、自主性较强，追求独立和自尊，希望得到他人的尊重与肯定。

4.3.1.3 儿童的认知能力及其阶段性

依据《认知发展心理学》这本书中对于儿童认知发展系统的论述，参照天津师范大学外国语学院张梦雅讲师对于儿童认知能力测评的办法，综合休闲农业园区规划设计的研究要求，从注意力、适应力、自我保护能力、理解力、创造力、兴趣广度、方向感、心理素质、直观思维和抽象思维 10 个方面分别对不同年龄段的儿童进行评价，了解他们的认知能力。研究发现，随着年龄的增长，儿童各方面能力增强的程度会有所不同，整体趋势是年龄越大，各方面能力就越强。幼儿期的儿童兴趣广泛、创造力强，但是自我保护能力弱，基本没有认知能力和动手能力，不能独立地完成各项活动。学龄前期的儿童具有较好的直观思维，身体和心智都处于发育初期，认知能力和动手能力有限，能独立完成简单的活动，但是大多数活动还是需要家人协助或与其他同伴协作完成。学龄期的儿童心理素质日趋成熟，各方面发展都比较均衡，能够独立地完成各类活

动，并且通过各项活动提高认知能力。青少年时期的儿童具有较好的思维能力，身体心智已趋于成熟，能独立完成各类活动。

4.3.2 儿童的活动喜好研究

儿童是朝阳，是祖国的未来与希望。在中国，儿童往往成为每个家庭的中心，家长也会注重对孩子的全方位教育。除了课堂教育外，户外实践活动也是一种重要的教育途径。对儿童来说，游戏场地不仅是娱乐玩耍的地方，更是接近自然、学习交流和培养能力的第二课堂。

4.3.2.1 户外活动

研究表明，当儿童可以自由玩耍时，他们的第一选择总是最近的自然场地。不论是院子里的大树还是灌木林丛，又或者是附近的小山丘、低洼的水塘。因为这些场所具有良好的参与性与互动性，更易于激发儿童的天分，所以即使会很脏，家长们也应该让孩子多接触这些地方。禁止儿童在游戏场地玩耍或将其与自然隔离，不但影响儿童成长的正常过程及知识的获取，甚至引发其对大自然的冷漠以及环境伦理的丧失。为了避免儿童出现“大自然缺失症”，应该让孩子亲近大自然。所以参与户外自然场地的活动成为了儿童游戏、活动的最佳选择。大量的研究表明，经常与自然接触不仅可以促进儿童环境伦理观念的形成，还对儿童身心健康有着积极的促进作用，包括更好的心理健康、积极的环境价值观念、优秀的认知能力、强烈的学习欲望。自然化场地对儿童的积极影响还表现在其他诸多方面，例如：①更高的注意力和自律能力；②更优越的激励动力、平衡力、协调能力、灵活力以及社会交往能力；③更丰富的想象力和创造力，语言表达及合作能力随之增强；④提高儿童的理解和观察能力等各种认知能力；⑤缓解儿童压力，降低疾病发生率，拒绝暴力和反社会行为。

4.3.2.2 集体活动

通常情况下儿童都很喜欢集体活动，他们能够快速地和陌生的儿童变成朋友，并融入到他们的圈子中。儿童自身在行动力与判断力方面存在局限性，这使得他们自我保护能力弱，对外界事物的判断具有较强的从众性，所以通过参与集体活动，模仿他人的行为举止成为儿童的一种重要学习方式。在集体活动过程中，儿童为了快速融入群体，会自发地通过主动沟通的方式获取参与活动的机会。这不仅锻炼了儿童的沟通能力与语言表达能力，同时降低了对家长的依赖性，提高了儿童的主观能动性等。另外，儿童开展集体活动需要更宽阔、更平坦、更安全的活动环境，为了保证身体的安全和活动过程的舒适，儿童更愿意选择集体活动。

4.3.2.3 新奇活动

英国著名哲学家培根先生曾经说过："好奇心是幼儿智慧的嫩芽。"儿童对事物的感知就是从好奇开始的，强烈的好奇心是启发儿童思维和提高儿童求知欲的关键。新奇活动是指在日常生活中儿童较少接触到的活动，会对儿童产生强烈的吸引力，并且在好奇心的驱使下，他们更加愿意尝试与接触这类活动。所以基于儿童天然存在的"好奇心"，新奇活动是引导儿童主动、正确学习的有效途径。儿童通过不断学习来了解整个世界，在此过程中，儿童年龄段的不同、成长环境的不同、获取知识途径的不同等，都会引发儿童对世界认知的差异。因此，在儿童成长过程中，父母需要不断给孩子传输科学、健康的事物，培养与引导儿童形成正确的价值观与世界观。

从儿童活动喜好研究来看，休闲农园与儿童活动喜好也是相匹配的。这是因为：第一，休闲农园属于自然化活动场地，能够为儿童开展户外活动提供天然机会；第二，休闲农园以儿童家庭为目标客户，策划的农事活动以加强儿童与儿童、儿童与家长互动的形式为主；第三，农事活动对于城市的儿童来讲是一种相对新奇的活动。儿童置身休闲农业园区中，能够认识更多的动植物，熟悉农作物生长过程，了解更多农业生产经验，无形中起到认识自我、激励自我、提升自我的作用。

4.3.3 休闲农园的儿童适宜性活动分类

户外游戏空间为儿童提供了与动植物近距离接触的机会，能够增强其对自然界、宏观世界认知的能力。这种接触能够促进孩子们身体、认知、语言等方面的发展，提高孩子们的体育活动能力，提升心理健康素质，增强社交能力与公民意识等。依据儿童认知特征，可以将休闲农业园区中儿童适宜性活动分为两类，即感知类活动和实践类活动。

4.3.3.1 感知类活动

感知，即人们通过感官如眼、耳、鼻、舌、身等，搜集、了解信息并加以分析总结，从而获取知识的过程。在休闲农业园区活动中，感知类的活动包括农村动植物认知、农作物生长过程认知、农业生产经验认知和农村邻里关系感知。儿童参与此类活动，不仅可以学习到农业知识并应用于生活，完善儿童的知识结构，还能够了解农村的恶劣环境和农民伯伯的艰苦生活，培养儿童的善良秉性与不浪费粮食的良好习惯。农村动植物种类丰富，粮食作物如水稻、玉米、小麦等，水果如柑橘、桑葚、桃、李等，蔬菜如白菜、南瓜、黄瓜、莴笋等，林木如马尾松、杉木、柏树、桉树、竹林等，家禽动物如鸡、鸭、鹅、兔等。农作物生长过程认知是指让儿童体验农作物生长的全过程。如台湾南投县某生态教育农园“从一粒种子观察生命奥秘”的理念，就是展示一种农作物的生长过程。以水稻为例，水稻从种子到收获需要经历播种、育苗、插秧、施肥、生长、扬花灌浆、成熟收获等过程。儿童可以了解农作物各个生长阶段的形态及习性，感受春花秋实的变化。农业生产经验认知包括对于天气、气候的判断与把握，以及对于“二十四节气”的理解，熟悉山地灌溉系统，了解农家肥的制作利用以及传统农具的运用。邻里文化感知是为了让儿童感受到农村邻里在生产生活方面互爱互助，人与人诚实守信、和谐相处的传统美德。

4.3.3.2 实践类活动

实践活动是指人们通过亲身参与劳作，了解与农业相关的信息，进而锻炼身体和获取相关知识的过程。实践类活动以“体验”为主，儿童通过农事劳作感受田园生活的辛苦与乐趣。实践类活动还强调“实践性”，需要儿童亲身参与实践，在劳动中锻炼自己，提升认知。如犁田劳作能锻炼儿童的协调能力与平衡能力，除草活动磨炼儿童的耐心和判断力，播种、浇水等让儿童变得更加细心。

4.3.4 基于儿童认知教育的活动适宜性评价体系构建

为了实现对儿童的认知教育，我们首先对儿童进行专题研究，了解儿童的认知特点和活动喜好；其次从感知与实践两个角度对休闲农业活动进行分类研究。在此基础上构建了休闲农业园区活动的适宜性评价体系，以便更好地对休闲农业园区景观进行设计与活动策划。在休闲农业园中，通过与市场需求（以实现儿童认知教育为目的）的集合，按照一定的标准，分别从安全性、趣味性、参与性和农业认知性四个方面进行评价，从而得出适宜、较适宜和不适宜儿童参与的三类农事活动，再结合不同年龄段儿童认知特点，进行景观设计和相应的农事活动策划。让儿童通过亲自参与农事活动，锻炼认知能力，提升个人素质，进而实现对儿童的认知教育。

安全性是景观设计与活动策划最基本的要求，尤其是专门为儿童设计的场所，安全更应该放在首位。学龄前期和学龄期是儿童心智快速发育但不健全的时期，也是对新鲜事物有着强烈探索欲望的时期。在参与园区活动时，儿童往往过于活泼，加上田间难免存在沟壑、堡坎等潜在危险，所以参加活动时必须时刻有家人的监督与陪伴，保障儿童安全。同时休闲农园在规划设计时也要重点关注以下方面：①活动场地内地面平整及其与周边的高差；②活动场地的坡度不能太陡；③做好活动场地的周界围护工作；④交通体系最好做到人车分流。

趣味性能够激发儿童的参与热情。活动因兴趣而起，趣味性是吸引儿童参与其中的关键。因此在策划活动时，需要考虑儿童的心理因素，选择富含新意、易产生成就感的活动。休闲农业园区对于儿童来讲，本身就是充满趣味的场所。如何在此基础上策划出更有趣味的活动，需要设计师进行认真的考量：①儿童的力气小，要选择操作简单的农事活动；②依据儿童的知识结构，选择儿童有所了解的农事活动，增强儿童参与的兴趣。

参与性要求活动具有可操作性与团队协作性。可操作性是指活动操作简便，难度适宜，没有潜在危险。团队协作性也称集体性。对儿童来说，大多数儿童希望接触到更多的小伙伴，而参加集体活动就是结识新朋友的最佳途径。儿童在参与的过程中，既能体验活动本身的乐趣，又能结识到新的朋友，无形中就提高了孩子的主动参与性和团队合作意识。园区内农事活动类型多样，选择时可以有所侧重：①播种、除草、采摘、浇水等活动具有较强的可操作性，便于儿童参与；②参与集体活动便于儿童相互帮助、相互鼓励。可认知性的评价标准表现为儿童参与活动过程中获取知识量的多少。儿童参加简单的农事劳作，不仅能锻炼身体、提升心理素质，还能获取一定的农业知识，完善知识结构。

休闲农业园区活动的策划，除安全性、趣味性和参与性外，还要强调“农业”本身的特性。如果园区内的活动没有特色，与游乐场、户外游戏区的活动区别不大，此类活动就没有存在的意义。因此，在休闲农园景观规划设计时，至少要做到以下几个方面：①深入挖掘区域特色农业文化，通过合适的载体进行表达与传承；②寻找农业知识的传播途径，选择合理的方式呈现给儿童。

休闲农业园区内涉及的活动，种类丰富、形式多样，从农村动植物认知、农作物生长过程认知、农业生产经验认知，到农村邻里关系感知以及具体农事活动的参与、体验。经过精心设计与组织的空间，能够促进儿童和伙伴之间的合作，减少违纪问题和破坏行为。另外，通过观察、倾听，在与他人的接触中获取信息，也是儿童社会知识积累的重要途径。参与公共性的户外活动，有利于培养儿童的集体认同感、归属感与道德感，帮助儿童树立自尊心，增强自信心与自立能力，激发他们的想象力和创造力等，从而实现儿童认知教育的目的。

4.3.5 休闲农园具体活动评价

基于休闲农园活动适宜性评价体系，在园区中设置活动时，分别从安全性、趣味性、参与性以及农业可认知性等四个方面进行评价，总结出儿童是否适宜参与的三个等级：适宜、较适宜、不适宜。在整理、总结的过程中，凡是活动的安全性、趣味性、参与性和农业可认知性四项指标中有一项为“差”，均不建议实施。根据上述评价体系，得出以下结论。

适宜儿童开展的活动：插秧、拔草、施肥、采莲子、捉鱼、挖藕、点豆子、收豆子、采桑葚、移栽、浇水、掰玉米、挖红薯、挖土豆、种菜、摘菜、捉昆虫、摘果、养鸡、捡柴、捉迷藏、跳皮筋、老鹰捉小鸡等。

较适宜的活动：赶鸭子、挖折耳根、脱粒、洗衣晾衣、玩泥巴等。

不适宜的活动：犁田、播种、打谷、整地、挑粪、剪枝、晒谷、烧火做饭、打糍粑、打米、榨油、养蜜蜂等。

通过研究，儿童所处的年龄段不同，生理、心理和行为特征各不相同，认知能力也存在较大差异。儿童在参与活动的过程中，能够获取知识，提高认知能力。通过对儿童活动喜好的研究，发现儿童更倾向于参与户外活动、集体活动和趣味性活动，休闲农园便是与之相匹配的最佳自然活动场地。园区内的农事活动可分为感知类活动和实践类活动，具体包括农村动植物认知、农作物生长过程认知、农业生产经验认知及农村邻里关系感知等。进行园区内场地选址、布局以及活动策划时，基于农事活动的安全性、趣味性、参与性和农业可认知性的考虑，再综合儿童需求，对具体农事活动进行适宜性评价与设置。

4.3.6 “景观规划设计—行为活动—认知教育”联动机制的构建

绝大多数的观光农业园选址于自然与人工城市环境的过渡区域，其独有的生态景观和农耕文化为儿童提供了丰富的活动空间和载体。根据儿童的认知特征和园区农事活动的适宜性评价，为实现儿童认知教育的目的，休闲农园景观规划设计必须包含三方面的内容：休闲农园的景观规划设计，由规划设计促进的儿童行为活动，以及这些活动实现儿童认知教育的结果。

4.3.6.1 景观规划设计、行为活动、认知教育三者的关系

以农业为主题进行景观规划设计，通过农事活动进行认知适宜性评价和活

动策划，从而实现儿童认知教育的目的。景观规划设计、行为活动、儿童认知教育三者之间存在如下关系：

有专家认为：①通过科学合理的景观规划设计，梳理交通流线、设置活动空间，从视、听、嗅、触等各个感官系统出发，激发儿童的探索欲望，促使儿童主动参与行为活动；通过认识更多的农村动植物，熟悉农作物生长过程、了解农业生产经验，感知农村邻里关系，并亲身参与实践、进行体验，可以让孩子从实践中获取更多农业知识，感受劳动的快乐，满足儿童认知教育的需求。②儿童通过认知教育获取知识，提高了对事物的思考能力与判断能力，促使他们的行为发生改变，帮助儿童逐渐变得成熟。③通过总结景观规划设计改变儿童行为的经验，能够帮助设计师了解儿童需求，从而在景观规划时扬长避短，不断完善景观设计方法，把握设计要点，更好、更有针对性地为儿童服务，形成良性的循环系统。

也有人赞同如下解释：①通过休闲农业园区中的景观设计，能够规划出多样的活动场地与空间，帮助儿童在自由的场地与空间中，自发地进行行为活动，放飞自我。②不同的行为活动帮助儿童获得不同的行为能力。有的活动帮助他们锻炼身体，有的活动帮助他们提高协调能力，而有的活动帮助他们结识更多的伙伴、领悟合作精神等。这些行为活动都将促使认知教育目的的实现。③景观规划设计直接影响儿童获取知识的过程，不断完善景观规划设计方法，能够更科学、更有效地促成儿童行为活动的发生。这也是一个良性的循环系统。

综上所述，景观规划设计、行为活动、认知教育三者之间相互促进、相互影响，形成良性的循环系统。科学合理的景观规划是基础，由此引发的行为活动是实现认知教育最直接的途径。因此，在打造休闲农业园区时，首先要了解服务对象的需求，其次根据不同的需求策划不同的活动形式与内容，最后，有针对性地进行景观规划，设计满足要求的场地与空间。

4.3.6.2 “景观规划设计—行为活动—认知教育”联动机制的形成

充分利用农村现有的自然资源，为儿童提供一个在大自然中学习的有利场所，极大地弥补了教学课本的不足，具有深刻的教育意义。休闲农园景观规划设计可以满足儿童开展农村动植物认知活动、农作物生长过程认知活动、农业生产经验认知活动、邻里关系感知活动的需要。这些行为活动促进儿童形成不同的认知能力，同时认知能力又反作用于儿童的行为。在这个良性循环的机制内，休闲农业的景观规划设计是基础。进行景观规划设计时，要充分了解儿童的生理、心理和认知特点，掌握儿童的实际需求，使其主动参与到休闲农业园区活动中，在活动中释放天性、锻炼身体、学习知识、认识自我、结识更多的伙伴。

“景观规划设计—行为活动—认知教育”联动机制的形成包含两方面的内容：第一，景观规划设计对行为活动的影响；第二，行为活动对儿童认知能力的影响。

1. 景观规划设计对行为活动的影响

行为活动都是在一定的场地和空间中发生的。丹麦著名学者扬•盖尔在《交往与空间》一书中，着重从人及其行为活动对物质环境要求的角度研究和评价景观中公共空间的质量，从空间层次上分析如何吸引人们到公共空间中发生行为活动，间接促成人与人之间的社会交往。由此可见，景观规划设计会直接影响参与者的行为活动。基于园区农业现状进行景观规划，根据儿童认知特点进行活动策划是景观规划设计的基本要求，也为景观规划设计提供依据。

首先，基于儿童的认知特点进行活动适宜性评价与策划是促成儿童行为活动发生的前提条件。儿童身心发育不健全，具有与成年人完全不同的生理、心理特征和行为特征，他们更倾向于参与户外趣味性活动。因此进行活动策划时，需要充分结合儿童的认知特点做好场地的坡度设计、高差设计、尺度设计，选择安全性、趣味性、参与性和农业可认知性强的农事活动。

其次，通过景观规划设计，为通过认知活动适宜性评价的农事活动提供条件。通过不同的场地设置，可以营造出多样的空间氛围，促成不同的行为活动。如自然山水的观景平台，人们会不自觉地驻足停留；广场上伸手可及的农家农具，游客会自然地想要靠近；水体边的平台，往往会聚集较多的游客等。另外，景观色彩、结构、材质的不同组合，会给人呈现出不同的视觉和心理感受，进而影响游客的行为活动。基于儿童认知教育的休闲农园应该依据活动需求规划与设计景观，在满足形式美的前提下，结合儿童的认知特点和现有场地状况，设置相应的活动场地空间，促进儿童各种行为活动的开展。

2. 行为活动对儿童认知能力的影响

休闲农园中的儿童认知教育是指通过农事活动“认”“知”周边事物，获取认知能力。具体包括感知原生态农业肌理、学习地域性的农村元素和体验娱乐性的农事活动。

（1）“感知”原生态农业肌理，获取认知能力

对于身居都市的儿童来说，农业特色景观是最真实也是较少有机会接触到的，所以许多家长选择带着自己的孩子进行农业园体验。原生态农业肌理是农业景观的特色所在。与城市中的钢筋水泥“森林”、车水马龙的交通环境、基本满足指标要求的绿地率比较而言，农业特色景观是大尺度的环境原生态，更能激发城市儿童的探索欲望。感知大尺度的原生态农业肌理，不仅可以增加儿童对于农村生产生活的了解，还能为儿童提供自然的学习环境，使其学习到书本中没有的知识。当代儿童对于传统农耕文化的了解越来越少，这是造成我国传统农耕文化流失的重要原因之一。通过让城市儿童回归农村，了解农民如何用勤劳的双手改造大自然，了解农民自给自足的生活方式和朴实无华、不怕脏不怕累的作风，培养儿童热爱大自然和勤劳、善良的优良品质等。

（2）“学习”地域性的农村元素，获取认知能力

农业肌理是由各种农业景观元素组合而成，包括自然山水、农田、动植物、果园、农舍、农民、池塘、乡村道路等，形成了独具特色的农村景观。自然山水是农村景观的背景，奠定了农村景观的基调。农田是最常见且最具代表性的景观元素，覆盖面较广。农村动植物养殖与种植不仅能为农民带来一定的经济收入，还可以为农村的生产生活增添活力。大片的果园种植保证了农民的经济收入，一年四季不同的花、果的季相变化也丰富了农村景观的色彩与风貌。农舍承载着当地的传统建筑文化，是农民智慧的结晶。农民是改造大自然、创造农业肌理的建设者，是农村景观中最重要的人文元素。池塘为农民的生产生活提供了水源条件，多样的形态为农村景观提供了更丰富的视觉体验。乡村道路是农村景观的骨架，也为农村的生产生活提供了便利。地域性的农村景观元素给儿童带来了与众不同的生活体验与学习环境，丰富了他们的课余生活，帮助他们增长见识、完善知识结构。通过了解农村自然山水的形成过程，欣赏农村优美的自然环境，儿童会更加热爱大自然；通过了解农田的类型、功能、耕作方法以及农田对于农民的意义，儿童可以加深对我国传统农耕文化的继承，减少农耕文化的流失；通过开展认识农村动植物的活动，不仅可以充实儿童的知识量，还可以为儿童认知教育的过程带来乐趣；通过学习果树的栽培、养护知识，体验果实收获的喜悦，能够引导儿童学会保护植物、珍惜食物，形成正确的价值观念。农舍是依据地理特性和当地民风民俗而形成的，具有一定的区域性。

通过学习农舍相关知识，儿童可以了解当地建筑文化。乡村道路的形成蕴含着各种农村要素，通过学习乡村道路的发展历史，也能够了解到农民生产生活的发展历史，从而帮助儿童知晓更多乡村建设管理的方式方法。在农村中体验生活常常需要与农民打交道，在此过程中，儿童能够了解到农民纯朴善良的本性，学会勤俭节约、善待他人。

（3）“体验”娱乐性的农事活动，获取认知能力

休闲农园活动包括农村动植物认知、农作物生长过程认知、农业生产经验认知、农村邻里关系感知以及具体的农事活动体验等。体验娱乐性的农事活动会对儿童的认知能力产生重要的影响，具体表现在：

①农村动植物认知对认知能力的影响。

通过休闲农业园区景观规划设计，梳理交通流线，串联农村动植物观赏，便于儿童集中辨认与学习。在整个休闲农业园区范围内，植物随处可见，农村动物如猪、牛、羊、鸡、驴、狗等，需要设置单独的动物观赏区，温和、不具危险性的动物也可散养在园区内，方便儿童近距离接触。规划设计景观时，可分为农作物集中教学区、动物集中教学区，方便景区的管理。开展农村动植物认知活动:第一，拓宽儿童知识面，激发儿童的学习欲望。通过相互沟通、交流，能够锻炼儿童的协作意识与沟通能力,适宜学龄前期、学龄期和青少年期的儿童。第二，亲近自然，热爱自然。在认知过程中，通过了解农作物、动物对于农民生产生活的重要意义，能够唤起儿童的爱心，培养儿童敬畏生命、尊重生命的精神品质。

②农作物生长过程认知对认知能力的影响。

通过开展农作物生长过程的认知活动，可以让儿童了解一颗菜如何从种子长成为植株。农作物从翻地、播种、移栽、浇水、施肥、拔草、除虫到收获，每一过程都具备良好的参与性与农业可认知性。因此在景观规划设计时，可设置家庭农场区或种植体验区，便于儿童参与其中，了解农作物的生长过程，同时养成良好的生活习惯与精神品质。第一，让儿童明白食物来之不易，养成节约粮食、不浪费的好习惯。现代儿童尤其是都市儿童往往衣食无忧，不知劳动辛苦。通过到田间学习，参与具体的劳作流程，更能让他们体验到劳动的艰辛，使他们珍惜食物，不骄奢、不浪费。第二，从农作物生长感受生命的坚韧，锻炼坚强的意志。一颗种子从破土到成长为成熟的农作物，要历

经风吹日晒，仍能笑到最后，说明生命力是何等顽强。通过观赏农作物的生长过程，可以让儿童感受种子破土吐芽时的无穷力量，感受其历经风雨却能挺拔如初的不屈不挠的精神与意志。第三，体验劳动的艰辛。劳动者是最可爱的人，儿童通过亲身劳作，更能感受到农民伯伯的艰辛与不易，便于孩子养成尊重农民、尊重劳动者的品德。

③农业生产经验认知对认知能力的影响。

农业生产经验是指农民依据对天气气候、地域特性以及各种农作物的生长条件和生长习性的了解，适时适地栽植农作物，做好管养工作确保收成而形成的经验。其实农民的文化水平一般较低，更多的是依靠祖辈流传下来的经验开展农业种植。传统的“二十四节气”与“七十二物候”便是农业生产经验的理论依据。如“二十四节气”中的惊蛰，是指春雷乍动，惊醒了蛰伏在土中冬眠的动物。谷雨是指雨生百谷，雨量充足而及时，适合谷类作物茁壮成长。小满指麦类等夏熟作物籽粒开始饱满。大暑是指一年中最热的时候。大雪是指降雪量增多，地面可能积雪。“七十二物候”中的草木萌，是指土脉润泽，云气旺盛，草木开始萌动。桃始华是指桃树要开始开花了。萍始生是指河里开始生长浮萍。通过了解农业生产经验：第一，明白实践出真知的道理。“二十四节气”与“七十二物候”是先辈们不知付出多少实践才形成的既定经验。让儿童了解这些经验的来源，使其明白实践、尝试的重要性。第二，事前做好充分准备，学会“未雨绸缪”。农民依靠经验种植，也需要在适当的时候做好准备工作。只有种植计划、物料准备、地块种植规划等都进行了周密安排，才能获取最大利益。以此来教育儿童，使其明白任何事情的发生都不是偶然的，机会只留给有准备的人。

④农村邻里关系感知对认知能力的影响。

在休闲农业园区内部或者周边往往有许多当地居民，这是休闲农业园区十分重要的元素。在景观规划设计时，将农舍、民居所在的区域设计为公共活动、公共休闲交流区或邻里文化交流区，延续“串门”的习惯，满足交流、休闲的功能。同时，游客通过与当地农民进行沟通交流，能够充分感受到邻里关系的和谐、融洽。通过对农村邻里关系的感知：第一，学会助人为乐。在农村，都是一家有事情全村出动，邻里之间相互帮助是一种常态。儿童在体验农事活动中通过与当地农民的交流沟通，可以感受到农民的纯朴与热情，学习他们助人为乐的品质。第二，学会以诚相待。了解农村邻里之间的关系，他们相互扶持，亲如家人，更能让儿童明白与人相处以诚相待的重要意义。

⑤参与农事活动对认知能力的影响。

在休闲农业园区中，参与、体验农事活动是最具特色的策划。儿童亲身参与劳动，应对各种困难与挑战，从而锻炼儿童的实践能力与认知能力，提高个人素质。参与体验农事活动：第一，可以培养儿童的沟通协调能力。面对陌生伙伴，儿童需要主动与他人沟通才能得到参与农事活动的机会。通过活动的吸引和家长的鼓励，让儿童勇敢地迈出第一步，主动开口沟通、协调。第二，可以培养儿童的团结协作精神。农事活动往往需要与其他小伙伴尽心配合，才能取得良好的结果。这就要求部分儿童要在个人利益与集体利益之间做出选择和牺牲，从而锻炼儿童的协作精神和团队意识。第三，可以增强儿童的自信心。儿童在农事活动中因为感受到自己为集体做出贡献而产生成就感，会逐渐感受到自己存在的价值和意义，在生活中增强自信。第四，激发儿童创造力。农事活动中往往没有太多既定规则与指导方法，这就需要儿童在活动过程中不断学习、完善，不断探索解决问题的方法，从而激发儿童的创造力和想象力。

4.3.6.3 基于“联动机制”的休闲农园景观规划设计方法

进行景观规划设计时，主要涉及三个主体：休闲农业、儿童以及策划的相关活动。休闲农业包括景观规划设计和地域农业文化植入两部分，其中景观规划设计必须做到融原生态农业肌理、地域性农村元素与休闲娱乐性农事活动为一体。儿童是园区服务的对象，对儿童需求的充分了解是建设好园区的前提。景观规划设计必须以儿童的认知特点为基础，以适宜儿童认知的方式来呈现当地农业文化。丰富有趣且富于特色的农业活动是吸引客户、实现可持续发展的重要手段。基于儿童的认知特点，我们应该从安全性、趣味性、参与性和农业可认知性四个方面进行活动适宜性评价和农事活动与场地的匹配设计。

1. 基于市场需求和原生态农业肌理的园区定位

在休闲农业园区定位阶段，需要结合市场需求与原生态农业肌理，确定园区主题、服务对象及园区特色。农业园区的初始投资成本高，资金回笼慢，需要持续稳定的营业收入加以平衡与支撑。这要求园区在定位阶段找准市场缺口，发展市场认可度高的产品项目。目前，在国家政策的大力扶持下，休闲农业项目得以迅速发展。但是大量投资人缺乏明确的发展定位，盲目投资，打造的农业项目千篇一律、毫无特色，缺乏市场竞争力。因此，确定休闲农业园区定位时，切不可盲目跟从、随波逐流，必须从市场需求出发，找准定位，打造独具一格的休闲农园。另外，原生态农业肌理在很大程度上限制了园区的开发和建设策略。进行园区定位时，首先对场地内的农业景观元素进行调研分析，在了解市场需求、挖掘现有场地条件的价值后，才能明确农业园区的主题和经营性质，如将园区发展为科普文化园、休闲观光园、教育农业园等。不同的发展主题，其规划设计方法与侧重点都会存在差异。然后，根据园区主题和经营性质定位目标客户，明确客户需求，指导园区的规划设计等。

2. 基于地域性农村元素的设计依据

地域性农村元素的设计依据主要包含设计原则和设计要求两部分。首先，可以根据园区定位和建设方的要求制定设计原则，设计原则作为规划设计过程中不可违背的基本准则，和园区定位息息相关。在休闲农业园区景观规划设计的过程中，农业作为设计的基础，农业景观化是打造休闲农业园区的主要方法，休闲是园区建设的主要目的。结合地域性农村元素和项目定位的特点，可以制定科学合理的设计原则，宏观指导休闲农业园区景观规划设计，确保园区切合主题、建设有序。其次，依据设计规范和建设方相关的管理目标，结合场地目前现有农业条件，改进设计要求，指导园区景观设计规划。根据园区性质与规范要求对各项指标要求的最低数值进行计算，既作为园区规划的保障要求，也便于在景观规划设计时进行适当调整。为确保园区建设时不出现方向不明确、主题不清晰、性质不统一等一系列问题，设计方在园区建设前必须要与建设方进行沟通协调，达成一致意见，以便确定设计依据。

3. 基于农业现状和儿童认知特点的场地分析

休闲农业园区的景观规划设计主要以农业现状和儿童的认知特点为基础。首先，要了解、搜集、整理场地内农业景观各个元素信息，然后加以整理、筛选、分析，总结出各种农业景观元素的优劣并提出利用策略。其次，把握景观规划设计方法。基于儿童认知的特点有必要对园区进行全面的现状分析，在保证园区具有“农业”特色性的前提条件下，来满足景观规划的设计要求。再次，对于活动需求进行园区用地适宜性评价，主要包括场地的高程分析、坡度分析、植被分析、水文分析、生态敏感性分析以及场地生态敏感性的建设适宜性评价等。然后结合儿童认知特点及活动需求，对场地进行全面分析并绘制土地使用评价图，以便用于指导园区景观规划设计。

4. 基于儿童认知适宜性的农事活动策划

①园区活动的认知类型及策划。在休闲农业园区中的活动包括农村动植物认知、农作物生长过程认知、农业生产认知、农村邻里关系感知以及参与农事活动，休闲农业园区中的农事活动内容丰富多彩且具有良好的参与性。根据园区定位明确服务对象来进行目标客户（儿童）的研究和活动策划，在策划中需要结合场地特征和儿童认知教育的需求，选择安全、有趣、参与度高且具有较高农业可认知性的活动。

②儿童认知教育“活动—场地”匹配设计。首先，务必做好休闲农业园区的功能布局。坚持“保护性开发”原则，保护好农田的原生肌理，保证农田的生产功能。对农业景观元素的现状进行充分分析，针对各个农业景观元素提出利用策略并对功能分区进行确定。其次，根据功能分区布置相应设施，之后园区景观结构才能确定，活动、场地是否匹配要进一步分析并针对功能布局、交通体系和服务设施做相应适当调整。再次，实施与活动相匹配的总图设计和分区设计。将各项活动充分落实到具体的场地中，控制场地的尺度、布置空间氛围，促使儿童发生相应的行为活动，实现认知教育。

5. 基于园区资源优势与制约的基础设施规划

依据功能布局和场地条件，充分发挥园区自然景观和地形的优势，避开建设制约点，进一步梳理交通体系的结构，分别对车行系统、人行系统做相应的分级设计，保证交通的安全性、可达性和便捷性，应连接各个景点和活动场地。依据成人游览和儿童活动的相应需求，为园区配置较为完善的服务设施。在“人性化设计”原则的指导之下，卫生间、饮水设施、休闲座椅、垃圾桶、服务中心等公共设施要设置到位，以便满足游客的各种需求。在实施基础设施规划中，除了要重点关注儿童的行为活动需求和休闲需求外，成人的“陪同”需求也要关注。鉴于儿童的行动力不健全、判断力不够等特点，要求家长或老师随时陪同在其身边。当然，在儿童活动的过程中，家长的注意力也会高度集中，随时关注儿童动态，这需要耗费家长大量的体力和精力。因此，兼顾儿童、家长的不同需求是园区基础设施规划的一项基本要求。

6. 基于地域性的农业文化植入

文化是设计的灵魂，同样，休闲农业园区的景观是农业文化的载体。每个地区都有其独特的历史文化，几千年沉淀下来的悠久传统农业文化对休闲农业园区的景观设计提出了更高要求。地域性的农业文化包括农业文化和建筑文化两个方面。农业文化主要包含当地农业生产耕作方式、农业生产经验、特色农产品、当地民风民俗等。而建筑文化主要包含建筑的风格、结构及构造模式，建筑材料，当地特色的建筑符号及其发展等。在休闲农业景观规划设计时，务必以农业景观为载体，对当地农业文化和建筑文化进行梳理，通过走访、调查、与农民交谈等各种途径对当地耕作模式、历史变迁、传统农业文化、建筑的发展历史等进行学习了解，并以最为合适的方式进行表达和传承。

7. 基于儿童行为活动的互动性空间设计

儿童大多具有很强的依赖性，往往需要家长的陪伴。因此，基于儿童认知教育的休闲农业景观规划设计，儿童背后的家长更不能被忽略。儿童在享受服务的同时，家长的需求同样需要照顾。互动性空间设计主要包含两个方面的内容，一是儿童和家长的不同尺度需求，二是儿童的活动空间和家长的休息空间要相互渗透。务必坚持“人性化设计”原则，为儿童和家长提供不同尺度的基础服务设施。在空间布局时，通常要以不同的空间构成形式将儿童活动区、家长休息区和亲子活动区有机融合起来，让儿童在活动的同时能得到家长的鼓励、指导和帮助。

通过景观规划设计和农事活动策划，促使儿童参与其中并获取认知能力，从而在休闲农园中达到儿童认知教育的目的。在家长和老师的共同引导下，组织儿童参与农事活动，可以拓宽他们的知识面，教会他们亲近自然、敬畏生命，教育他们节约粮食，锻炼他们钢铁般的意志，教会他们尊重他人，学会实践出真知的道理和凡事预则立不预则废的处事态度，教会他们互帮互助、助人为乐，教会他们友好待人，培养他们良好的沟通能力、协作精神，增强他们的自信心，最终激发他们的创造力。同时，儿童在参与各种农事活动的过程中，增强了他们和同龄人、家长之间的交流，有利于他们健康成长。景观规划设计、儿童行为活动、认知教育三者相互影响、相互促进，通过三者的共同联动，进一步实现儿童认知教育的目的。同时，在实施休闲农园景观规划设计时，需要达到以下七大要求：第一，基于市场需求和原生态农业肌理对园区进行定位；第二，基于地域性农村元素确定设计依据；第三，基于农业现状和儿童的认知特点对场地进行合理分析；第四，基于儿童认知适宜性对农事活动进行合理策划；第五，基于园区资源优势与制约进行基础设施的合理规划；第六，基于地域性植入相应的农业文化；第七，基于儿童行为活动进行合理完善的儿童—家长互动性空间设计。

第 5 章 设计案例分析

5.1 适合儿童参与的科技体验式休闲农业案例分析——张北德胜村

5.1.1 场地概况

德胜村位于河北省张北县小二台镇，村邻408县道，距县城东有11千米路程。该村面积20205亩，其中耕地5508亩（水浇地3000亩），林地4900亩，草地7728亩，辖6个自然村（德胜村、叶家村、李元村、马鞍架、徐家村、王家村）。

德胜村之所以称为“德胜”，源于清末民初之际一个名为“德胜”的商人，他经过此地并开荒立户，因其为人厚道，深受远近村民爱戴，故村民为纪念他，取其名为村名，谓之德胜。而“德胜”二字在今天看来，也正是象征着村民们勇于奋斗的品质与品格。

张北德胜村位于草原天路中间段，周边环境良好，有桦皮岭、野狐岭、古长城等旅游景点，地理区位较好。距离野狐岭要塞19.8千米，车程为30分钟，距离中都原始草原度假村32.2千米，车程为41分钟。（图5-1）

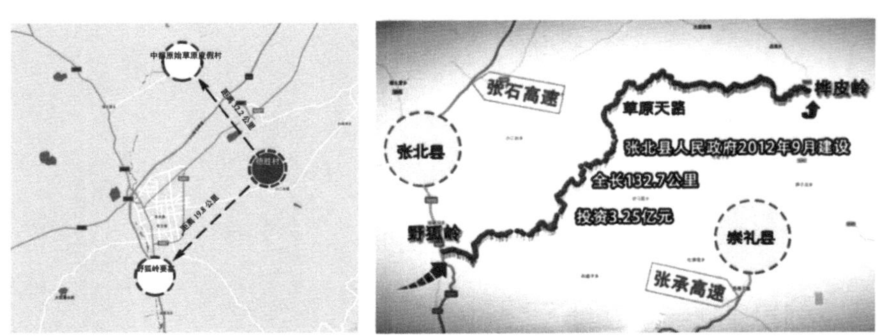

图 5-1 张北德胜村区位分析

5.1.2 德胜村 SWOT 分析

5.1.2.1 德胜村内部环境分析

1. 竞争优势分析

（1）环境优势

具备优越的自然环境、良好的区位条件、雄厚的经济基础、多元的投资体系、畅通的交通网络、完善的基础设施、发达的高新科技、政府的大力支持以及居民盼开发的高涨热情等。农村的交通体系完善，这些给休闲农业的发展创造了良好环境。从城市到农村路途时间缩短，极大地激发了城市居民利用闲暇时间到农村游玩、体验乡村文化的兴趣，有利于都市农业功能体系多样化发展。

（2）资源优势

科技入住，已建成 500kW 村级光伏电站，年收入约 80 万元。

2. 竞争劣势分析

（1）基础设施有待完善

虽然郊区旅游以自驾形式为主，交通便利，但考虑到还有一部分游客是无车族，所以应该在周末开通更多公交班车。现在郊区公交车次少是制约休闲农业发展的因素之一，而且发车时间固定，限制了部分游客的出行。另外，一些新村景区周边设施不到位，例如：景区指示系统尚未建立，导致很多游客想来但不知道怎么走，或者走了很多冤枉路，自然降低了游玩的兴趣；游玩、吃饭、住宿衔接不够好，没有一条龙服务，经常会遇到在这个大棚采摘完，可能要再开车 30 分钟去另一个农家院吃饭，再驱车寻找住宿的地方。同时，住宿的条件也有待提高。

（2）知识水平相对较低

受首都经济圈整体环境影响，很多郊区农村生源的大学生毕业时不愿意将所学的经济管理知识应用于家乡的休闲农业产业发展中，而往往留在市区工作，使得从事休闲农业工作的人员大多是农村留守妇女、老人和外来务工人员。他们的知识层次普遍较低，缺乏经营服务意识和相关行业的管理经验，导致接待水平相对低下，相关部门也没有统一的针对性服务培训，服务相对落后，这就在一定程度上影响了休闲农业旅游的整体形象，降低了休闲农业旅游的品质，从而进一步影响到今后一段时期休闲农业游客量的持续增长。

5.1.2.2 德胜村外部环境分析

1. 环境机会分析

随着城市经济社会的快速发展，越来越多的城市居民对生态旅游、果园观光、采摘等都市型休闲农业有很大的兴趣，这就为郊区休闲农业创造出更多的旅游市场机遇。此外，居民对生活水平和质量提出了更高要求，健康和食品安全越来越受到重视，休闲观光、绿色食品和精品农业的市场需求不断膨胀扩大。

2. 环境威胁分析

（1）客源不稳定，淡旺季明显

最大的问题就是客源不稳定，夏天为了躲避酷暑，人满为患，冬天因为严寒，门可罗雀，四季客流分布不均，缺乏有效的客源地做支撑。

（2）旅游产品较单一

现在越来越多的居民喜欢生态旅游及观光采摘，但在此产品组合模式上比较单一，而且只注重吃、住两项的收入，而没有发挥游、购、娱等旅游节点的创收。缺乏文化支撑，项目千篇一律，缺乏相应的人才和专业的指导。

（3）地域较偏僻，硬件基础较差

特定的地域条件限定了游客数量。在旺季存在接待饱和、停车位紧张、交通拥堵等问题，安全隐患较多，而进入 11 月之后，到了冬闲时间，接待量骤减，导致接待资源的闲置甚至浪费现象明显，形成靠天吃饭、资源整合不足的被动局面。

（4）竞争激烈

该村处于天路中间断，大部分旅游资源被天路稀释，反倒制约了德胜村的旅游发展。（图 5-2）

图 5-2 张北德胜村环境危胁分析

5.1.3 主要风险和对策研究分析

5.1.3.1 利用社会资本开发乡村休闲农业

（1）2017 年的中央 1 号文件明确提出创新财政资金使用方式，推广政府和社会资本合作，实行以奖代补和贴息，支持建立担保机制，鼓励地方建立风险补偿基金，撬动金融和社会资本更多投向农业农村。建立健全全国农业信贷担保体系，推进省级信贷担保机构向市县延伸，支持有条件的市县尽快建立担保机构，实现实质性运营。拓宽农业农村基础设施投融资渠道，支持社会资本以特许经营、参股控股等方式参与农林水利、农垦等项目建设运营。鼓励地方政府和社会资本设立各类农业农村发展投资基金。加大地方政府债券支持农村基础设施建设力度。在符合有关法律和规定的前提下，探索以市场化方式筹集资金，用于农业农村建设。

农业产业投资改造的特点适合 PPP 项目。规模化农业初期投资大，但使用期长。我国对农业基础设施建设投入一直不足，政府财政对农业基本建设的投资力度也有弱化的趋势。由于投入不足，农业基础设施普遍落后、老化、陈旧，很难为农业生产提供持续的保障和促进，农业生产能力很难有大的提高。尤其是水利、道路等基础设施建设欠账太多，因此会造成初期投资大的特征。可农业基础设施却具有使用周期长的特点，一旦建成，便可长期使用，且规划得宜便不存在浪费现象。

（2）休闲农业如果让农民自主来做，问题还是很大的，如农家乐的形式，其实农民是很难知道城镇消费者的需求的，也不一定知道其自身的人文情绪导向价值和特点，很容易变成片面的模仿。另外考虑到经济基础等问题，建议应由政府把关，社会资本和管理介入，农民可以以土地入股或提供劳动力，运用 PPP 的形式，做出符合当地人文情绪导向特点的方案来扶持农户。

（3）PPP 的应用模式

PPP 模式类似联合体模式，参与者众多，农户以土地入股或提供劳动力，社会资本以资本入股，政府提供补贴，其他参与者还有农产品经销商、银行、基金证券等。农产品经销商预先提供订单、银行提供贷款，并将未来土地的收益进行资产证券化，实现社会资本的退出，即社会资本、农产品经销商、基金证券联合参与。模式成功的核心在于土地确权与土地集中经营。（图 5-3）

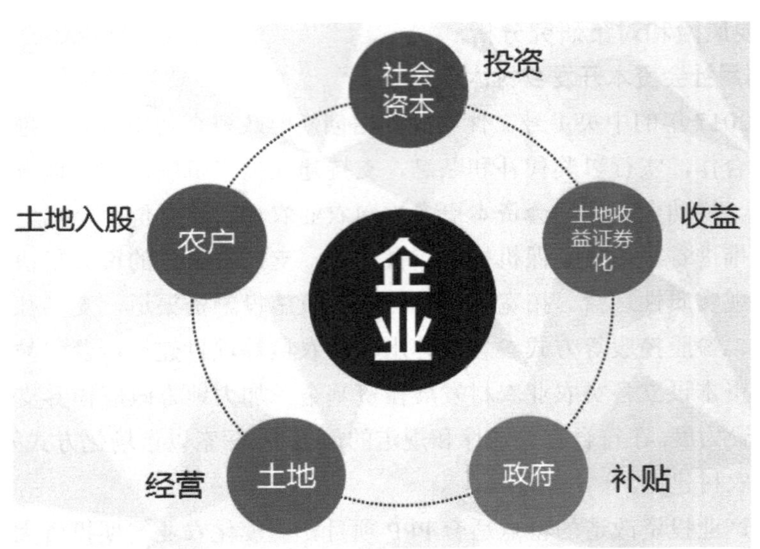

图 5-3 PPP 的应用模式关系

5.1.3.2 休闲农业的发展模式

（1）当前休闲农业的经济形态发展存在着模式单一、科技水平低下以及重复性建设、缺少人文情绪导向注入的问题，这些正制约着休闲农业的发展。以京津周围的休闲农业为例，休闲农业市场竞争激烈，同质化、低质化现象严重，原有的市场被瓜分殆尽。基于人文情绪导向的休闲农业是细分化的产物，是其基于自身环境和资源特点衍生出的。例如，基于有机种植和特色风貌的主题农场，如酒庄、葡萄采摘、生态园等；基于特定人群营造的专项功能集聚区，如房车营地、婚庆之类；占据优势资源条件的消费市场，如风景、历史古迹等的休闲农业园区。城市圈周边的休闲农业本质应是人文情绪和居住体验的极致化对比。

（2）城市圈周边休闲农业的居住体验缺乏硬件建设，这是目前乡村休闲经济发展的重要制约因素。缺少相应的安全、卫生条件是很多休闲农业不能够吸引城市人口安心居住的原因，除此之外更高层次的舒适享受则是更进一步的要求。试想如果乡村有了优美的环境和舒适的居住条件，哪怕是挖土豆、听故事，这种跨界的体验也会更好地吸引城市消费者。所以城市圈周围的休闲农业的提升目标，应该是基于人文情绪导向的中高端休闲农业产品。在这里应特别说明的是，基于人文情绪导向的休闲农业主要包括人文气质和环境风格等多方面，社会主义新农村那种整齐划一的住房并不属于人文情绪导向范畴。当浓浓的乡土气在现阶段成为了盈利资源时，管理机制也应做出相应的调整。针对城市圈周边的主题鲜明的休闲农业产品，需要的是高品质，通过高品质产品传递乡村价值，使乡村人文情绪中的质朴、真诚传达出来。服务不一定标准化，但应是有情感交流的，使人的心灵得以慰藉，情绪产生共鸣，这些都是标准化所不能媲美的核心竞争价值。

（3）以优越的自然环境、独特的田园景观、丰富的农业产品、优惠的餐饮和住宿为游客提供休闲、观光旅游。如亲子教育休闲农业，在传统休闲农业的基础上结合文化、旅游、教育、体验来打造一个创意休闲农业示范之路。

5.1.3.3 抓住村落特点，树立人文情绪导向目标：建立零能耗消耗的田园综合体

（1）企业承接农业，就可以避免实力弱小的农户的短期导向行为，可以做中长期产业规划，以农业产业园区发展的方法提升农业产业，尤其是发展现代农业，形成当地社会的基础性产业。

（2）规划打造新兴驱动性产业——综合旅游业，也可称之为文旅产业，促进社会经济发展。

（3）在基础产业和新兴驱动性产业兴起后，当地的社会经济活动就会发生大的改变，该地区就可以开展人居环境建设，为原住民、新住民、游客这三类人群营造新型乡村、小镇，形成社区群落。所以也可以这样描述，田园综合体最终形成的是一个新的社会、新的社区。（图 5-4）

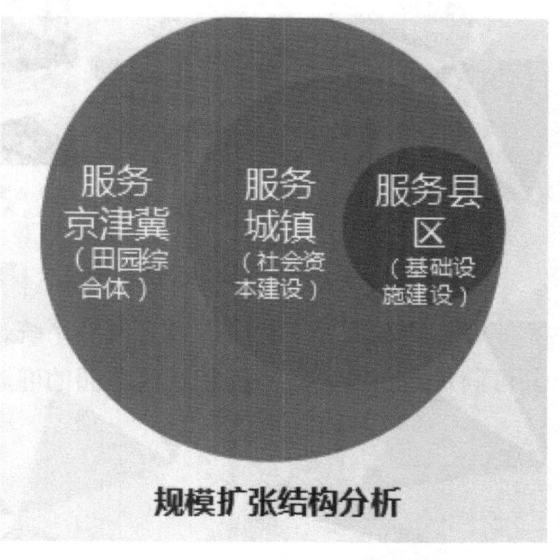

图 5-4 张北德胜村模扩张结构分析

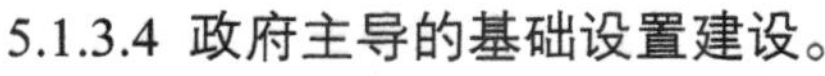

5.1.3.4 政府主导的基础设置建设。

重点突出零能耗的环境建设。

（1）房屋建设方面：依托光伏产业，通过对太阳能的充分利用，规划在一定程度上缓和了区域的高密度布局。雨水处理也体现了社区规划的理念。社区内的屋顶全部安装太阳能装置供居民使用。建筑使用高性能的外立面和高效率的机械系统。整体规划旨在促进村落与自然进程、生态村落环境的和谐发展。减少建筑

北立面的开放面积，东西立面也得到很好的遮阴控制（图 5-5）。

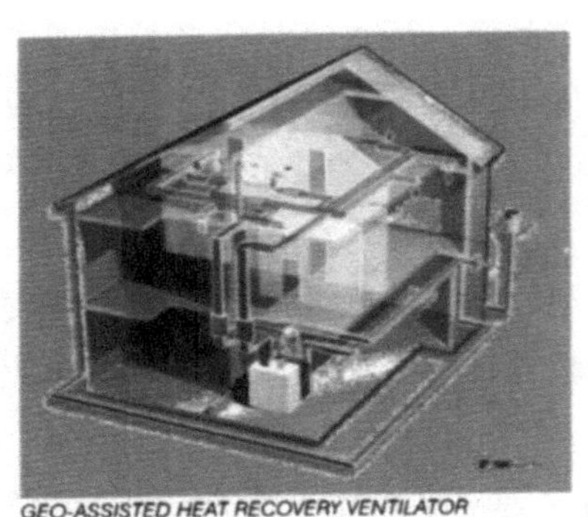

▲ 零能源的规划，无碳无矿物燃料和废气排放
Net-Zero Energy and Fossil Fuel Free (Photo: Geos Neighborhood)

图 5-5 张北德胜村零能耗建筑分析

（2）景观方面：村庄内设立自然系统、雨水处理景观和公共空间（图 5-6），并可满足透水公园、广场和社区花园的灌溉需求。

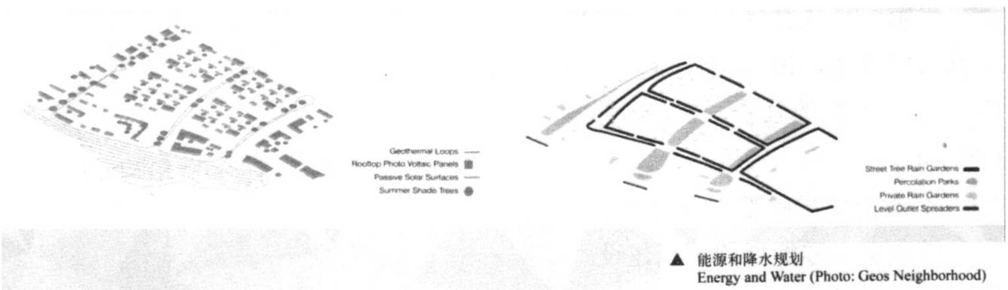

▲ 能源和降水规划
Energy and Water (Photo: Geos Neighborhood)

图 5-6 张北德胜村雨水处理景观环境建设规划

不同尺度上关于雨水处理的总体规划：所有人行道、广场和街道都采用渗水性铺地；行道树、雨园将吸收和储存各种渗水表面汇集的降水，这些降水能

够灌溉街区的所有植物；雨水和融化的积雪可用于雨园和行道树的灌溉。

对于德胜村的干燥气候而言，降水显得异常珍贵。在这里的开发中，常见的做法是将大量的降水引入公共区隔离开来。降水同公共体验合理融合，将降水分散到各个区域。

村落内设置了多个雨园，每个区域都有一些多功能庭院或是住宅庭院类的雨园。它们能够很好地吸收地面和屋顶汇集的降水，并进行雨水处理。（图 5-7）

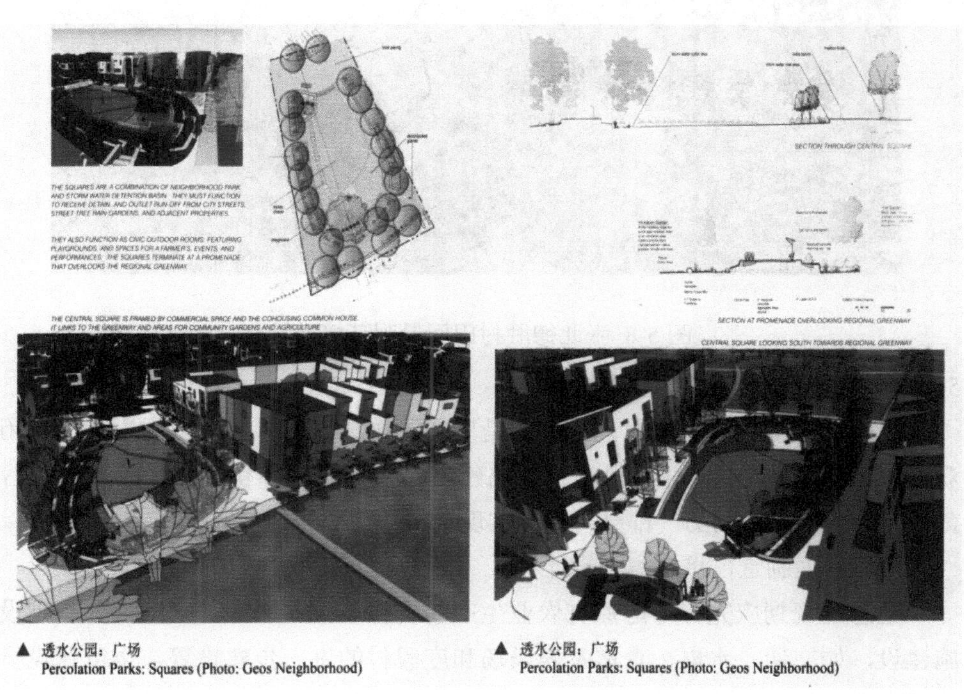

图 5-7 张北德胜村广场建设规划

（3）农业建设方面：依托光伏产业建设现代农业，建立一个有机耕地的标准，包括统一的病害虫管理、堆置肥料、轮作和有机作业耕地间的护田作物。通过使用太阳能，形成机械滴灌等旱地灌溉形式，形成可持续区域发展，成为区域内的一个发展模型。与当地的餐馆和商店建立良好的合作关系，并为他们提供本地产出的农产品，形成一个只食用本地食品的风潮，使之成为本地经济与文化的资源，同时延续原有文化，开发旅游业，聘请专家指导。（图 5-8）

图 5-8 张北德胜村田间景观环境建设

5.1.4 项目研究结论

德胜村作为旅游型新村建设，应是以亲子游和农业科技体验为主体的休闲观光农业。这种定位要求德胜村在提出建设方案时就着重考虑以基础建设为主，鼓励一部分村民带动另一部分村民，实现全村的面貌升级。其具体方法包括：

（1）因地制宜，综合规划设计

生态园规划应充分考虑原有农业生产的资源基础，因地制宜，搞好基础设施建设，如交通、水电、食宿及娱乐场和度假村的进一步建设等，也可建设一些温室群，例如智能连栋温室、日光温室群。另外，生态园规划必须结合生态园所处地区的文化与人文景观，开发出具有当地农业和文化特色的农副产品和旅游精品，服务社会。

（2）培植精品，营造主题形象

基于观光农业生态园缺乏拳头产品、难以深度开发的现状，生态园规划应以生态农业模式作为园区农业生产的整体布局方式，培植具有生命力的生态旅游型观光农业精品。另外，要发挥生态园已有的生产优势，采用有机农业栽培和种植模式进行无公害蔬菜的生产，体现农业高科技的应用前景，建立农业（光伏）展览馆（图 5-9），形成产品特色，营造“绿色、安全、生态”的主题形象。

图 5-9 农业展览馆意向图

（3）效益兼顾，实现可持续发展

生态园的规划设计以生态学理论为指导思想，采用生态学原理、环境技术、生物技术和现代管理机制，使整个园区形成一个良性循环的农业生态系统。经过科学规划的生态园主要是以生态农业的设计实现其生态效益；以现代有机农业栽培模式与高科技生产技术的应用实现生态园的经济效益；以农业观光园的规划设计实现其社会效益。经济、生态、社会效益三者相统一，建立可持续发展的观光农业生态园。

（4）调整农业生态结构，规划生态农业示范区

生态农业示范区是生态园设计的核心部分，它是生态园最主要的效益来源和示范区域，是生态园生存和发展的基础。生态农业示范区的规划设计应以生态学原理为指导，遵循生态系统中物质循环和能量流动规律。园区设计所采用的生态农业类型中既包含有生产者、消费者，也要有分解者。为了提高生态园的经济效益，生态园中蔬菜栽培区采用大规模产业化的生产模式。不仅有生产效益高、产业带动性强和集中性统一的优点，还能对其他农业产业化企业起到示范性和参考性的作用。花卉栽培区主要生产各种食用和观赏性花卉，供游人品尝、欣赏和购买。食用菌中心在生态园规划中既是生产者又是分解者，体现了废物充分利用的功能。可增加移动苗床花卉栽培、模型栽培、管道栽培、菌

类栽培、气雾栽培、空中茄子、A 字架水培、沙漠作物栽培、空中番薯栽培、立柱式栽培、模型栽培、A 字架基质栽培等栽培方式。经过科学规划后的生态园，将会以生态农业作为生态园主要的“生态旅游”核心内容，体现“绿色、生态、示范”多种功能，可以成为观光农业生态园的旅游精品和主导产品。

（5）定位观光农业旅游，提升园区经济附加值

进入 21 世纪，伴随着人类生产、生活方式的变化及乡村城市化和城乡一体化的深入，农业已从传统的生产形式逐步转向景观、生态、健康、医疗、教育、观光、休闲、度假等方向，所以生态热、回归热、休闲热已成为市民的追求与渴望。生态园新设计着重把农业、生态和旅游业结合起来，利用田园景观、农业生产活动、农村生态环境和生态农业经营模式，吸引游客前来观赏、品尝、习作、农事体验、健身、科学考察、环保教育、度假、购物等。可增加农业文化展示，在景观中加入一些设计等，突破固定的客源渠道，以贴近自然的特色旅游项目吸引周边城市游客在周末及节假日做短期停留，以最大限度利用资源、增加旅游收益。

生态园规划以充分开发具有观光、旅游价值的农业资源和农业产品为前提，以绿色、健康、休闲为主题，在园内建设花艺馆、野火乐园、绿色餐厅、绿色礼品店、农家乐活动园、渔乐区、农业作坊、露天茶座、生态公园、天然鸟林等休闲娱乐场所，让游客在完美的生态环境中尽情享受田园风光。

（6）做好绿色食品生产，形成农业产业品牌

在“绿色消费”已成为世界总体消费大趋势的情况下，生态园的规划应进一步加强有机绿色农产品生产区的规划，以有机栽培模式采用洁净生产方式生产有机农产品，并注意将有机农产品向有机食品转化，形成品牌。

（7）搭建科普教育和农业科技示范平台

观光农业和农业科普的发展是相统一的，旅游科普是观光农业和农业科普的统一产物。旅游科普是以现代企业经营机制开发农业资源、利用农业资源的新兴科普类型。它的引入将解决目前困扰我国现代观光农业和科普事业发展的诸多瓶颈问题，缓解我国农业科普客体过多的沉重压力，为我国农业和科普事业的发展营造良好的环境。旅游科普规划时应遵循知识性原则、科技性原则、趣味性原则，例如可以通过在生态园中设立农业科普馆和现代农业科技博览区等科普教育中心，向游人介绍农业历史、农业发展现状，普及农业知识和加强

环保教育。还可在现代农业科技博览区设立现代农业科技研究中心，采用生物工程方法培植各种农作物，形成特色农业。这样生态园一方面可以为当地及周边地区的科普教育提供基地，为大中院校和中小学生的科普教育提供场所（图 5-10），同时也为各种展览和大型农业技术交流、学术会议和农技培训提供场所。

图 5-10 农业示范平台

5.1.5 展望

5.1.5.1 田园综合体发展模式

田园综合体发展模式就是“农业＋文旅＋地产”的发展模式。其特点为：

（1）企业承接农业，这样就可以避免实力弱小的农户的短期导向行为，可以做中长期产业规划，以农业产业园区发展的方法提升农业产业，尤其是发展现代农业，形成当地社会的基础性产业。

（2）规划打造新兴驱动性产业——综合旅游业，也可称之为文旅产业，促进社会经济发展。

（3）在基础产业和新兴驱动性产业发展起来后，当地的社会经济活动就会发生大的改变，该地区就可以开展人居环境建设，为原住民、新住民、游客这三类人群营造新型乡村、小镇，形成社区群落。所以也可以这样描述，田园综合体最终形成的是一个新的社区、新的社会。（图 5-11）

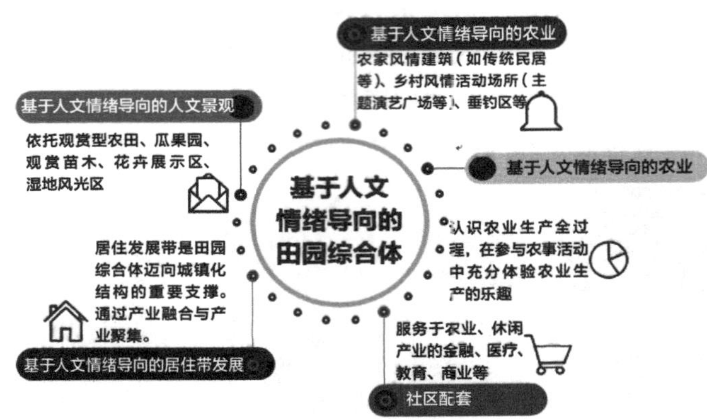

图 5-11 基于人文情绪导向的田园综合体组成

5.1.5.2 田园综合体的综合产业体系

农业休闲综合体的综合产业链包括核心产业、支持产业、配套产业、衍生产业四个层次的产业群（图 5-12），如下 ：

（1）核心产业是指以特色农产品和园区为载体的农业生产和农业休闲活动。

（2）支持产业是指直接支持休闲农产品的研发、加工、推介和促销的企业群及金融、媒体等企业。

（3）配套产业是为创意农业提供良好的环境和氛围的企业群，如旅游、餐饮、酒吧、娱乐、培训等企业。

（4）衍生产业是以特色农产品和文化创意成果为要素投入的其他企业群。

5.1.5.3 田园综合体的建设构想

田园综合体包括农业、文旅、地产三个产业。

其中农业主要包含现代农业生产型产业园、休闲农业、CSA（社区支持农业）。

而文旅产业要打造符合自然生态型的“旅游产品＋度假产品”的组合，组合中需要考虑功能搭配、规模搭配、空间搭配，此外还要加上丰富的文化生活内容，以多样的业态规划形成旅游度假目的地。

最后，地产及社区建设，无论改建还是新建，都需要按照村落肌理打造，也就是说，即使是开发，那也是开发一个“本来”的村子，并且更重要的是要附着管理和服务，营造新社区。

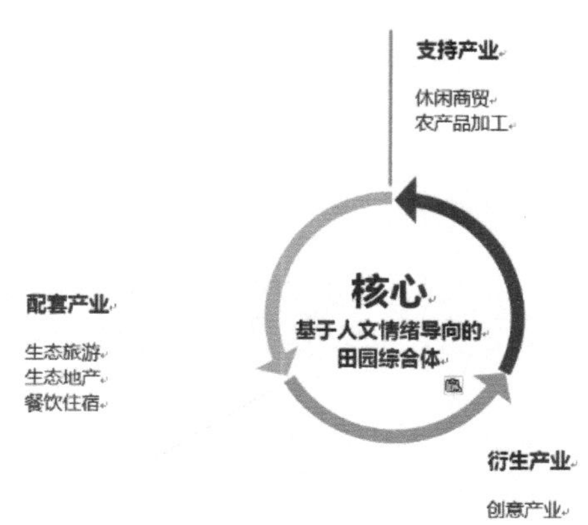

图 5-12 基于人文情绪导向的田园综合体产业构成

这里还要特别指出的是，我们不是要打造一个旅游度假区，而是打造一个小镇本身，只是这个小镇有很多旅游度假设施，小镇本身也具有非常丰富的旅游价值。城市综合体营建理论中的统一规划、统一建设、统一管理、分散经营原则，在田园综合体中同样适用。

5.1.6 案例 PPT

PART-01

德胜村SWOT分析

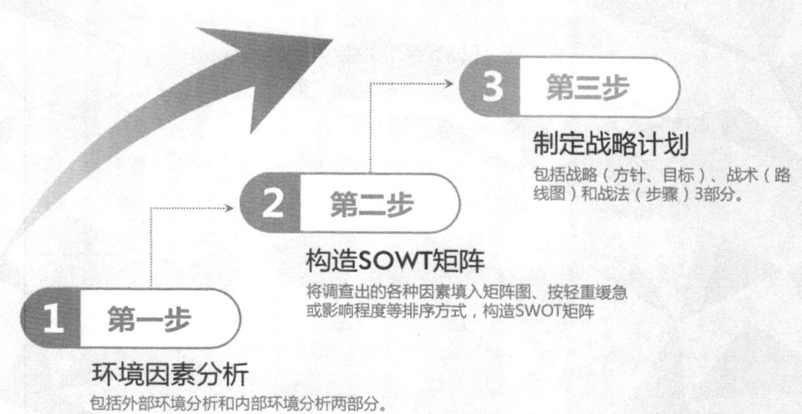
SWOT分析步骤
3 第三步
制定战略计划
包括战略（方针、目标）、战术（路线图）和战法（步骤）3部分。
2 第二步
构造SOWT矩阵
将调查出的各种因素填入矩阵图、按轻重缓急或影响程度等排序方式，构造SWOT矩阵
1 第一步
环境因素分析
包括外部环境分析和内部环境分析两部分。

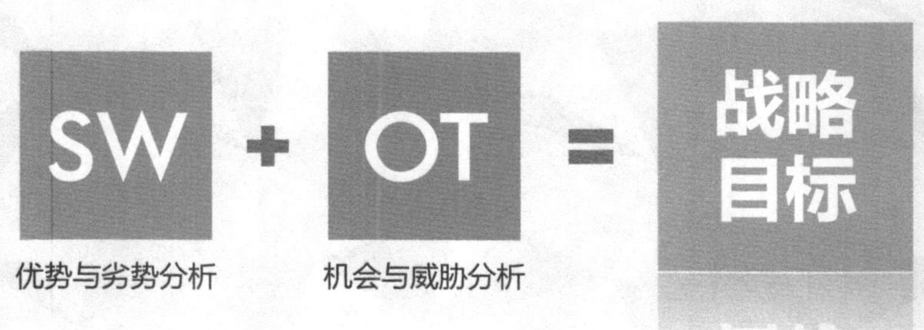
德胜村SWOT整体分析
SW
优势与劣势分析
+
OT
机会与威胁分析
=
战略目标
整体分析
从整体上看，SWOT可以分为两部分：第一部分为SW，主要用来分析内部条件；第二部分为OT，主要用来分析外部条件。利用这种方法可以从中找出对自己有利的、值得发扬的因素，以及对自己不利的、要避开的东西，发现存在的问题，找出解决办法，并明确以后的发展方向。

内部环境分析

德胜村SW 优势与劣势分析

S

竞争优势 STRENGTHS

具备优越的自然环境、良好的区位条件、雄厚的经济基础、多元的投资体系、畅通的交通网络、完善的基础设施、发达的高新科技、政府的大力支持以及居民盼开发的高涨热情等

竞争劣势 WEAKNESSES

基础设施有待完善。知识水平相对较低,缺少农业专业的开发人才，用地矛盾突出

SW分析领域

从Q、C、DD、DL、M、S几个领域进行分析：

环境优势

农村的交通体系完善，这些给都市农业的发展创造了良好环境。从城市到农村路途时间缩短，极大地激发了城市居民利用闲暇时间到农村游玩，体验乡村文化的兴趣，有利于都市农业功能体系多样化发展。

资源优势

科技入住,已建成500KW村级光伏电站年收入约80万元。

基础设施有待完善。

基础设施有待完善。虽然郊区旅游以自驾形式为主，交通便利，但考虑到无车族想来郊区旅游，应该在周末开通更多公交班车。现在平谷区公交班车次少是制约休闲农业发展的因素之一，而且时间固定，限制了部分游客的出行。同时，一些新村景区周边设施不到位，例如：景区指示系统尚未建立，导致很多游客想来，但不知道怎么走，或者走了很多冤枉路，自然降低了游玩的兴趣；游玩、吃饭、住宿衔接不够好，没有一条龙服务，经常会遇到在这个大棚采摘完，可能要再开车30 min去一个农家院吃饭，再去选择住宿的地方，住宿的条件也有待完善。 .

知识水平相对较低

受首都经济圈整体环境影响，很多京郊农村生源的大学生毕业时不愿意将所学的经济管理知识应用于家乡的休闲农业产业发展中，而往往留在市区工作，使得从事休闲农业工作的人员大多是农村留守妇女、老年人和外来务工人员。他们的知识层次普遍较低，缺乏经营服务意识和相关行业的管理经验，导致接待水平相对低下。北京各区县相关部门也没有统一的针对性服务培训，服务相对落后，这就在一定程度上影响了休闲农业旅游的整体形象，降低了休闲农业旅游的品质，从而进一步影响到今后一段时期休闲农业游客量的持续增长

外部环境分析

德胜村OT 机会与威胁分析

O

机会 OPPORTUNITIES

随着城市经济社会的快速发展，越来越多的城市居民对生态旅游、果园观光、采摘等都市型休闲农业有很大的兴趣，这就为郊区休闲农业创造出更多的旅游市场机遇。此外，居民对生活水平和质量提出了更高要求，健康和食品安全越来越受到重视，休闲观光、绿色食品和精品农业的市场需求不断膨胀扩大。

T

威胁 THREATS

客源不稳定，旅游产品较单一, 淡旺季明显，资源整合不足。

威胁THREATS

客源不稳定 淡旺季明显

最大的问题就是客源不稳定，夏天为了躲避酷暑，人满为患，冬天因为严寒，门可罗雀，四季客流分布不均，缺乏有效的客源地做支撑。

旅游产品较单一

现在越来越多的居民喜欢生态旅游及观光采摘，但在此产品组合模式上比较单一，而且只注重吃、住两项的收入，而没有发挥游、购、娱等旅游节点的创收。缺乏文化支撑，项目千篇一律，缺乏相应的人才禾专业的指导。

地域较偏僻 硬件基础较差

特定的地域条件限定了游客数量。在旺季存在接待饱和、停车位紧张、交通拥堵等问题，安全隐患较多，而进入11月之后，到了冬闲时间，接待量骤减，导致接待资源的闲置甚至浪费现象明显，形成靠天吃饭、资源整合不足的被动局面。

竞争激烈

该村处于天路中间断，大部分旅游资源被天路稀释，反倒制约了德胜村的旅游发展

PART-02

德胜村对策措施

德胜村SWOT分析

S T W O

威胁 THREATS

客源不稳定，旅游产品较单一，淡旺季明显，资源整合不足。

（外部因素）

机会 OPPORTUNITIES

随着城市经济社会的快速发展，越来越多的城市居民对生态旅游、果园观光、采摘等都市型休闲农业有很大的兴趣，这就为郊区休闲农业创造出更多的旅游市场机遇。

优势 STRENGTHS

具备优越的自然环境、良好的区位条件、前期光伏企业的资金注入、多元的投资体系、畅通的交通网络、完善的基础设施、发达的高新科技、政府的大力支持以及居民盼开发的高涨热情等

（内部因素）

劣势 WEAKNESSES

基础设施有待完善。知识水平相对较低,缺少农业专业的开发人才，用地矛盾是突出

德胜村主要战略

农民最终的致富手段应是土地和农业

项目	优势（S）	劣势（W）
机会（O）	（SO）战略 抓住村落特点,树立人文情绪导向目标: 建立田园综合体	（WO）战略 利用社会资本开发乡村休闲农业
威胁（T）	（ST）战略 休闲农业发展模式:	（WT）战略 政府主导的基础设施建设：

德胜村对策措施

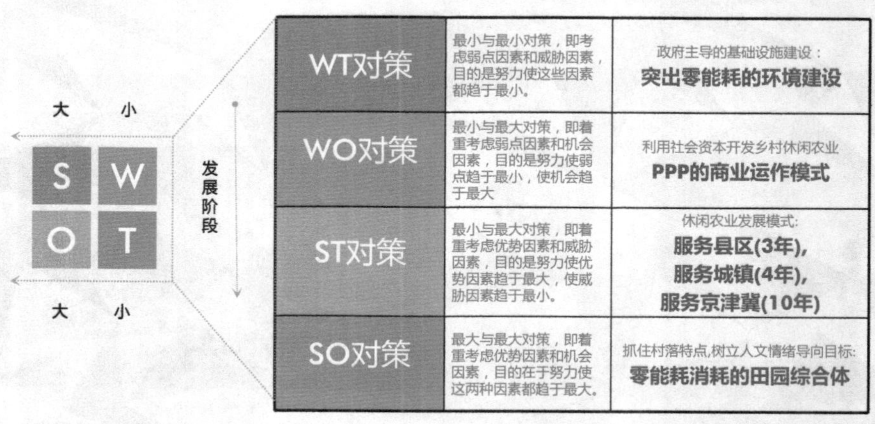

WT对策	最小与最小对策，即考虑弱点因素和威胁因素，目的是努力使这些因素都趋于最小。	政府主导的基础设施建设： **突出零能耗的环境建设**
WO对策	最小与最大对策，即着重考虑弱点因素和机会因素，目的是努力使弱点趋于最小，使机会趋于最大	利用社会资本开发乡村休闲农业 **PPP的商业运作模式**
ST对策	最小与最大对策，即着重考虑优势因素和威胁因素，目的是努力使优势因素趋于最大，使威胁因素趋于最小。	休闲农业发展模式: **服务县区(3年),** **服务城镇(4年),** **服务京津冀(10年)**
SO对策	最大与最大对策，即着重考虑优势因素和机会因素，目的在于努力使这两种因素都趋于最大。	抓住村落特点,树立人文情绪导向目标: **零能耗消耗的田园综合体**

PART-03

各阶段发展措施分析

政府主导的基础设施建设

突出零能耗的环境建设:产出与消耗相持平

1

依托光伏产业,通过对太阳能的充分利用，规划在一定程度上缓和了区域的高密度布局。雨水处理也体现在社区规划的理念之中。社区内的屋顶全部安装太阳能装置供居民使用。建筑使用高性能的外立面和高效率的机械系统。整体规划旨在促进村落与自然进程、生态村落环境的和谐发展。

▲ 零能源的规划，无碳无矿物燃料和废气排放
Net-Zero Energy and Fossil Fuel Free (Photo: Geos Neighborhood)

政府主导的基础设施建设

突出零能耗的环境建设:产出与消耗相持平

减少建筑北立面的开放面积，东西立面也得到很好的遮阴控制。

▲ 太阳能装置的排列布局
Checkerboard Layout for Solar Access (Photo: Geos Neighborhood)

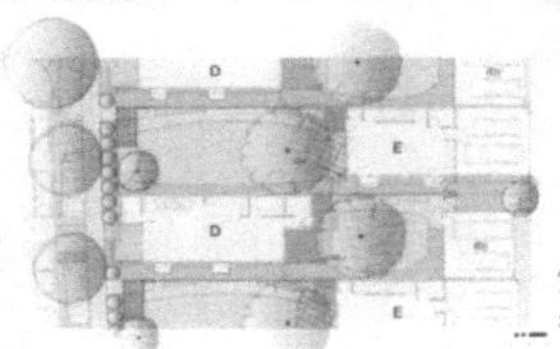

A 4' PROPERTY LINE PLANTING STRIP, AND 'LANDSCAPE FOYERS,' UNIFY THE CHECKERBOARD STREET EDGE

政府主导的基础设施建设

突出零能耗的环境建设:产出与消耗相持平

2 村庄内设立自然系统、雨水处理景观和公共空间。雨水和融化的积雪可用于雨园和行道树的灌溉，并可满足透水公园、广场和社区花园的灌溉需求。

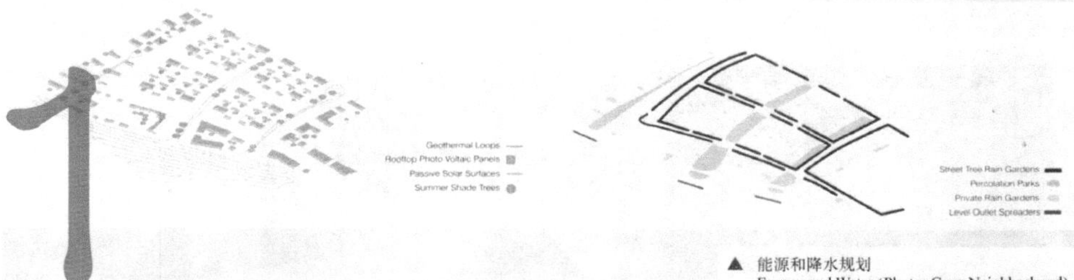

▲ 能源和降水规划
Energy and Water (Photo: Geos Neighborhood)

政府主导的基础设施建设

▼ 行道树雨园
Street Tree Rain Gardens (Photo: Geos Neighborhood)

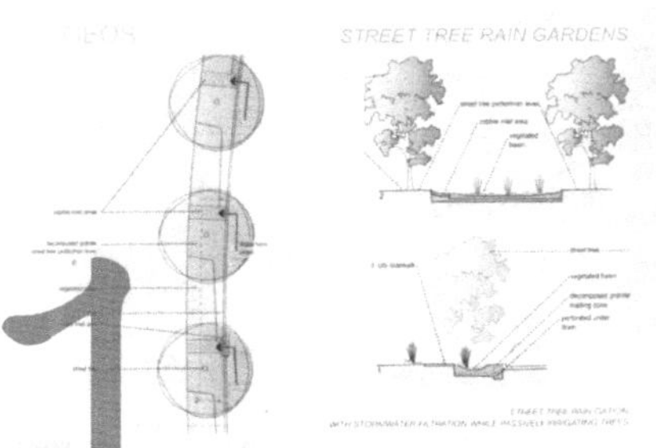

1

重要策略：不同尺度上关于雨水处理的总体规划；所有人行道、广场和街道都采用渗水性铺地；行道树、雨园将吸收和储存各种渗水表面汇集的降水，这些降水能够灌溉街区的所有植物。

政府主导的基础设施建设

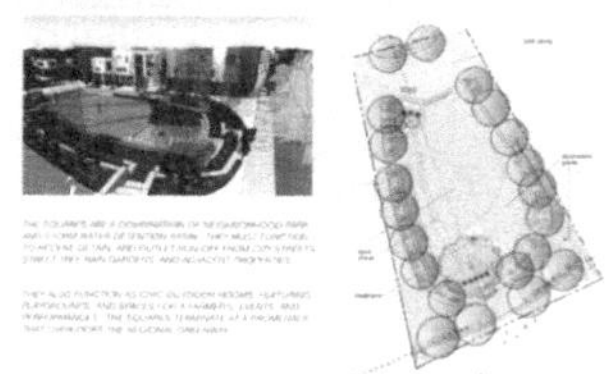

▲ 透水公园：广场
Percolation Parks: Squares (Photo: Geos Neighborhood)

▲ 透水公园：广场
Percolation Parks: Squares (Photo: Geos Neighborhood)

对于德胜村的干燥气候而言，降水显得异常珍贵。在这里的开发中，常见的做法是将大量的降水引入公共区隔离开来。降水同公共体验合理融合，使降水分散到各个区域。

村落内设置了多个雨园，每个区域都有一些多功能庭院或是住宅庭院类的雨园。它们能够很好地吸收地面和屋顶汇集的降水，并进行雨水处理。

政府主导的基础设施建设

突出零能耗的环境建设:产出与消耗相持平

3 依托光伏产业的现代农业建设

（1）建立一个有机耕地的标准，包括统一的病害虫管理、堆置肥料、轮作和有机作业耕地间的护田作物。
（2）通过使用太阳能,形成机械滴灌等旱地灌溉形式, 形成可持续区域发展，成为区域内的一个发展模型。
（3）与当地的餐馆和商店建立良好的合作关系，并为他们提供本地产出的农产品，形成一个只食用本地食品的风潮。
(4)使之成为本地经济与文化的资源，延续原有文化，开发旅游业，引进专家。

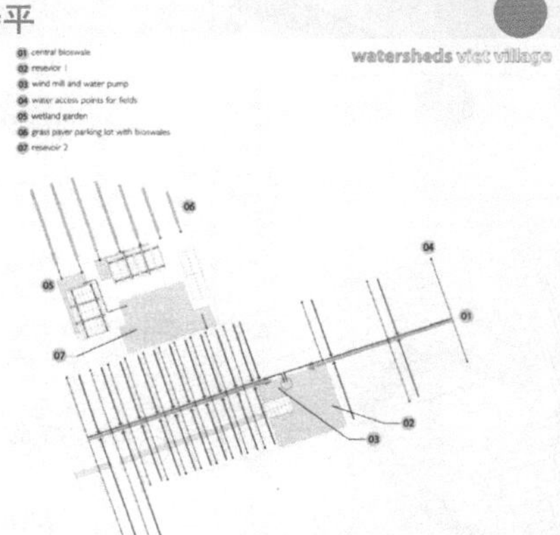

combined phase water infrastructure and flow

政府主导的基础设施建设

Phase 1: perspective of main boardwalk running through farm plots. The Central Reservoir and Community Pavilion are in the distance.

Phase 2: perspective looking toward Market.

利用社会资本开发乡村休闲农业

PPP的商业运作模式

1 2017年的中央1号文件明确提出创新财政资金使用方式，推广政府和社会资本合作，实行以奖代补和贴息，支持建立担保机制，鼓励地方建立风险补偿基金，撬动金融和社会资本更多投向农业农村。建立健全全国农业信贷担保体系，推进省级信贷担保机构向市县延伸，支持有条件的市县尽快建立担保机构，实现实质性运营。拓宽农业农村基础设施投融资渠道，支持社会资本以特许经营、参股控股等方式参与农林水利、农垦等项目建设运营。鼓励地方政府和社会资本设立各类农业农村发展投资基金。加大地方政府债券支持农村基础设施建设力度。在符合有关法律和规定的前提下，探索以市场化方式筹集资金，用于农业农村建设。

农业产业投资改造的特点适合PPP项目。规模化农业初期投资大，但使用期长，我国对农业基础设施建设投入一直不足，政府财政对农业基本建设的投资力度也有弱化的趋势。由于投入不足，农业基础设施普遍落后、老化陈旧，很难为农业生产提供持续的保障和促进作用，农业生产能力很难有大的提高。尤其是水利、道路等基础设施建设欠账太多，因此会造成初期投资大的特征。可农业基础设施具有使用周期长的特点，一旦建成，便可长期使用，且规划得宜，便不存在浪费现象。

2

利用社会资本开发乡村休闲农业

2 休闲农业如果让农民自主来做，问题还是很大的，如农家乐的形式，其实农民是很难知道城镇消费者的需求的，也不一定知道其自身的人文情绪导向价值和特点，很容变成片面的模仿，另外考虑到经济基础等问题，建议应由政府把关，社会资本和管理介入，农民可以以土地入股或提供劳动力，运用PPP的形式，做出符合当地人文情绪导向特点的方案。

3 PPP的应用模式
ppp模式类似联合体模式，参与者众多，农户以土地入股或提供劳动力，社会资本以资本入股，政府提供补贴，另外的参与者还有农产品经销商、银行、基金证券等。农产品经销商预先提供订单、银行提供贷款，并将未来土地的收益进行资产证券化，实现社会资本的退出，即社会资本、农产品经销商、基金证券联合参与。模式成功的核心在于土地确权与土地集中经营。

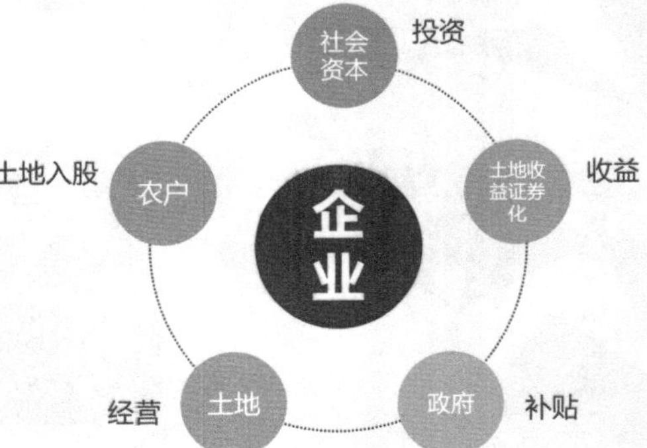

2

基于人文情绪导向的休闲农业经济建设应是中高端的休闲模式

服务县区(3年)
服务城镇(4年)
服务京津冀(5年)

1 当前休闲农业的经济形态发展存在着模式单一、科技水平低下以及不规范的重复性建设的问题，缺少人文情绪导向的注入，这些正制约着休闲农业的发展。以京津周边的休闲农业为例，休闲农业市场竞争激烈，同质化、低质化现象严重，原有的市场被瓜分殆尽，基于人文情绪导向的休闲农业是细分化的产物，是其基于自身环境和资源特点衍生出的。例如，基于有机种植和特色风貌的主题农场，如酒庄、葡萄采摘、生态园等，或者基于特定人群营造的专项功能集聚区，如房车营地、婚庆之类，再或者是占据优势资源条件的消费市场，如风景、历史古迹等的休闲农业园区。**城市圈周边的休闲农业本质应是人文情绪和居住体验的极致化对比。**

服务京津冀（田园综合体）
服务城镇（社会资本建设）
服务县区（基础设施建设）

规模扩张结构分析

3

基于人文情绪导向的休闲农业经济建设应是中高端的休闲模式

2 城市圈周边休闲农业的居住体验是硬件建设，这是目前乡村休闲经济发展的重要制约因素，缺少相应的安全、卫生条件，是很多休闲农业不能够吸引城市人口安心居住的原因，除此之外更高层次的舒适享受则是更进一步的要求，试想如果乡村有了优美的环境和舒适的居住条件，哪怕是挖土豆、听故事这种跨界的体验也会更好地吸引城市消费者。所以城市圈周围的休闲农业的提升，应该是基于人文情绪导向的中高端休闲农业产品，在这里应特别说明的是，基于人文情绪导向的休闲农业主要包括人文气质和环境风格等多方面，社会主义新农村那种整齐划一的住房并不属于人文情绪导向范畴，当浓浓的乡土气在现阶段成为了盈利资源时，管理机制也应做出相应的调整。城市圈周边的主题鲜明的休闲农业产品需要的是高品质，通过高品质产品传递乡村价值，使乡村人文情绪中的质朴、真诚传达出来，服务不一定标准化，但应是有情感交流的，使人的心灵得以慰藉、情绪产生共鸣，这些都是标准化所不能媲美的竞争核心价值。

3

3

以亲子游和农业科技体验游为主体的休闲农业发展模式：案例分析

以优越的自然环境、独特的田园景观、丰富的农业产品、优惠的餐饮和住宿为游客提供休闲、观光旅游。如亲子教育休闲农业，在传统休闲农业的基础上结合文化、旅游、教育、体验来打造一个创意休闲农业示范之路。

案例：
秦皇岛集发农业园
集发观光园分为综合活动区、民俗展示区、吃住休闲区、观赏采摘区、娱乐项目区、动物表演区，现已形成了产品系列化、种养生态化、环境园艺化的高效农业生产格局。观光园体现着自然的绿色之美，闪耀着现代高科技农业的灿烂光辉，在这里可体验乡土气息，观海天一色的自然风光。走进现代热带植物园，领略南国椰岛风情，4.05米长的丝瓜创造吉尼斯纪录，300斤的巨型南瓜让人为之惊叹。集发观光园是全国首家高科技农业旅游AAAA级景区、全国农业旅游示范点、全国旅游标准化试点企业、河北省最美30景区和百姓最喜爱的景区。

3

以亲子游和农业科技体验游为主体的休闲观光农业发展方法

发展观光农业是“绿色经济”大背景下的一种自然选择。许多观光农业生态园因为缺乏科学的规划设计和经营管理，造成旅游形象定位模糊，观光性、生态示范作用以及科普教育和农业科技示范性不强。一个好的观光农业生态园规划时应遵循因地制宜、培植精品、效益兼顾的原则，结合实例探讨具体规划方案，将生态园建成一个“生态农业示范园”“观光农业旅游园”“绿色食品生产园”及“科普教育和农业科技示范园”，最终实现生态园生态、经济和社会效益的统一和可持续发展。

以亲子游和农业科技体验游为主体的休闲观光农业发展方法

一、因地制宜，综合规划设计

生态园规划应充分考虑原有农业生产的资源基础，因地制宜，搞好基础设施建设，如交通、水电、食宿及娱乐场和度假村的进一步建设等。另外，生态园规划必须结合生态园所处地区的文化与人文景观，开发出具有当地农业和文化特色的农副产品和旅游精品，服务社会。

智能连栋温室

日光温室群

以亲子游和农业科技体验游为主体的休闲观光农业发展方法

二、培植精品，营造主题形象

基于观光农业生态园缺乏拳头产品、难以深度开发的现状，生态园规划应以生态农业模式作为园区农业生产的整体布局方式，培植具有生命力的生态旅游型观光农业精品。另外，要发挥生态园已有的生产优势，采用有机农业栽培和种植模式进行无公害蔬菜的生产，体现农业高科技的应用前景，形成产品特色，营造“绿色、安全、生态”的主题形象。

农业\光伏展览馆

以亲子游和农业科技体验游为主体的休闲观光农业发展方法

三、效益兼顾，实现可持续发展

生态园的规划设计以生态学理论作指导思想，采用生态学原理、环境技术、生物技术和现代管理机制，使整个园区形成一个良性循环的农业生态系统。经过科学规划的生态园主要是以生态农业的设计实现其生态效益;以现代有机农业栽培模式与高科技生产技术的应用实现生态园的经济效益;以农业观光园的规划设计实现它的社会效益。经济、生态、社会效益三者相统一，建立可持续发展的观光农业生态园。

农业景观墙

3

以亲子游和农业科技体验游为主体的休闲观光农业发展方法

四、调整农业生态结构和生态农业示范

生态农业示范区是生态园设计的核心部分，它是生态园最主要的效益来源和示范区域，是生态园生存和发展的基础。生态农业示范区的规划设计应以生态学原理为指导，遵循生态系统中物质循环和能量流动规律，园区设计所采用的生态农业类型中既包含有生产者、消费者，也要有分解者。为了提高生态园的经济效益，生态园中蔬菜栽培区采用大规模产业化的生产模式，不仅有生产效益高、产业带动性强和集中性统一的优点，还能为其他农业产业化企业起到示范性和参考性的作用。花卉栽培区主要生产各种食用和观赏性花卉，供游人品尝、欣赏和购买消费。食用菌中心在生态园规划中既是生产者又是分解者，体现了废物充分利用的功能。经过科学规划后的生态园将会以生态农业作为生态园主要的“生态旅游”核心内容，体现“绿色、生态、示范”多种功能，可以成为观光农业生态园的旅游精品和主导产品。

移动苗床花卉栽培

3

以亲子游和农业科技体验游为主体的

休闲观光农业发展方法

种植物栽培展示　模型栽培　管道水培

3

以亲子游和农业科技体验游为主体的

休闲观光农业发展方法

菌类栽培　气雾栽培　空中茄子

3

以亲子游和农业科技体验游为主体的
休闲观光农业发展方法

3

A字架水培　　沙漠作物栽培　　空中番薯栽培

以亲子游和农业科技体验游为主体的
休闲观光农业发展方法

3

立柱式栽培　　模型栽培　　A字架基质栽培

以亲子游和农业科技体验游为主体的休闲观光农业发展方法

五、定位观光农业旅游，提升园区经济附加值

进入21世纪，伴随着人类生产、生活方式的变化及乡村城市化和城乡一体化的深入，农业已从传统的生产形式逐步转向景观、生态、健康、医疗、教育、观光、休闲、度假等方向，所以生态热、回归热、休闲热已成为市民的追求与渴望。生态园新设计着重把农业、生态和旅游业结合起来，利用田园景观、农业生产活动、农村生态环境和生态农业经营模式,吸引游客前来观赏、品尝、习作、农事体验、健身、科学考察、环保教育、度假、购物等。突破固定的客源渠道,以贴近自然的特色旅游项目吸引周边城市游客在周末及节假日作短期停留,以最大限度利用资源,增加旅游收益。

生态园规划以充分开发具有观光、旅游价值的农业资源和农业产品为前提，以绿色、健康、休闲为主题，在园内建设花艺馆、野火乐园、绿色餐厅、绿色礼品店、农家乐活动园、渔乐区、农业作坊、露天茶座、生态公园、天然鸟林等休闲娱乐场所，让游客在完美的生态环境中尽情享受田园风光。

农耕文化展示

3

以亲子游和农业科技体验游为主体的休闲观光农业发展方法

农具展示　　景观小品　　室外景观展示

3

以亲子游和农业科技体验游为主体的休闲观光农业发展方法

六、做好绿色食品生产，形成农业产业品牌

在“绿色消费”已成为世界总体消费的大趋势下，生态园的规划应进一步加强有机绿色农产品生产区的规划，以有机栽培模式采用洁净生产方式生产有机农产品，并注意将有机农产品向有机食品转化,形成品牌。

西红柿　　韭菜

以亲子游和农业科技体验游为主体的休闲观光农业发展方法

七、搭建科普教育和农业科技示范平台

观光农业和农业科普的发展是相统一的，旅游科普是观光农业和农业科普的统一产物。旅游科普是以现代企业经营机制开发农业资源、利用农业资源的新兴科普类型。它的引入将解决目前困扰我国现代观光农业和科普事业发展的诸多瓶颈问题，缓解我国农业科普客体过多的沉重压力，为我国农业和科普事业的发展营造良好的环境。旅游科普规划时应遵循知识性原则、科技性原则、趣味性原则，例如可以通过在生态园中设立农业科普馆和现代农业科技博览区等科普教育中心，向游人介绍农业历史、农业发展现状，普及农业知识和加强环保教育。还可在现代农业科技博览区设立现代农业科技研究中心，采用生物工程方法培植各种农作物，形成特色农业。这样生态园可以为当地及周边地区的科普教育提供基地，为大中院校和中小学生的科普教育提供场所，同时也可以为各种展览和大型农业技术交流、学术会议和农技培训提供场所。

农业知识教育

抓住村落特点,树立人文情绪导向目标，建立田园综合体

零能耗消耗的田园综合体
(未来10年内)

1

1.企业承接农业，就可以避免实力弱小的农户的短期导向行为，可以做中长期产业规划，以农业产业园区发展的方法提升农业产业，尤其是发展现代农业，形成当地社会的基础性产业。

2.规划打造新兴驱动性产业——综合旅游业，也可称之为文旅产业，促进社会经济发展。

3.在基础产业和新兴驱动性产业起来后，当地的社会经济活动就会发生大的改变，该地区就可以开展人居环境建设，为原住民、新住民、游客这三类人群营造新型乡村、小镇，形成社区群落。所以也可以这样描述，田园综合体最终形成的是一个新的社会、新的社区。

田园综合体就是农业＋文旅＋地产的综合发展模式。

抓住村落特点,树立人文情绪导向目标，建立田园综合体

田园综合体的综合产业体系构建

2

农业休闲综合体的综合产业链包括核心产业、支持产业、配套产业、衍生产业四个层次的产业群。

1.核心产业是指以特色农产品和园区为载体的农业生产和农业休闲活动。

2.支持产业是指直接支持休闲农产品的研发、加工、推介和促销的企业群及金融、媒体等企业。

3.配套产业是为创意农业提供良好的环境和氛围的企业群，如旅游、餐饮、酒吧、娱乐、培训等。

4.衍生产业是以特色农产品和文化创意成果为要素投入的其他企业群。

4

基于人文情绪导向的田园综合体产业构建

抓住村落特点,树立人文情绪导向目标，建立田园综合体

田园综合体怎么搞？

4

田园综合体包括农业、文旅、地产三个产业。

农业要做三件事——现代农业生产型产业园＋休闲农业＋CSA（社区支持农业）。

文旅产业要打造符合自然生态型的旅游产品＋度假产品的组合，组合时需要考虑功能配搭、规模配搭、空间配搭，此外还要加上丰富的文化生活内容，以多样的业态规划形成旅游度假目的地。

地产及社区建设，无论改建还是新建，都需要按照村落肌理打造，也就是说，即使是开发，那也是开发一个“本来”的村子，并且更重要的是要附着管理和服务，营造新社区。

这里还要特别指出的是，我们不是要打造一个旅游度假区，而是打造一个小镇本身，只是这个小镇有很多旅游度假设施，小镇本身也具有非常丰富的旅游价值。在城市综合体营建理论中的统一规划、统一建设、统一管理、分散经营原则，在田园综合体中同样适用。

5.2 为城市中青年打造的旅游休闲农业案例分析——秦皇岛樱桃园

5.2.1 场地概况

5.2.1.1 地理区位

秦皇岛樱桃园位于河北省秦皇岛市海港区驻操营镇查庄村，位于查庄、半壁山、张庄中部。处于河北、辽宁两省交界处，地理位置优越。距秦皇岛、火车站、市区均为35千米，车程为1小时左右。距山海关机场40千米，距京沈高速公路出口28千米，距沈阳市365千米，距锦州市164千米，交通条件便利。境内多盆地，周围低山连绵。气候属暖温带半湿润大陆性季风气候，年平均气温在10℃左右。驻操营镇毗邻板厂峪风景区、祖山风景区、花场峪风景区、老君顶河谷漂流风景区以及大道岭景区，相对而言地理环境不是十分优越，周边的几大成熟景区极易分散旅游人群。（图 5-13）

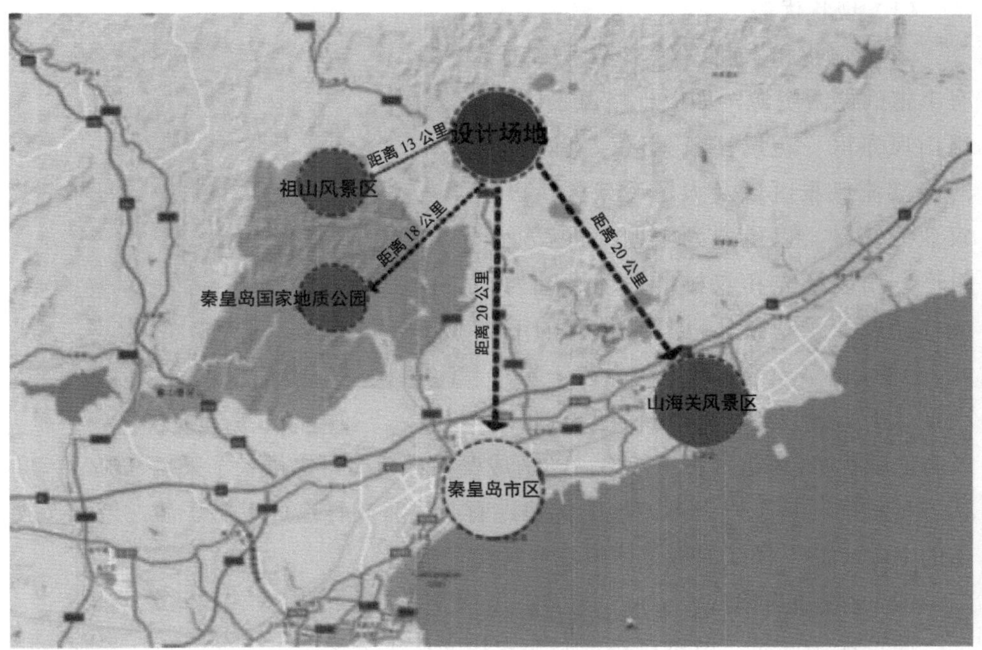

图 5-13 樱桃园区位分析

5.2.1.2 农业资源

驻操营镇农产品种类丰富，盛产水果，出产的樱桃、苹果、安梨、花梨、艾宕梨、京白梨以及板栗、杏扁、核桃远销东北及京津地区。现有樱桃基地10000亩，梨基地10000亩，板栗基地25000亩。

5.2.2 调研现状

5.2.2.1 基本概况

该项目目前以大片的耕地为主，地势起伏较大，生态环境良好。青山绿水，田园风光迷人，交通情况有待完善，资源整体较少，功能性较差，相对于区位而言，如要开发旅游资源，其开发模式应该是以农业和休闲旅游为主。农业旅游项目具有资源和市场两大优势，潜力巨大，前景广阔。发展旅游的一级客源为抚宁县及就近区域，二级客源为秦皇岛市区，三级客源为北京、天津、石家庄、唐山等周边城市。

5.2.2.2 现状优势及存在的问题

（1）现状优势

乡镇企业和农耕文化丰富，周边有丰富的旅游资源，如板厂峪风景区、祖山风景区、花场峪风景区、老君顶河谷漂流风景区以及大道岭景区。以农业为基础，以生态为主题，将农业生产、田园风光和农村自然环境融为一体，农业景观整体上具有朴素的形式、色彩，诸多元素协调地组合在一起。当前大片场地为农业种植（图5-14），具有土地优势，可进行种植改造。改造成樱桃种植园可提供亲子采摘、DIY活动、认养种植等。基于以上多方面的优势，有必要将其打造成以亲子游、近郊游为主的“农＋旅”模式的现代休闲农业种植示范园。

图5-14 场地现状

（2）存在的问题

通过现场调研，虽然自然资源和农耕文化十分丰富，但功能单一景观效果和卫生状况一般，没有标志性建筑，不具有基本的道路体系和功能设施。资金链条单一，没有相关产业及政策扶持。

5.2.3 近期发展规划

根据农业部办公厅《关于推动休闲农业和乡村旅游发展政策》的通知：在用地政策上，农村集体经济建设用地自办、入股等方式经营休闲农业的政策。在财政政策上，要创新融资模式，鼓励利用 PPP 模式、众筹模式、互联网 + 模式、发行私募债券等方式，引导社会各类资本投资休闲农业和乡村旅游。在品牌创建上，线上重点开展休闲农业和乡村旅游精品景点线路推介，吸引城乡居民到乡村休闲消费。在宣传推介上，按照“统筹谋划、上下联动、均衡有序”的思路，加大宣传推介，创新推介方式，在节假日和重要农事节庆节点，有组织、有计划地开展休闲农业和乡村旅游精品景点宣传推介，扩大产业的影响力。要指导各地举办特色鲜明、影响力大、公益性强的农事节庆活动。

根据上述政策，可分为三期开发。一期发展基础农业，建设樱桃大棚采摘区、樱桃育苗区，将场地农业属性凸显出来；二期可依据农业发展情况，建设标志性“网红打卡”建筑，如国内较为有名的孤独图书馆、猫的天空之城等，以点带面，带动产业推广，进行主要宣传；三期可在前期营销后立足农业、发展周边产业，建设民宿建筑群以及其他相关体验区，以此带动该区域的全产业链发展。最终打造成以采摘为主的中高端现代休闲农业旅游模式的体验园。

5.2.4 设计理念构想

通过综合掌握前期资料，初步了解其性质的定位，分析了周围环境性质以及整体空间环境的功能，对实践方案进行构思。设计主题为“丹色樱树下”。“丹色”意为红色，是中国传统颜色，是具有朝气、符合樱桃园“气质”的颜色。樱桃可以代表很多美好事物，如可以代表有活力的女孩子，代表鲜活的爱情，同时它不仅象征着爱情、幸福和甜蜜，更蕴含着“珍惜”这层含义。设计中颜色主要以红色、白色为主，红色为樱桃的颜色，白色为樱桃花的颜色。在樱桃园的设计规划中，主要采用以下几种方法。

5.2.4.1 樱桃：种出水平

樱桃是采摘园的核心竞争力。在樱桃种植培育层面，能够提升品质的工作有四项：增加“树”量，丰富品种，矮化树种，反季节种植。

（1）增加“树”量

樱桃树越多，接待能力就越强。树量能够满足上千人同时采摘，不仅吸引了家庭、情侣等散客，更吸引了企业、学生等团体游客，形成了稳定的客源。

（2）丰富品种

丰富的品种一来可以迎合更多人的不同口味，让每个人有更多选择；二来丰富园区色彩，或红或黄的果实让整个园区更加鲜艳灵动；第三，不同品种的樱桃成熟期也不尽相同，可以有效延长采摘期，带来持续的游客量与收入；第四独有的樱桃品种还会形成更强大的核心竞争力。

（3）矮化树种

采用独家修剪方法，以矮树高栽培方式将枝条矮化，一方面带给游客更好的采摘体验，另一方面也方便儿童享受采摘乐趣（图 5-15），有效争取了亲子家庭这一细分市场。

图 5-15 采摘示意图

（4）反季节种植

利用温室大棚实现反季节种植，既可以缓解淡季压力，增加淡季体验项目，也可以有效避开竞争激烈的旺季，创造人无我有、与众不同的休闲体验。

5.2.4.2 品牌：塑造形象

品牌会给游客留下安全、放心、高品质、有档次的印象。主要从两方面推进品牌形象的管理工作：

（1）统一着装

服务人员可穿着颜色鲜艳的简易工作服，有着统一的形象；员工多是有经验的老农，这些面带笑容、服务周到、态度和蔼的工作人员，给人以朴实、贴心的印象（图 5-16）。

图 5-16 服装示意图

（2）精美包装

游客采摘的樱桃，采摘园可提供非常精美的包装，甚至有那种每个樱桃都能独立包装的盒子（图 5-17）；

园区自制的樱桃罐头、樱桃果酱、樱桃果醋等美味，都由精美的玻璃瓶、玻璃罐包装（图 5-18）。将品牌进行包装，会赢得更高的定价与更大的市场。

图 5-17 包装示意图

图 5-18 包装示意图

5.2.4.3 设施：方便游客

园内可建设有停车场、卫生间、挡雨棚等设施，安排通勤车，极大方便了前来采摘的游客。

（1）停车场

可专门开辟停车场，能够容纳 500 辆小汽车与几十辆大巴车，可以极大提高接待能力（图 5-19）。

（2）卫生间

可设置卫生间，不仅要干净整洁、空间大，还应充分考虑到母婴与残障人士的需要。

图 5-19 停车场和卫生间示意图

（3）挡雨棚

可在园区内设置挡雨棚（图 5-20），让游客感到贴心、暖心，并且游客们在雨天同样也可以享受采摘乐趣。

（4）园内通勤车

由于面积广阔，还应安排通勤巴士（图 5-21），可以极大方便去往较远采摘区的游客。

（5）梯子

可在樱桃园里的显眼位置放有矮梯，方便游客摘取高枝上的果实；儿童也

图 5-20 停车场挡雨棚示意图

图 5-21 通勤车示意图

可以在父母的照看下登上梯子摘樱桃。

（6）无障碍设计

园区内部的道路不应设有台阶，尽量都是平地和缓坡，可以方便老年人以及行动不便的人士。

综合来看，面积较大的采摘园，一是要安排停车空间，二是要有通勤方式（未必是通勤大巴，也可以是自行车），三是要设置公共卫生间。小型采摘园应解决如厕问题，可以借助周边的市政设施，也可以联合周边采摘园区，搭建临时、共用的厕所。

5.2.4.4 服务：细节决定成败

贴心且细致入微的服务是园区品质的重要体现，除了培育矮化树种，在其他方面的服务也应该非常用心。

（1）采摘指导

采摘活动开始前，园区可以安排经验丰富的果农指导游客，告诉他们如何采摘樱桃，如何选择熟透的甜樱桃，怎样采摘既不伤果树还能保证摘下的樱桃好吃、耐存放。

（2）讲解

采摘过程中可以让果农扮演导游的角色，讲解每一株果树是什么品种、有什么特点，为大家奉上生动的自然教育课程。

（3）精心包装

游客采摘的樱桃会由专人精心包装，既可延长保鲜期，同时又是非常有档次的馈赠佳品。

（4）便利服务

可在园区内设置一些便利服务，如游客可以免费租借雨伞、雨鞋、野餐垫等物品，保证在采摘园的每一分钟都是美好的，享受的。

5.2.4.5 商品：增加收入

采摘园常见的盈利方式主要是开展采摘活动和线下售卖樱桃。我们可以开发以樱桃为原料的周边商品，比如：可以制作樱桃果酱、樱桃果醋、樱桃罐头、樱桃派、樱桃蛋挞、冷冻樱桃等，既丰富了游客体验，又形成了多元的创收渠道（图 5-22）。

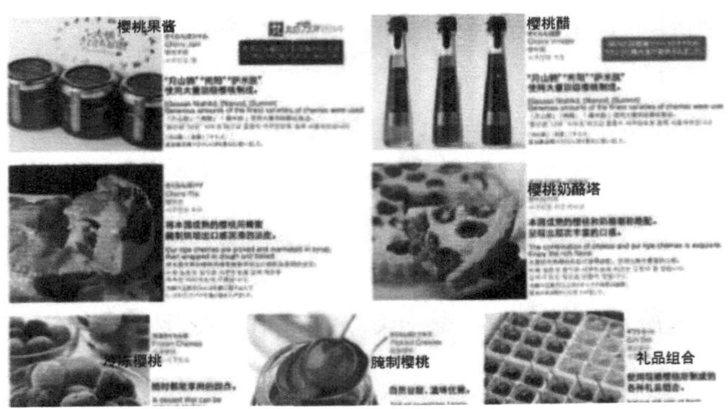

图 5-22　樱桃周边商品示意图

5.2.4.6 延伸体验

1. 景观设计的三个目的

一是设计一些景观小品，增加园区的情境体验；可以利用铁锹、梯子等农具装点园区，形成乡土气息浓厚的氛围。

二是对功能设施比如园区围挡、大门、仓房等进行美化，美化的手段包括采用乡土材料、改变形状做出造型、通过墙绘壁画等形式美化外观。

三是为游客拍照留念提供便利，在园区里摆一些卡通的照相板，增加游客拍照的动机与乐趣。

2. 餐饮

采摘园应该提供一些简单的餐饮设施（比如野餐垫、座椅等）及餐饮服务，一方面能够让游客的需求得到满足，体验更丰富，另一方面也可以延长游客驻留时间，创造更多收益。

3. 民宿

园内可以提供一些民宿，建立民宿群（图 5-23）。将民宿群打造成网红建筑，用以点带面的形式带动周围的经济。沿湖而立的樱桃园，散落隐蔽的粉墙黛瓦，别有一番韵味。在山岭之间顺应地势创造一组中国院落，寻求“工整”与“自然”的平衡，整饬的轴线与自然的村落式布局结合，体现出新中式、新院落的结构，希望通过更符合当下生活的手法去传达樱桃园的气质，以期创造“宁静的奢华”“当代的雅致”的美学观念。建筑主要颜色为白色，与绿地、蓝天、红樱桃产生对比，形成色彩上的和谐，其中用红色在建筑中进行点缀，与樱桃相呼应。

4. 树屋

（1）餐厅

樱桃园区内可以在中部密林区建造一些树屋餐厅，形成视觉上的一大亮点（图 5-24）。独特的树屋餐厅为居住者带来独特的体验，展现出自然环境的良性过渡。种植的有机蔬菜作为农家饭、树屋餐厅的食材。天然材料的运用、人造结构与树干的混合搭建，增添了一丝浪漫气息。来者可以在树屋餐厅随意而坐，感受如树荫下乘凉般的惬意美好，俯瞰美景的同时也可以享受美食美酒。

图 5-23 民宿示意图

（2）住宿

图 5-24 餐厅示意图

现阶段的民宿都是酒店的形式，没有新意。为了与其他园区内的民宿设计形式予以区分，我们可将树屋与住宿结合在一起（图 5-25），既吸引目光，又有新的体验方式，与大自然和谐地融为一体。

图 5-25 树屋示意图

综上所述，需从种植、品牌、设施、服务、商品、延伸体验六方面入手，做一些细节的改变与提升，就可以让采摘园有品格（差异化，与众不同），有品质，有品牌，有市场。

5.2.5 规划定位

在具体规划设计中，针对场地现状，从道路

规划、民居改造、景观节点、体验活动、功能分区等方面对休闲樱桃园进行合理性规划改造与开发设计，以“一点、一轴、一面”的形式进行功能分区，图 5-26 ～图 5-28 是鸟瞰效果图与平面图。

图 5-26 樱桃园鸟瞰图

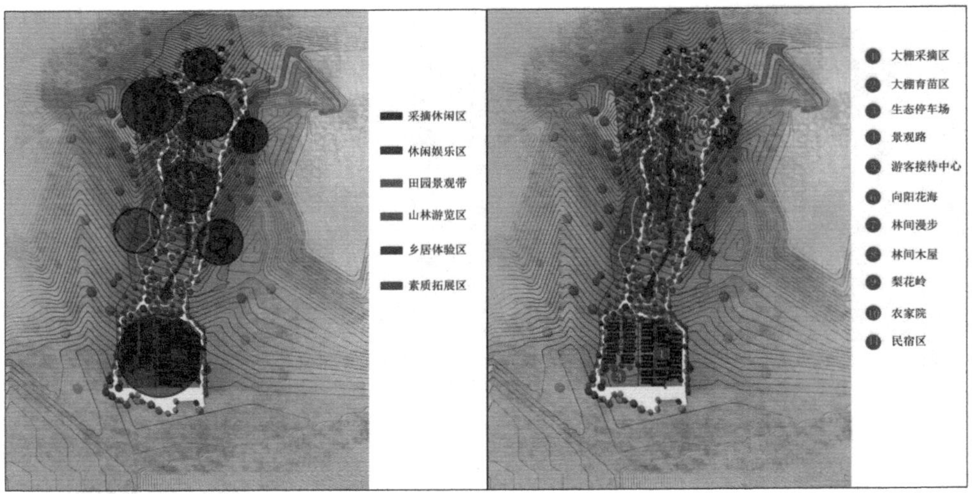

图 5-27 樱桃园总平面分区图　　图 5-28 樱桃园总平面图索引

通过案例现状分析以及对休闲农业的认识，在樱桃园的景观规划设计中将场地划分为六个区域。把湖作为一条主景观带，以采摘为主的前提下，设计其他一些不一样的区域，提高园区内的体验多样性，同时利用这些区域带动经济。

重点表现的分区为采摘休闲区、休闲娱乐区、乡居体验区，配套发展的区域为田园景观带、山林游览区、素质拓展区。其中主要活动场地主要集中在采摘休闲区、休闲娱乐区、山林游览区和乡居体验区。

采摘休闲区主要的体验活动为采摘和 DIY 果酱制作，游客可以在此区域进行鲜果采摘，采摘结束后还可以进行 DIY 果酱制作、包装购买等活动，增加体验的多样性。

休闲娱乐区的位置在公共活动区域的中心地带，主要设置游客接待中心以及公厕，以方便游客游览。

田园景观带主要为花海区以及专门的蔬菜认养区，种植有机蔬菜后，确立认养关系的会员可以随时对蔬菜进行打理。中心湖主要用途为鹅群养殖区，可让游客对鹅群进行认养，确立认养关系后对鹅群进行照顾。

山林游览区的体验活动主要有林间漫步、林间木屋以及树屋餐厅等。乡居体验区活动主要为民宿的居住体验。素质拓展区主要分为儿童拓展、活动基地两大区域，让孩子在自然课堂中学到知识和经验，通过一系列的拓展训练和游学形式，让孩子了解常识、学到本领。

发挥园区内的生态旅游功能，走休闲旅游路线。让游客在快乐的氛围中使身心得到放松，让每一位游客亲近自然，食得绿色，乐在其中。

5.2.6 专项分析

5.2.6.1 道路规划（图 5-29）

根据设计区域内土地使用情况，详细规划了主要交通道路、大棚采摘路线、田园观景道路、民宿步行道路。结合主要道路出入口，合理设置相应的景观节点及基础设施等。

5.2.6.2 景观规划（图 5-30）

在规划的六片区域中，主要景观轴线为旅游大道景观轴，顺着这条主景观轴，可为游客提供采摘 + 林间漫步 + 梨花观赏 + 素质拓展 + 民宿 + 花海等体验项目，

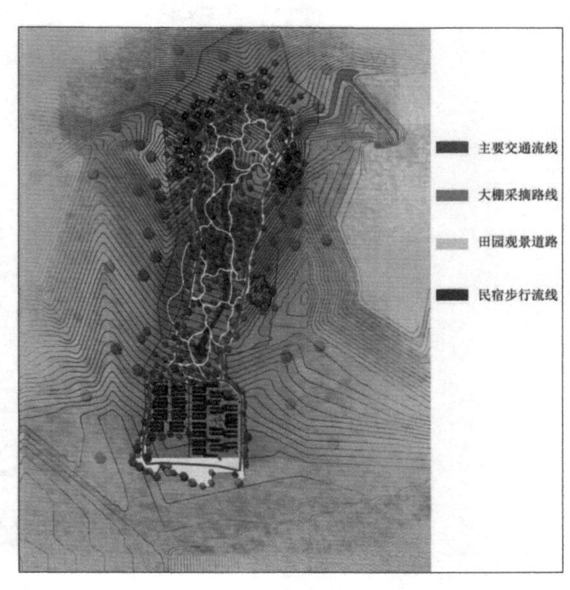

图 5-29 道路规划图

以尽力让游客感受到观景、亲景、爱景的综合体验。水体景观轴主要开展亲水体验、综合养殖体系、鹅群领养的休闲模式。田园景观轴主要向广大游客展示休闲农业旅游的花海体验，立志于成为网红打卡点的花海地。山体景观轴面向游客展现出整个山体中大自然的独特魅力及生态特性。在整个景观规划中穿插着几处重要的景观节点，其中包括民宿区、林中树屋等。

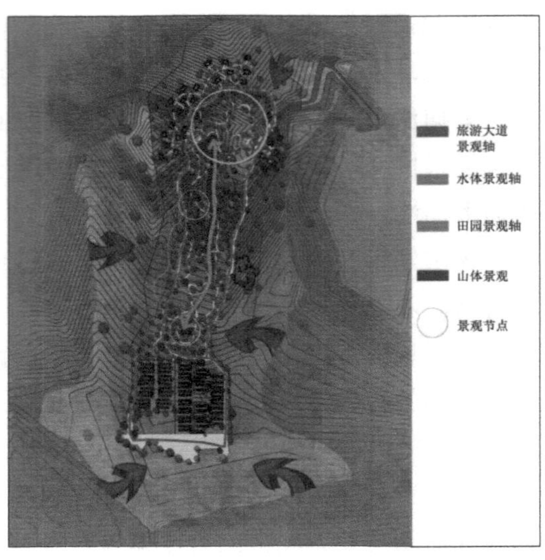

图 5-30 景观规划图

5.2.7 功能分区及局部设计

樱桃园内六个主要功能区域的局部设计如图 5-31 ～图 5-36 所示。

图 5-31 大棚采摘区

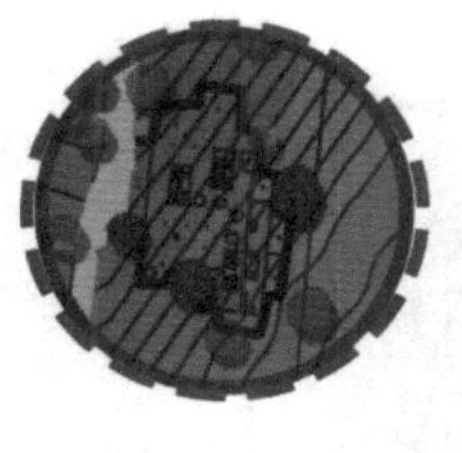

游客接待中心

图 5-32 休闲娱乐区

图 5-33 山林游览区

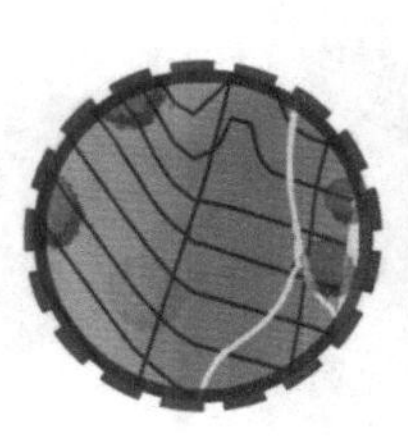

向阳花海

图 5-34 田园景观带

图 5-35 乡居体验区

图 5-36 素质拓展区

5.2.8 总结

根据以上分析，可以将规划地段打造成集亲子采摘、农业观光、农事体验、自然教育为特色的综合性休闲农园目的地，满足游客对乡村体验、认知自然的需求。以休闲农业为切入点，分析、总结休闲农业的景观要素、类型、可认知性。

首先，休闲农业园具有多种的体验活动类型、多样的体验形式以及综合五官感受的体验方式。其中包括采摘、DIY 制作、喂养动物、品尝美食、参观表演的活动，还包括游览景观步道、参与生态解说等多种体验活动。重视体验的主题性营造和体验氛围，注重体验的深度及参与性，注重寓教于乐的体验。其次，充分利用农业生产、生活、生态资源。生产体验项目主要挖掘利用了农业生产资源，包括农耕活动、农具、农作物、家禽家畜等资源；生活体验项目主要挖掘了农村饮食文化、服饰、生活器具、民俗节庆等生活资源；生态体验项目主要依托的是农村的自然景观，包括气象景观、农田景观、原始自然树林景观、野生动植物资源等。然后是景观要素丰富，景观要素包括地形、水体、植物、园路、景观小品、建筑等，且呈现丰富多样化的特点。在各功能分区内都能进行观赏、娱乐。

以旅游心理学理论、体验经济理论、环境农业理论、景观生态学理论作为指导，分别得出以下结论：①休闲农业景观设计原则一是寓教于乐，突出乡情；二是以人为本，憩息自然；三是突出特色，多重感官，强调体验。②设计特性是情景主题性、互动参与性、科普教育性、情感性。③设计方法中的景观要素设计，包括地形、水体、植物、园路、景观小品、建筑，而农业体验项目设计要利用农耕活动要素，并且增加娱乐性、游戏性。

5.2.9 案例 PPT

樱萃园
概念规划设计
——丹色樱树下

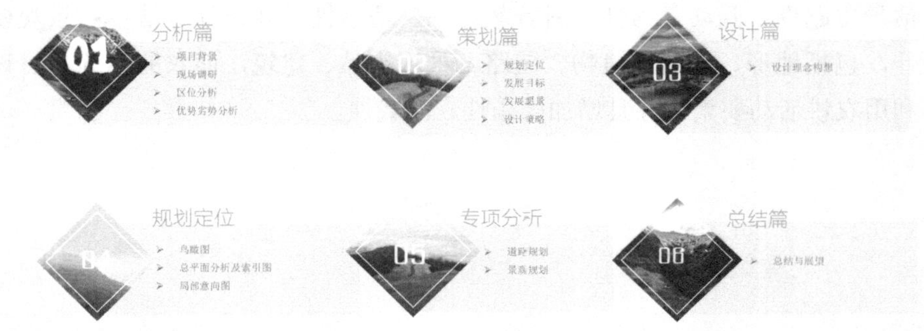
目录
CONTENTS
01
分析篇
项目背景
现场调研
区位分析
优势劣势分析
策划篇
规划定位
发展目标
发展愿景
设计策略
03
设计篇
设计理念构想
规划定位
鸟瞰图
总平面分析及索引图
局部意向图
专项分析
道路规划
景观规划
06
总结篇
总结与展望

项目背景

规划背景

樱萃园地处**板厂峪**风景区、**祖山**风景区、**花场峪**风景区、**老君顶河谷漂流**风景区，以及**大道岭**景区等，其景观特色应为**百里青城林苑**风貌景观段。

机遇背景

随着休闲农业的流行趋势，秦皇岛的休闲农业发展**机遇越来越大**，秦皇岛内只有一处樱桃采摘园，**竞争力小，发展可能性大，周边旅游业丰富**，可带动田园综合体的发展。

政策背景

据**京津冀一体化**战略的发展，形成**互相拉动，优势互补的联动效应**，在未来，便捷的交通和经济发展将支撑起京津冀旅游一体化。

社会背景

新的时代背景下，**田园综合体**热度的升温，城市中产阶级的快速壮大进一步**提升了游客群体的规模**，田园综合体越来越多的作为这个群体的**必选体验地**。

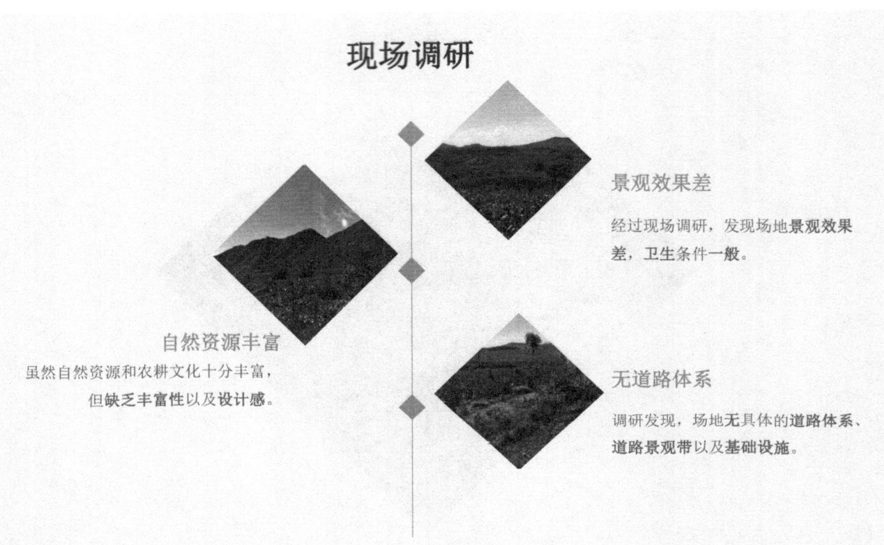

区位分析

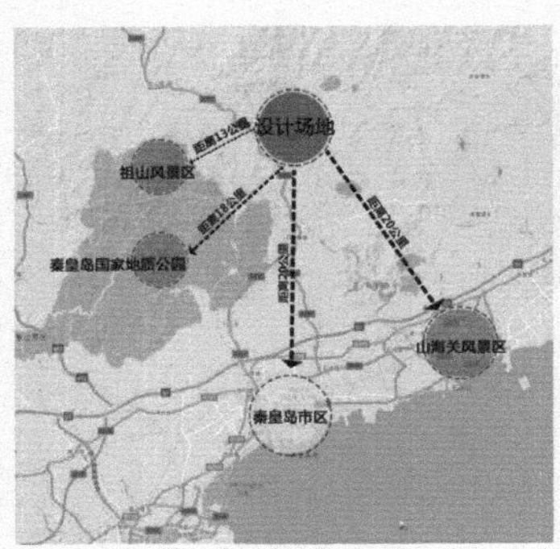

场地概况

该区域位于河北省秦皇岛市海港区驻操营镇查庄、半壁山、张庄中部。地理位置处于河北、辽宁两省交界处，地理位置优越。境内多盆地，周围伍山连绵。气候属暖温带半湿润大陆性季风气候，年平均气温在10°左右。驻操营镇毗邻板厂峪风景区、祖山风景区、花场峪风景区、老君顶河谷漂流风景区以及大道岭景区，便于承接周边景区外溢客流和过境游客，旅游区位良好。

—— 主要交通路线 —— 次要交通路线

优势及劣势分析

优势分析

1. 机遇优势——乡村旅游热度近年不断升温、上位旅游规划。
2. 区位优势——毗邻多个景区，客源资源丰富。
3. 交通优势——旅游大道的建设将极大提升村庄旅游的可达性。
4. 资源优势——优质的民居建筑资源和自然景观。
5. 开发优势——土地适用于建设，为发展休闲农业旅游提供了建设可能性。

劣势

1. 劳动力劣势——人口较少，缺乏必要的劳动力。
2. 产业劣势——单一的产业结构和落后的产业基础。
3. 设施劣势——该项目周边道路、停车及公共服务设施建设存在不足。

总结

1. 充分挖掘该地区的自身价值，抓住本次发展机遇，使该区域的空间形态、生活形态和经济形态多元发展。
2. 寻找恰当的市场定位，发掘潜在地域特色价值增长点，使之与当地地貌形态和原有经济体系高度黏合。

规划定位

一期

建设大棚采摘园、多功能休闲区，将场地用地目的展现出来。

二期

建设标志性“网红打卡”建筑，类似孤独图书馆、猫的天空之城等建筑，带动产业推广，进行主要宣传。

三期

建设民宿建筑群以及其他相关体验区，最终打造成以采摘为主的中高端现代休闲农业旅游模式的体验园。

发展目标

用地政策

农村集体经济建设用地自办、入股等方式经营休闲农业的政策。

财政政策

要创新融资模式。鼓励利用PPP模式、众筹模式、互联网+模式、发行私募债券等方式，引导社会各类资本投资休闲农业和乡村旅游。

品牌创建

线上重点开展休闲农业和乡村旅游精品景点线路推介，吸引城乡居民到乡村休闲消费。

宣传推介

按照“统筹谋划、上下联动、均衡有序”的思路，加大宣传推介，创新推介方式，在节假日和重要农事节庆节点，有组织、有计划地开展休闲农业和乡村旅游精品景点宣传推介，扩大产业的影响力。要指导各地举办特色鲜明、影响力大、公益性强的农事节庆活动。

发展愿景

根据上述政策，可分为三期开发

一期建设大棚采摘园、多功能休闲区，将场地用地目的展现出来；

二期建设标志性“网红打卡”建筑，类似孤独图书馆、猫的天空之城等建筑，带动产业推广，进行主要宣传；

三期建设民宿建筑群以及其他相关体验区。最终打造成以采摘为主的中高端现代休闲农业旅游模式的体验园。

设计策略

通过综合掌握前期资料，初步了解其性质的定位，分析了周围环境性质以及整体空间环境的功能，对实践方案进行构思。设计主题为 “丹色樱树下”。“丹色”意为红色，是中国传统颜色，是具有朝气、符合樱桃园“气质”的颜色。

樱桃可以代表很多美好事物，如可以代表有活力的女孩子，代表鲜活的爱情，同时它不仅象征着爱情、幸福和甜蜜，更蕴含着“珍惜”这层含义。设计中颜色主要以红色、白色为主，红色为樱桃的颜色，白色为樱桃花的颜色。

樱桃:种出水平

增加“树”量

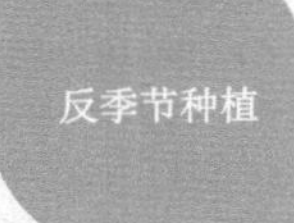

樱桃树越多，**接待能力**就越强。树量多，能够**满足**上千人**同时采摘**，不仅吸引了家庭、情侣等散客，更吸引了企业、学生等团体游客，形成了**稳定的客源**。

第一：**迎合**更多**人的口味**；第二：**丰富**园区**色彩**，让整个园区更加鲜艳灵动；第三：不同品种的樱桃成熟期也不尽相同，可以有效**延长采摘期**，带来**持续的游客量与收入**；第四：独有的樱桃品种还会**形成**更**强大的核心竞争力**。

采用独家修剪方法，以**矮树高栽**培养方式将枝条矮化，方面带给游客更好的采摘体验，另一方面也方便儿童享受采摘乐趣，有效争取了亲子家庭这一细分市场。

利用温室大棚实现**反季节种植**，既可以**缓解淡季压力**，**增加**淡季**体验项目**，也可以有效避开竞争激烈的旺季，创造**人无我有**，**与众不同的休闲体验**。

品牌：塑造形象

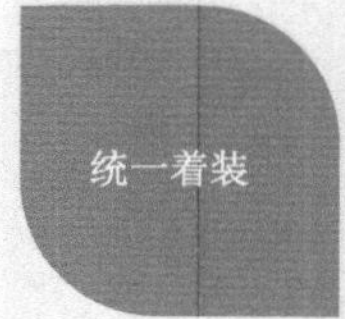

服务人员都穿着颜色鲜艳的**简易工作服**，有着**统一的形象**；员工多是有经验的老农，这些面带笑容、服务周到、态度和蔼的老伯阿姨，大哥哥大姐姐，给人以朴实、贴心的印象。

提供**精美**的包装，每个樱桃都有**独立包装**的**盒子**；**自制**的樱桃**罐头**、樱桃**果酱**、樱桃**果醋**等美味，都有精美的**玻璃瓶玻璃罐包装**。如果将品牌进行包装，相信会赢得更高的定价与更大的市场

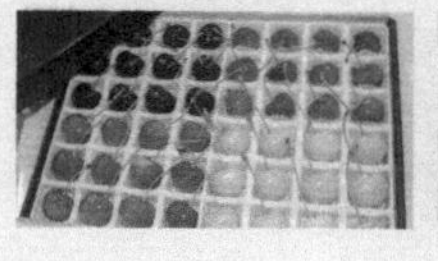

设施：方便游客

挡雨棚

无障碍设计

服务：细节决定成败

安排经验丰富的果农老伯**指导游客**，告诉他们**如何采摘**樱桃，如何选择熟透的甜樱桃，**怎样采摘**既**不伤果树**还能**保证**摘下的樱桃耐存放。

让果农老伯扮演**导游**的角色，**讲解**每一株**果树**是什么**品种**有什么**特点**，为大家奉上生动的自然教育课程。

游客采摘的樱桃，都会由专人**精心包装**，既**延长**可**保鲜期**，同时又是非常有档次的**馈赠佳品**。

设置便利服务，游客可以**免费租借**雨伞、雨鞋、野餐垫等**物品**，保证在采摘园的每一分钟都是美好的，享受的。

商品：增加收入

采摘园常见的盈利方式主要是开展采摘活动和**线下售卖樱桃**，我们可以**开发**以樱桃为原料的**周边商品**，比如：可以制作樱桃果酱、樱桃果醋、樱桃罐头、樱桃派、樱桃蛋挞、冷冻樱桃，既**丰富**了游客**体验**，又**形成了多元的创收渠道**。

延伸体验

一、景观设计

设计些许景观小品，增加园区的情境体验。

对功能设施比如园区围挡、大门、仓房等进行美化。

为游客拍照留念提供便利，增加游客拍照的动机与乐趣。

二、餐饮

采摘园应该提供一些简单的餐饮设施（比如野餐垫、座椅等）及餐饮服务。

樱桃园区内可以在中部密林区建造一些树屋餐厅，形成视觉上的一大亮点。独特的树屋餐厅为居住者带来独特的体验。

三、民宿

园内可以提供一些民宿，建立民宿群。将民宿群打造成网红建筑，以点带面带动周围的经济。

我们可将树屋与住宿结合在一起，既吸引目光，又有新的体验方式，与大自然和谐地融为一体。

整体规划

针对场地现状，从道路规划、民居改造、景观节点、体验活动、功能分区等方面对休闲樱桃园进行合理性规划改造与开发设计。以“**一点、一轴、一面**”的形式进行功能分区，以下是鸟瞰效果图：

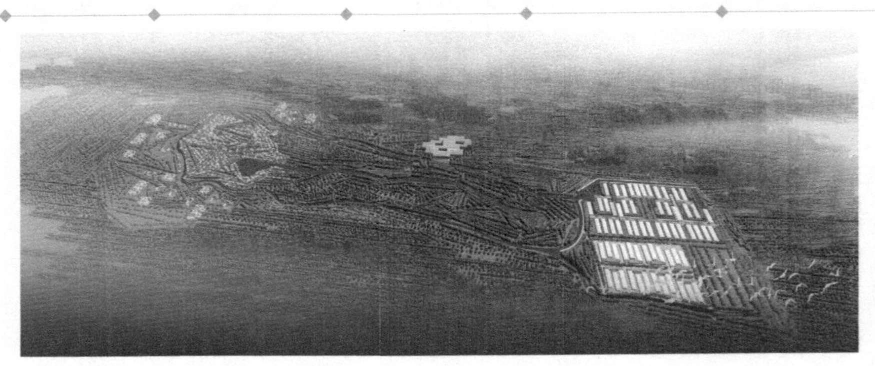

总平面分析及索引图

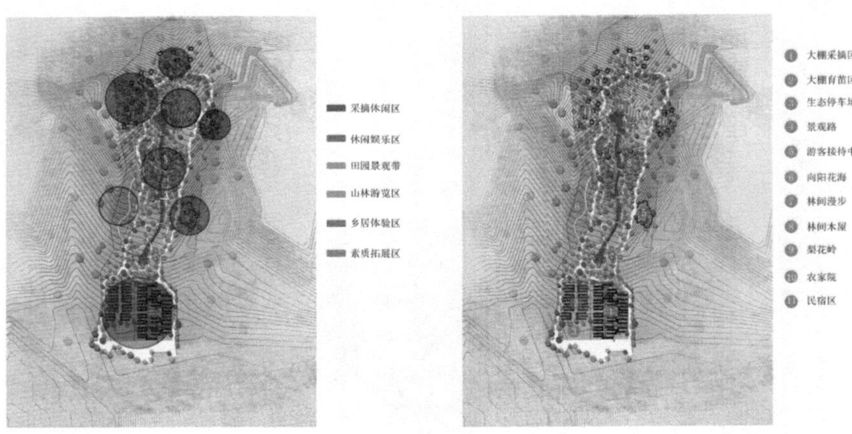

采摘休闲区

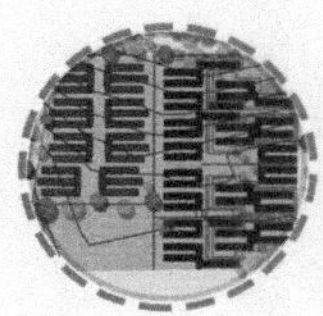

采摘区

入口

采摘休闲区主要体验活动为采摘、DIY果酱制作，游客可以在此区域进行采摘，也可亲手制作果酱、购买包装等，增加体验的多样性。

采摘区

生态停车场

休闲娱乐区

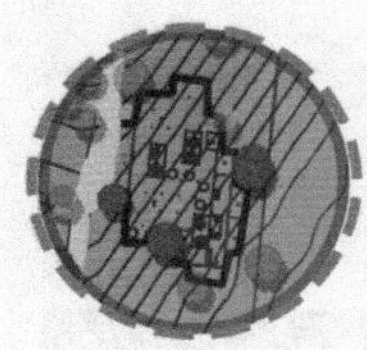

休闲娱乐区的位置在公共活动区域的中心地带，主要设置游客接待中心以及公厕，以方便游客游览。

游客接待中心

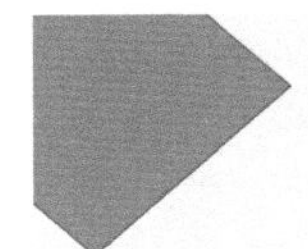

田园景观带

田园景观带主要为花海区以及专门的蔬菜认养区，种植有机蔬菜后，确立认养关系的会员可以随时对蔬菜进行打理。

向阳花海

山林游览区

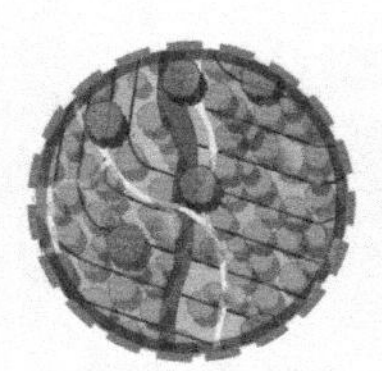

山林游览区的体验活动主要有林间漫步、林间木屋以及树屋餐厅等。让每一位游客亲近自然，食得绿色，乐在其中。

树屋餐厅

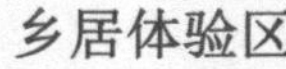

乡居体验区

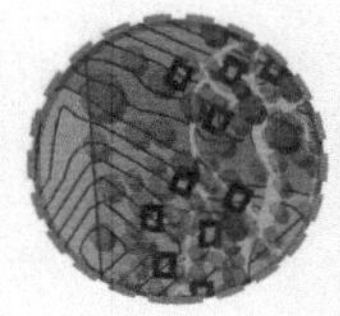

乡居体验区活动主要为民宿的居住体验，远离喧嚣，感受不一样的生活，增加游客对自然的热爱之情。

民宿

素质拓展区

素质拓展区主要分为儿童拓展、活动基地两大区域，让孩子在自然课堂中学到知识和经验，通过一系列的拓展训练和游学形式，让孩子了解常识、学到本领。

体验项目

05

道路规划

根据设计区域内土地使用情况，详细规划了主要交通道路、大棚采摘路线、田园观景道路、民宿步行道路。结合主要道路出入口，合理设置相应的景观节点及基础设施等。

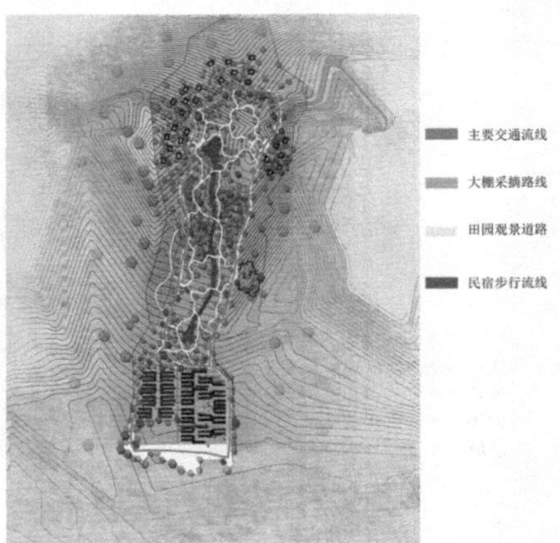

景观规划

在规划的六片区域中，主要景观轴线为旅游大道景观轴，顺着这条主景观轴，可提供采摘+林间漫步+梨花观赏+素质拓展+民宿+花海等体验项目，致力于让游客感受到观景、亲景、爱景的综合体验。

在整个景观规划中，穿插着几处重要的景观节点，其中包括民宿区、林中树屋等重要节点。

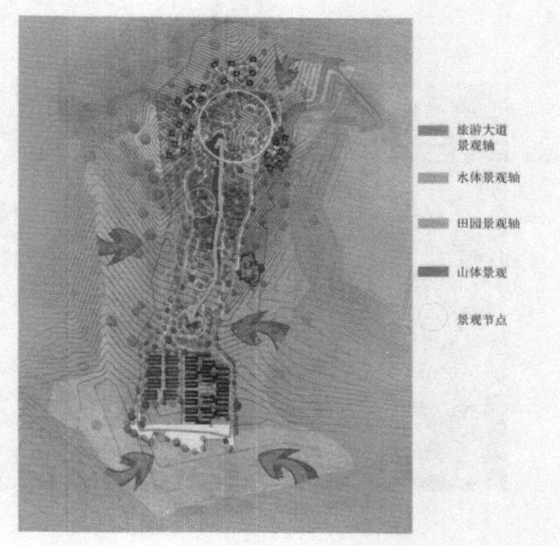

总结与展望

总结

根据以上分析，可以将规划地段打造成集亲子采摘、农业观光、农事体验、自然教育为特色的综合性休闲农园目的地，满足游客对乡村体验、认知自然的需求。

展望

第一步：将樱萃园打造成海港区农业种植、游学新标杆；
第二步：将樱萃园打造成秦皇岛农业种植、游学示范点；
第三步：将樱萃园打造成河北省知名农业品牌、自然教育示范地；
第四步：将樱萃园打造成国内知名农业教育基地。

5.3 兼顾老年人的康养休闲农业案例分析——山海关回龙谷规划

5.3.1 项目简介

回龙谷项目位于秦皇岛山海关区望峪山庄景区附近，临近长城遗址，该项目的设计目的主要是进行村落设计与重建基础设施系统，并结合现有资源进行旅游开发，支持城市有机耕地的发展；规划设计一个市场区域，作为村落资源和经济发展的催化剂；提出一个灵活且具有策略意义的发展规划，为项目发展筹集资金，充分利用多种劳动力资源。

5.3.2 项目概述

本地人的主要活动之一就是种植本地的水果与蔬菜，这样的耕地在村内空地、山野、后院等任何靠近水源的肥沃土地中都可以见到。同样村内也已经形成了一个传统的非正式市场，批发当地人们自家种植的一些农产品。

5.3.3 规划定位

在设计前村庄提出了一系列更加具体的设计目标，主要针对的是项目的发展——如何保证耕地与周边环境的健康发展，同时兼顾农业休闲。在发展休闲农业的同时重点解决农村和城镇的养老问题。

（1）建立依托城镇的老年消费市场

据统计，截至 2015 年年底，秦皇岛市户籍人口中约 21.2% 为老年人，约 10% 为空巢老人，且城市的老年人正在以年均 6% 的速度增加。预计到 2030 年，秦皇岛老年人人口将达到总人口的 1/4。秦皇岛市的养老服务业发展潜力十分巨大，会有越来越多的老年人选择农村康养这一方式达到调养身心、颐养天年的目的。老年人受身体因素的影响，不会选择离家太远的旅游目的地，因此其周边的乡村往往受到老年人的热捧。而回龙谷项目离市区约 1 小时车程，老年人既能当日去当日回，也可长期居住，在长期居住的期间也可随时返回，这是该项目的地理优势。

（2）利用本村闲置住房与社区

望峪山庄除具有优美的自然景观和传统村落景观外，还有大量传统民居院落处于闲置状态，这些宅院的主人多数在城镇或其他地方工作，不常回家，院门挂锁紧闭。即便有的院落有人居住，也是偌大的一个院落仅住一两个人。完全可以将闲置宅院租给康养运营企业，改造成老年公寓、老年特色民宿等，形成各具特色的休闲养老院落，再出租给老年市民养老。

（3）将拥有人文情绪导向的设计注入农村康养产业

注重文化性和体验性有助于延伸康养产业链条，创造品牌优势。泰国美体养生、印度瑜伽养生、法国庄园养生、美国养老养生、瑞士阿尔卑斯高山养生等已经形成了浓郁的当地文化特色，当地产业竞争力和规模由此形成。

康养特色小镇为当地产业发展战略的再选择提供了新思路。所以在发展中可以将人文情绪导向与康养产业相结合，以“健康”为小镇开发的出发点和归宿点，将文化体验、健康疗养、医疗美容、生态旅游、休闲度假、体育运动、健康产品等业态聚合起来，实现文化与健康相关消费聚集，形成具有文化意蕴和康养功能的特色小镇。

小镇可以依托长寿文化，大力发展长寿经济，形成以食疗养生、山林养生、气候养生为核心，以养生产品为辅助的健康餐饮、休闲娱乐、养生度假等功能集聚的健康养生养老体系；也可以依托医药文化发展医药产业，推动健康养生、休闲度假等产业发展的医养特色小镇；还可以以原生态的生态环境为基础，以健康养生、休闲旅游为发展核心，重点发展养生养老、休闲旅游、生态种植等健康产业。

很多城市面临着房地产清库存的问题，康养小镇可以将文化、康养、房地产行业进行有机连接，跳出单纯的房地产开发层面，打破盖房子、卖房子的桎梏，从产业融合和产业运营的角度进行设计，不仅能更好地实现文化和康养要素的有效结合，也更有利于提升配套设施和服务的吸引力。

从运营的长期性来看，一些城市旅游业具有季节性，在一年内不同时间的接待人数会有周期性的变化。而康养产业的消费者有充足的可支配时间，基本不受公共假期影响，而且在目的地停留时间较长，是城市旅游产业的最佳补充客群。通过打造“人文情绪导向＋康养”特色小镇，可以使城市旅游项目的设施设备和人力的利用率在时间轴上更为均衡。

5.3.4 案例 PPT

对环境的理解

规模尺寸：占地1950. 3亩，处于望裕山庄景区，北临长寿山景区5千米，东距燕塞湖景区约3千米，南距秦皇岛市13千米，西临围子裕长城风景区，地块大致呈现规则型四方形；

区位：地块位于望裕山庄景区，距离秦皇岛13千米，就秦皇岛市新市区局部区域现状而言，属于山海关区偏北地带，周边紧邻五泉山庄及望裕山庄。

回龙谷 景观规划设计

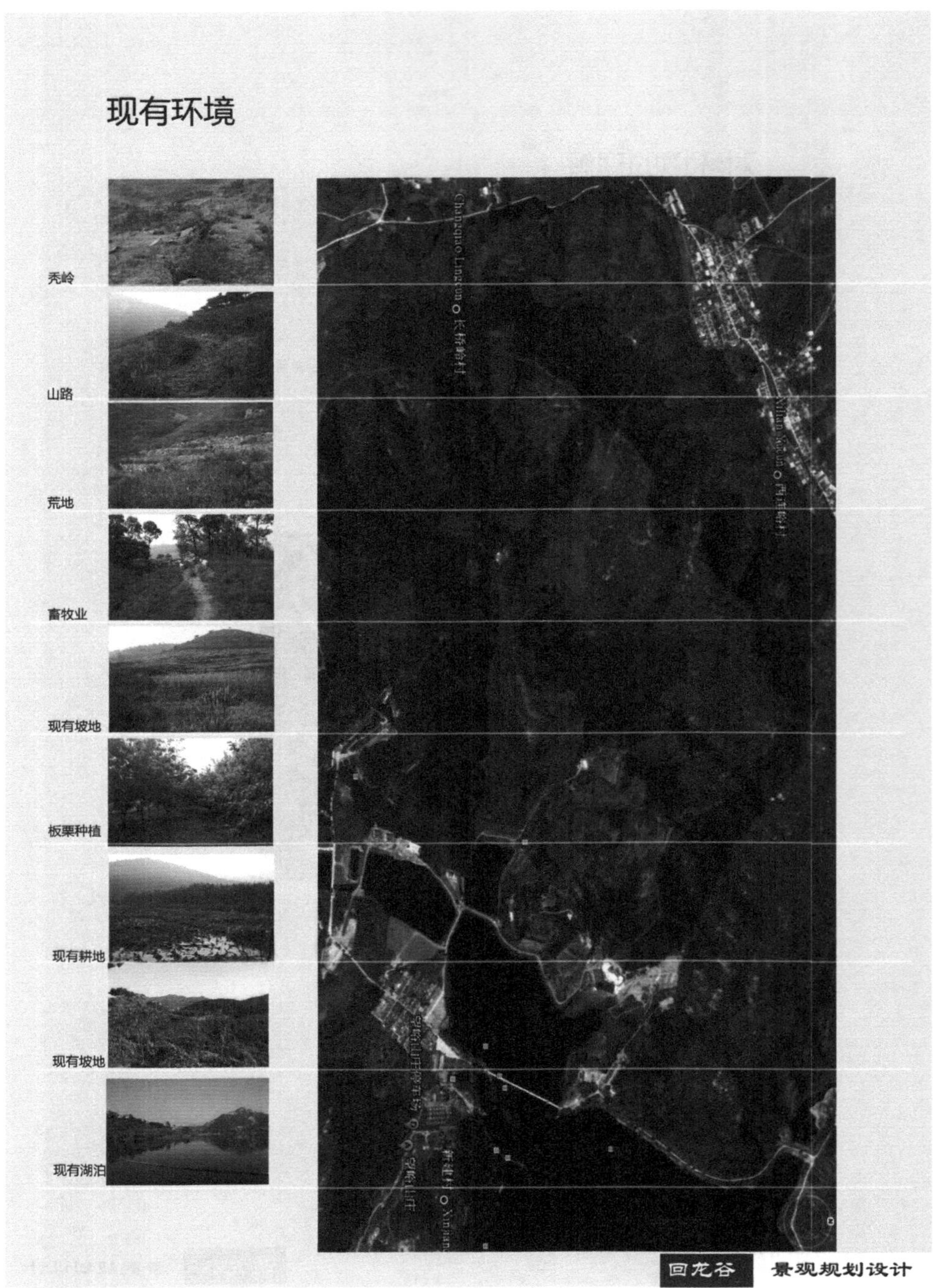
现有环境
秃岭
山路
荒地
畜牧业
现有坡地
板栗种植
现有耕地
现有坡地
现有湖泊
回龙谷
景观规划设计

项目现状调查分析

回龙谷景区位于秦皇岛市抚宁区境内燕山脚下，海港区和山海关区之间，最高峰412. 5米。

此地区现包括一部分玉米地，现有板栗树种植区约占总面积的20%，现有山林占40%，另外的40%为荒地。

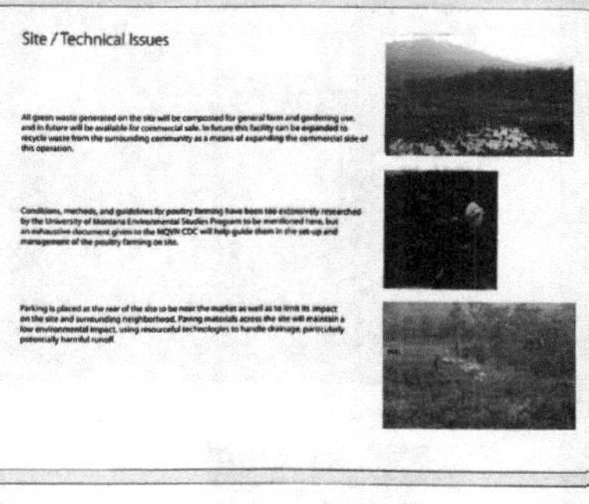

community viet villag

pictures from community meeting

meetings were simultaneously translated into Vietnamese to assist members of the community.

设计目标

此次设计主要针对40%的现有荒地进行生态开发，遵循生态低碳的开发原则，以此为试点，拟打造华北地区对荒山秃岭的生态型开发的试点，使荒山秃岭焕发新的生机，并解决华北地区日益增加的住房与土地开发的矛盾，提出一个具有策略意义的生态型低碳庄园住宿环境规划体系。

对原有40%的林区进行适度开发，遵循保护现有资源、减少设计对现有生态的影响、强调人与自然和谐统一的原则。

对现有耕地进行合理设计并重建基础设施系统。

总平面图
回龙谷
景观规划设计

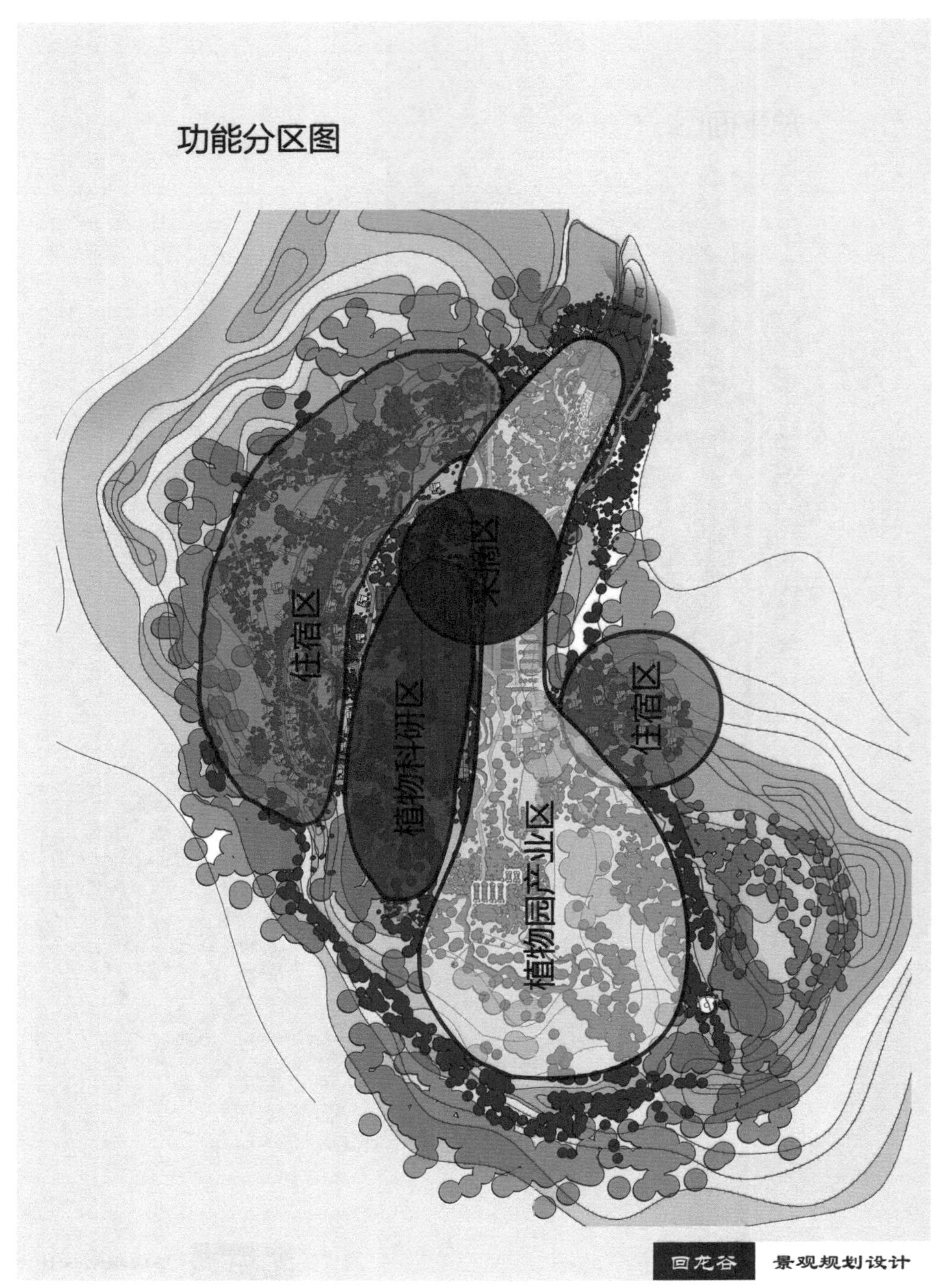
功能分区图
住宿区
采摘区
植物科研区
住宿区
植物园产业区
回龙谷 景观规划设计

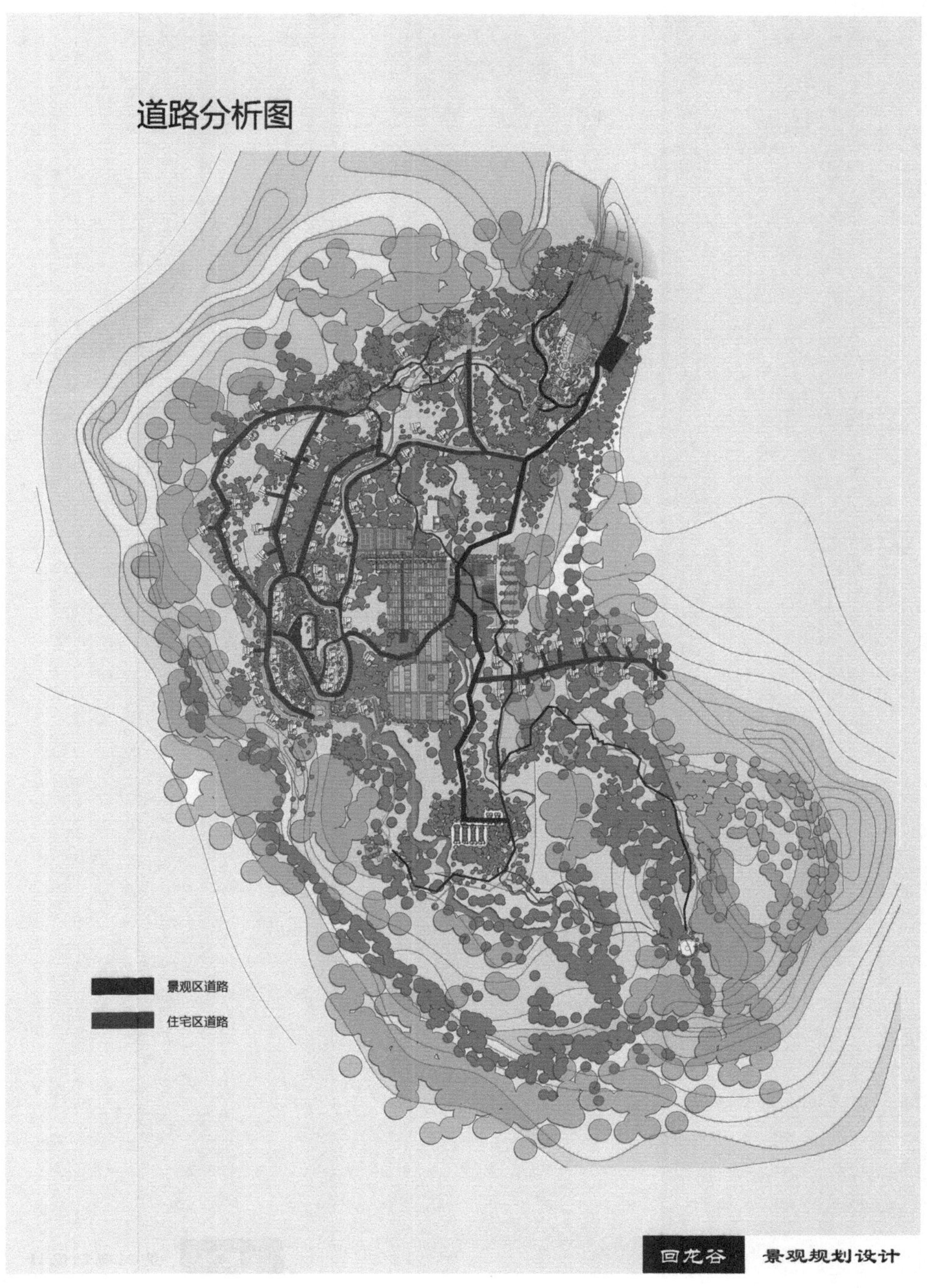
道路分析图
景观区道路
住宅区道路
回龙谷
景观规划设计

植物科研区

建设区域分析

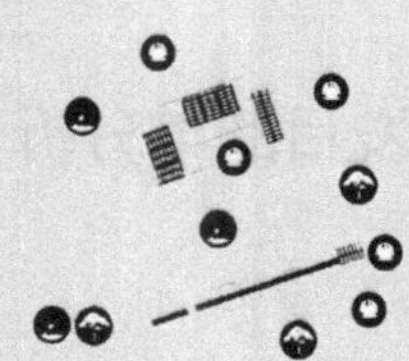

UNSKILLED VOLUNTEER

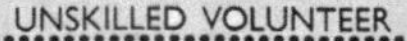

- planting trees 植树用地
- constructing playground 建筑用地 equipment 设备
- constructing farm plot fences 建设农场小区围栏
- building paths and bridges 建设道路和桥梁

SKILLED VOLUNTEER

- clearing the site 清理现场
- maintaining compost 保持堆肥
- constucting boardwalk 建设浮桥
- constructing windmill 建设风车
- constructing market structures 建设市场结构

PROFESSIONAL CONTRACTING

- road construction 道路建设
- soils testing 土壤测试
- water infrastucture construction 水基础设施建设
- digging reservoirs 挖水塘

COMMUNITY + PROFESSIONAL COLLABORATION

回龙谷 景观规划设计

开发目的与分析

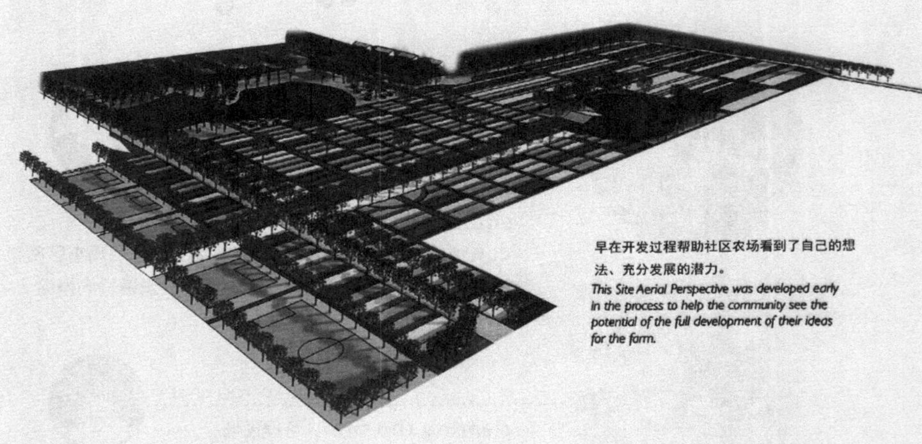

早在开发过程帮助社区农场看到了自己的想法、充分发展的潜力。
This Site Aerial Perspective was developed early in the process to help the community see the potential of the full development of their ideas for the farm.

- 项目的发展——如何保证耕地与周边社区环境的健康发展。
- 建立一个有机耕地的标准，包括统一的病害虫管理、堆置肥料、轮作和有机作业耕地间的护田作物。
- 通过使用生物过滤水资源和其他替代能源。

- 与当地的餐馆和商店建立起良好的合作关系并为他们提供本地产出的农产品，形成一个只食用本地农产品的风潮。
- 使之成为本地经济与文化的资源。

规划与问题分析

农作物灌溉用水需要设计多个接入点，特别是在小型的家庭花园区域内需要 40 ~ 50 个单独的接入点。灌溉水流必须最后再经过一系列的生态沼泽地回流到中心区域，保持水资源的质量。同时还需要建立一个适用于超大雨量区域的次级雨水资源管理系统，用于防范耕地受到洪水的侵害，损害农作物。

区域划分索引

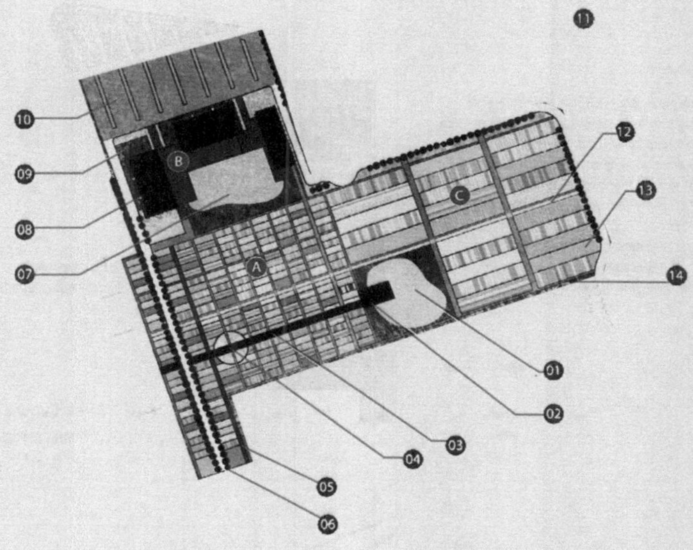

01 Central Reservoir 中央水系
02 Community Pavilion 社区凉亭
03 Central Boardwalk / Linear Market 中央浮桥/线性市场
04 Children's Play Area 儿童活动区
05 Pedestrian Entrance from Street 街上行人入口
06 Public Vehicular Entrance 公共车辆入口
07 Secondary Reservoir / Market Ponc 次要水系/市场蓬茨
08 Market Buildngs 市场建筑
09 Rain Gardens for Market Runoff 市场流水花园
10 GrassPave Event Parking with Bio-s\ 绿植停车场
11 Livestock Farm Operation / Compc 禽畜农场的经营管理
12 Central Bio-Filtration Canal 中央生物过滤管
13 Commercial Lots 商业地段
14 Service Entrance 服务入口

这个农场有四个主要的区域：
位于建筑附近和道路对面的一小块地
市场位于场地的后半部分可用于租赁
商业区域
禽畜养殖场的房屋基础建设和服务道路

回龙谷 景观规划设计

开发步骤

The major phases of the project refer to programmatic issues. sub-watershed development and construction costs in terms of potential funding amounts. The phases are not strictly chronological, except Phase I which is the foundation of the hydrologic system.

该项目的主要阶段是方案问题，水流域开发和在建筑成本方面的潜在资金数额。该阶段没有严格时间顺序，除第一阶段的基础水文系统。

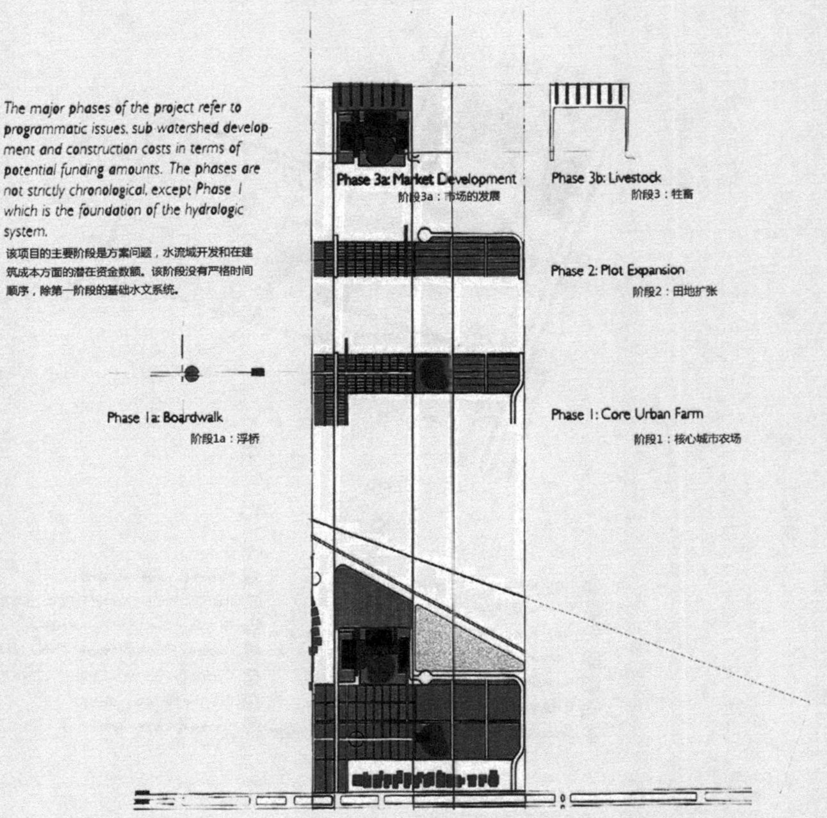

回龙谷 景观规划设计

设计原则

Phase 1: perspective of main boardwalk running through farm plots. The Central Reservoir and Community Pavilion are in the distance.

浮桥的主要景点正好透过农田，中央和社区凉亭水库遥遥相望。

谨慎考虑到场地排水系统的规划，以避免发生水涝。除此之外，项目的完成还必须经历一系列复杂的资金和人力资源问题的调节。了解资金的不同来源可以看到社区一直在为项目投入资金，其中一些资金机构都在这一过程当中起了相当大的作用。从想利用周末时间来为项目做志愿者的高中生到拥有技术与资金的大型基金会、政府组织，这些都是这个项目的资源所在，于是社区需要一个能够将这些资源整合在一起发挥互补优势的策略性规划。

项目设计方法

项目设计方法

在与当地社区进行了一系列公开的会面讨论后，项目目标与主要项目区域的范围得以确认，从而确立场地的设计策略。设计策略所基于的理念是场地必须充分发展一系列功能齐全的子项目，这些项目的建设需要资金的不断投入，同时创建一个发展和解决水/土壤问题的统一处理系统，设计方法围绕3个设计原则展开。

• 根据规划建立一系列功能完备的子项目

这个项目对资金资源的一个要求就是它们必须是长期性投入的资金，而不能是临时性的。单个项目资金的确定不能寄希望于未来资金，但是，没有单个资金机构愿意一次性为整个项目投入大于20%的资金。设计团队建立了一系列的子项目，这些子项目包含了第一阶段的主要项目元素（小型耕地、商业耕地、市场和游乐场地）。其他区域的一些尚未得到良好开发的项目都包含在最后的规划阶段之内。随着资金的逐步到位，之后的规划阶段慢慢延伸至其他一些区域，不同的子项目与不同层次的资金相对应，因此资金提供机构可以选择为各种规模的项目投资。

• 将项目场地与一系列的小流域结合起来，这样小流域可以随着场地的发展扩展。

项目场地最主要的环境问题是水流动问题。场地被设计成为了一系列的小流域，可随着场地的发展而扩展。水将被分流至各块耕地上用作灌溉，灌溉后的水将再回流至一个生态沼泽地和中心水库，并保证每个不连续的小流域在大的灌溉系统中出现问题时仍可继续工作，可通过一个轻型水泵系统完成灌溉，水泵系统的动力来源为风力/水力发电系统。

• 根据人力资源将项目分为几个子项目

除了资金的筹集，人力资源方面，项目拥有大量愿意投入项目工作的志愿者。这种人力资源常常成为社区的一种负担，因为社区并没有使用这些志愿者的计划。另一方面，活跃的社区居民们也建议志愿者的工作需要得到专业人士的指导与认可。为此，设计团队提出了一个人力使用策略，确定在哪个项目的哪个部分需要哪种志愿者，并将这些志愿者分为几个类别：低影响志愿者、高影响志愿者、技能志愿者和专业志愿者。每一个志愿者群体都可以找到一个他们可以做的项目，使得社区更好地朝着其设定的目标前进，同时确定项目的主要元素，例如除了专业方面问题外的项目资金的筹集。

Phase 2: perspective looking toward Market.

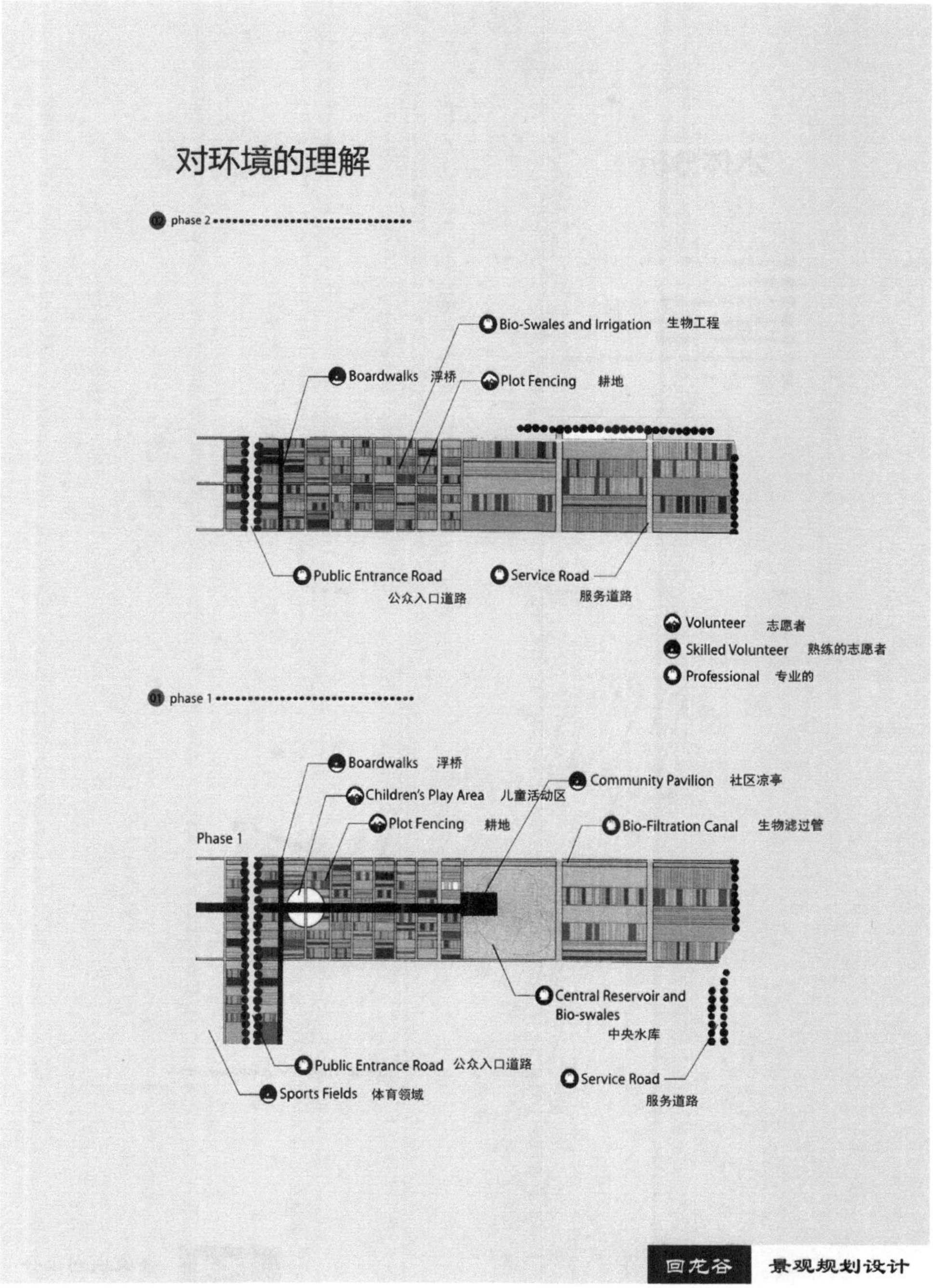

对环境的理解

02 phase 2

Bio-Swales and Irrigation 生物工程
Boardwalks 浮桥
Plot Fencing 耕地
Public Entrance Road 公众入口道路
Service Road 服务道路

Volunteer 志愿者
Skilled Volunteer 熟练的志愿者
Professional 专业的

01 phase 1

Boardwalks 浮桥
Community Pavilion 社区凉亭
Children's Play Area 儿童活动区
Plot Fencing 耕地
Bio-Filtration Canal 生物滤过管
Phase 1
Central Reservoir and Bio-swales 中央水库
Public Entrance Road 公众入口道路
Service Road 服务道路
Sports Fields 体育领域

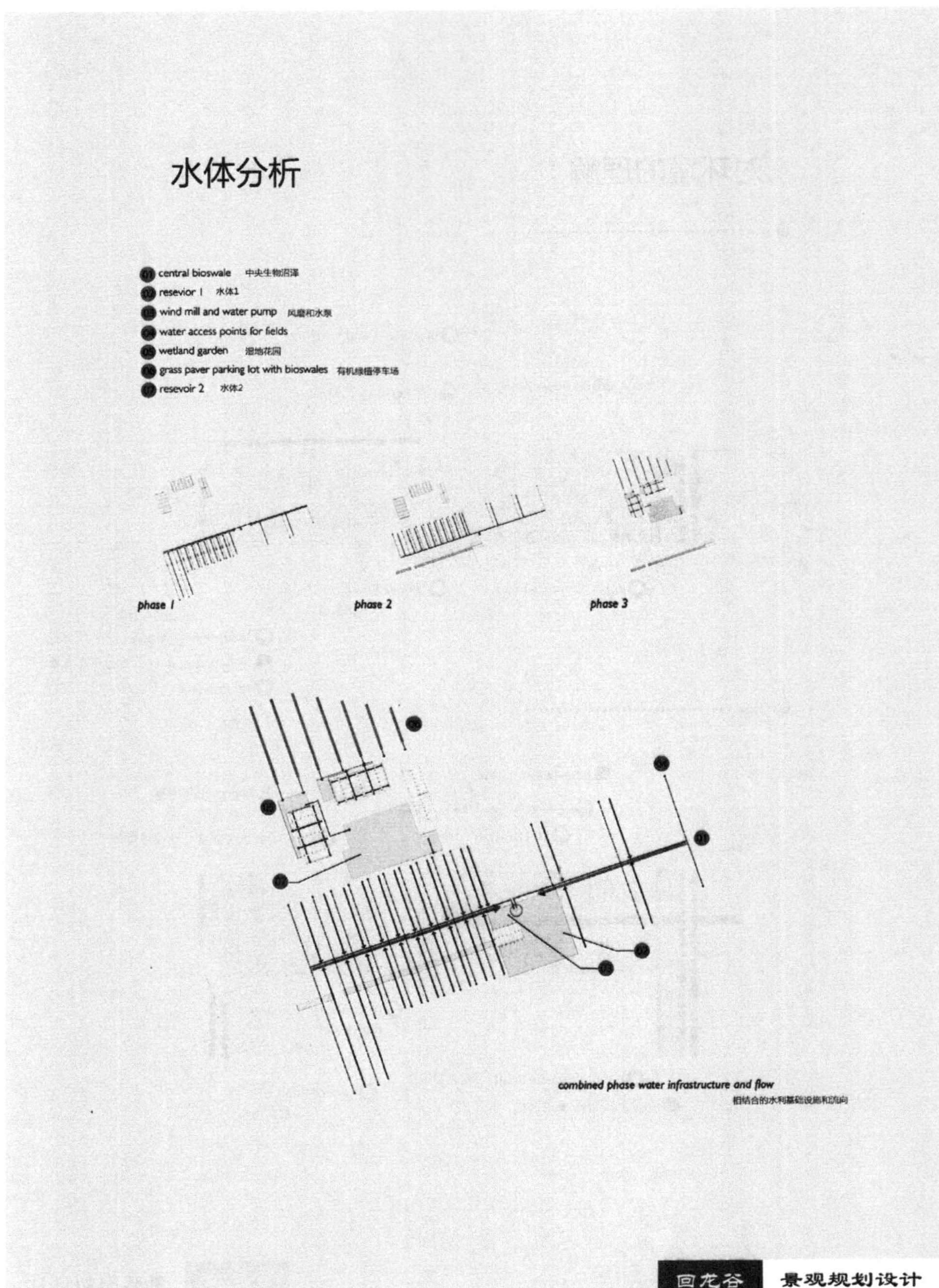
水体分析
01 central bioswale 中央生物沼泽
02 resevior 1 水体1
03 wind mill and water pump 风磨和水泵
04 water access points for fields
05 wetland garden 湿地花园
06 grass paver parking lot with bioswales 有机绿植停车场
07 resevoir 2 水体2
phase 1
phase 2
phase 3
combined phase water infrastructure and flow
相结合的水利基础设施和流向
回龙谷
景观规划设计

项目的实施与未来发展

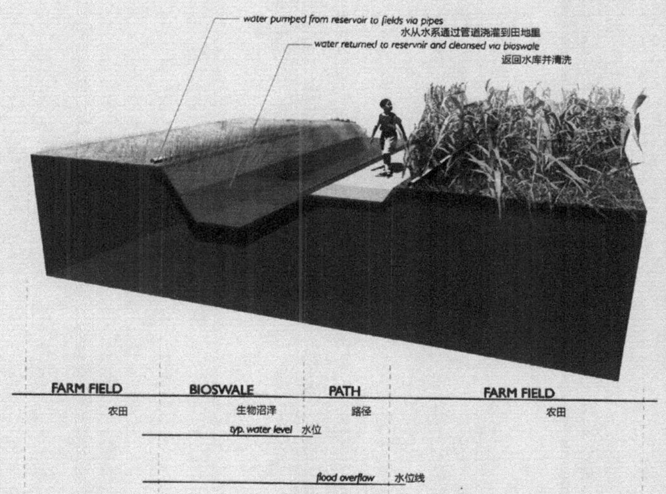

项目的实施与未来发展

第一轮的资金筹措基本完成，已经全部投入到了大约为整个项目15%的一期工程。一期工程将建立起整个流域系统的主干（包括中心水库和生态过滤渠）、人行道与道路交通系统、第一批小型耕地、商业用地和临时市场用的中央主干道。当地一个知名的厨师已经与社区商议，表示要在这里开一家奥尔良特色餐厅，食物材料来源当然是本社区耕地种植出的农产品。社区将继续利用“分散项目”寻求更多的资金，志愿者们也将继续他们在项目当中的工作。设计团队也将在资金充足后为每个项目提供具体的设计支持。

植物园产业区

景观设计构思

整体规划中采用典型的山北水南的格局和集锦式的造园手法，园内主体建筑回龙阁位于整个园子的构图中心，背靠山川，前面临湖，恰好处于一个“背山面水，负阴抱阳，藏风聚气”的基址位置。

明代乔项《风水辩》解释风水中云：“所谓风者，取其山势之藏纳，土色之坚厚，不冲昌四面之风与无所谓地风者也。所谓水者，取其地势之高燥，无使水近夫亲肤而已；若水势曲屈而环向之，又其第二义也。”选择风水的标准是：“来积止聚，冲阳和阴，土厚水深，郁草茂林。”“负阴抱阳，背山面水”是其基本原则和基本格局。

植物设置中根据古典风水原理：“草木郁茂，吉气相随”，“木盛则主风”，“益木盛则风主也”的原则。采用清《宅谱尔言，向阳宅树木》云：“乡居宅基以树木为衣毛；盖广陌辰散，非林障不足以护生机；溪谷风重，非林障不足以御寒。故乡野居址，树木兴，则宅必发旺；树木败，则宅必消乏。”“草木繁茂则生气旺盛，护荫地脉，断为富贵坦局。”我们将植物种植定为“东植桃杨，南植梅枣，西栽槐榆，北栽杏李，以期大吉”。

在水体设计中将古代造园理念和现代生态学相结合进行设计，水在古代被视为是财富的象征，人们对水口的形局讲究“源宜朝抱有情，不宜直射关闭，去口宜关闭紧密，最怕直去无处。”因此水口地形要呈“锁闭”状，以利聚水聚气，多选择山脉转折、犬牙交错或者两山夹峙、溪流左环右绕之处。徽人为了留住水财，在水口园林的建构过程中往往需要用桥、塔、亭等标志物对水口进行“增崇”。

现有环境与构造环境的关系

在园林景观设计中坚持三个基本原理：一是地方性，尊重乡土知识、适应场所自然过程、充分利用当地材料。二是保护与节约自然资源，坚持保护、减量、再用和循环与再生理念。三是让自然做功，强调人与自然过程的共生与合作关系，显著减少设计的生态影响。

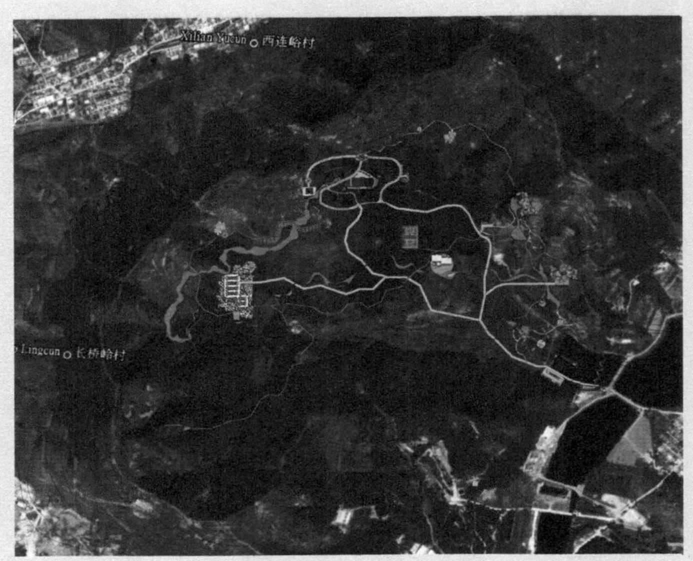

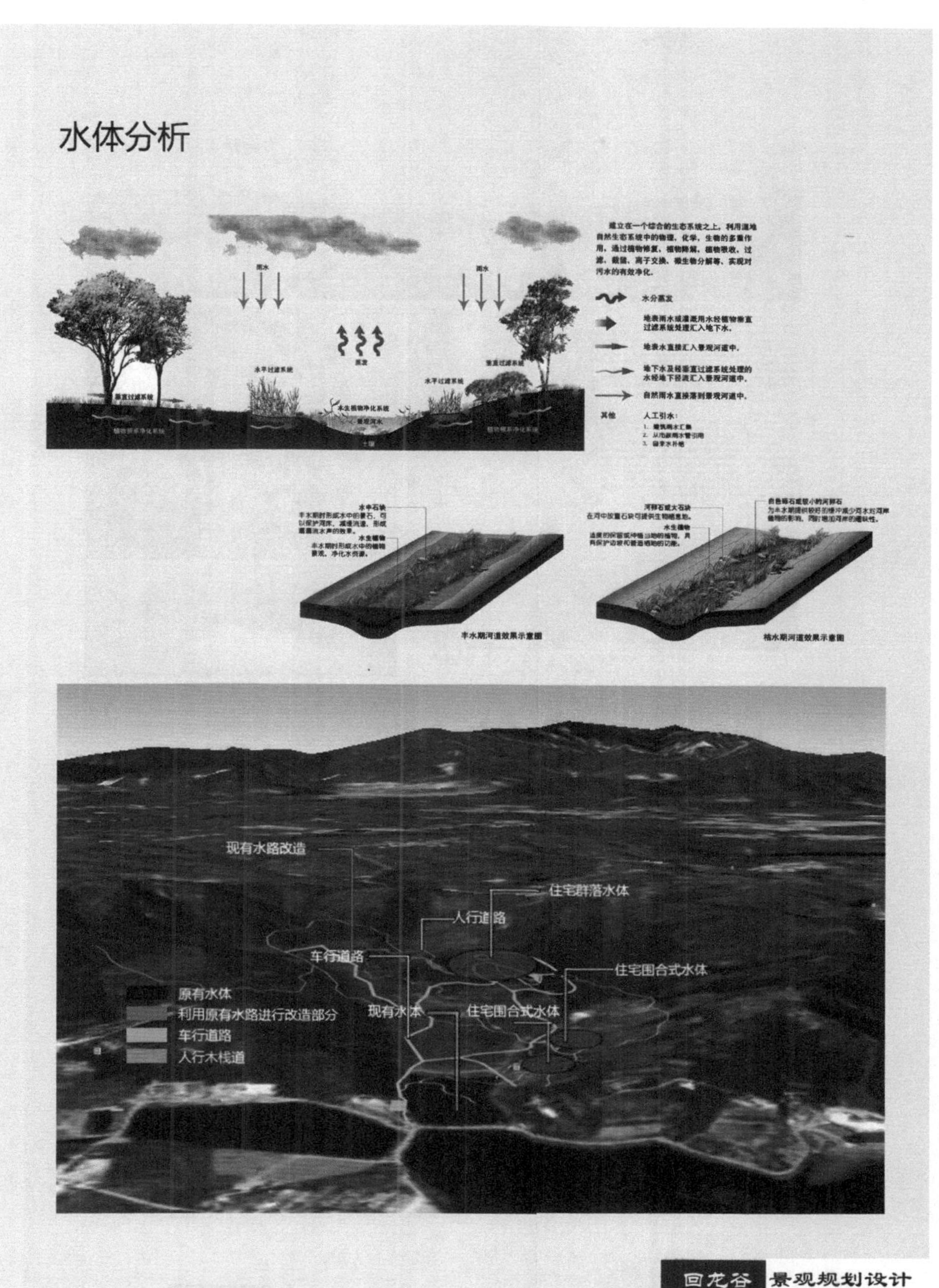
水体分析
建立在一个综合的生态系统之上，利用湿地自然生态系统中的物理、化学、生物的多重作用，通过植物修复、植物降解、植物吸收、过滤、截留、离子交换、微生物分解等，实现对污水的有效净化。
水分蒸发
地表雨水或灌溉用水经植物垂直过滤系统处理汇入地下水。
地表水直接汇入景观河道中。
地下水及经垂直过滤系统处理的水经地下径流汇入景观河道中。
自然雨水直接落到景观河道中。
其他
人工引水：
雨水
水平过滤系统
垂直过滤系统
蒸发
水中石块
水生植物
丰水期河道效果示意图
河卵石或大石块
在河中放置石块可提供生物栖息地。
水生植物
枯水期河道效果示意图
现有水路改造
住宅群落水体
人行道路
车行道路
住宅围合式水体
现有水体
住宅围合式水体
原有水体
利用原有水路进行改造部分
车行道路
人行木栈道
回龙谷 景观规划设计

▲ 规划和设计方案都源于对土地的深入考察。对现有水体的分析有助于设计的发展
Planning and design solutions evolved from a detailed exploration of the land. An inventory and analysis of existing water systems informed future design cecisions

▼ 截面图包含了建设水道的信息，包括水体正面、水岸现状、各个区域的植被和生态系统
A series of cross-sections provides the information required to construct a given waterway type including water elevation, bank conditions (grading defined in inches above/below water level), vegetation appropriate for each zone, and wildlife that would be compatible within that ecosystem

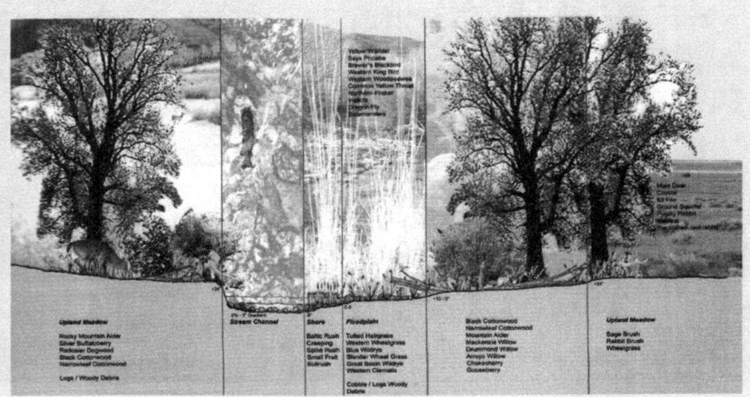

原料采集

道路铺装采用当地石材

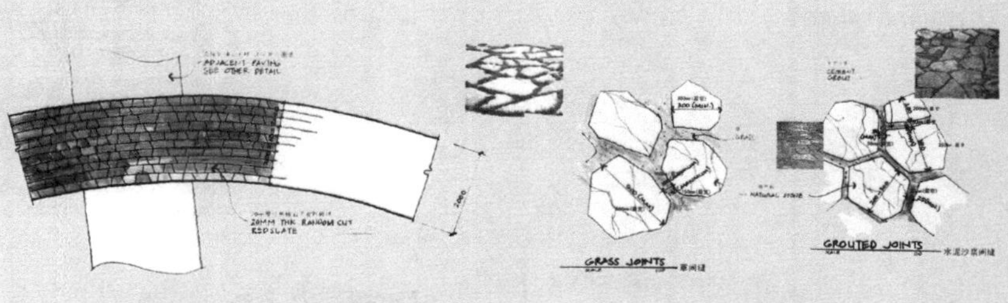

整体景观设计均以当地石材为主

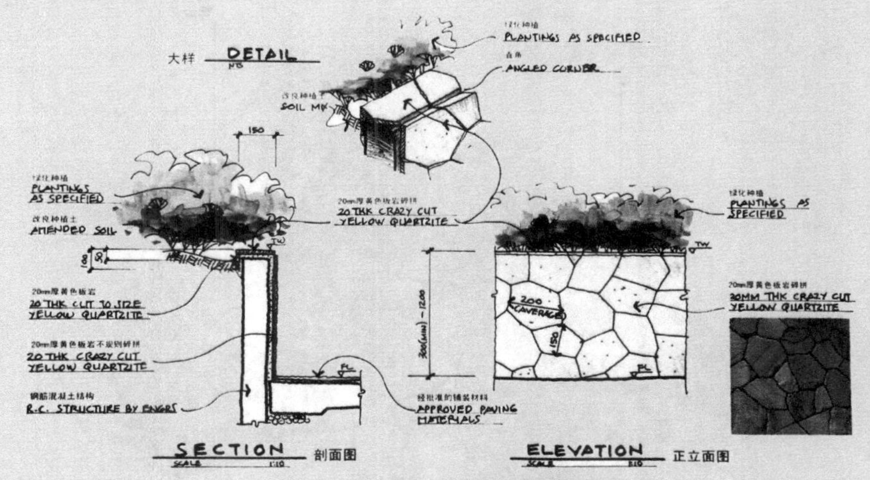

回龙谷 景观规划设计

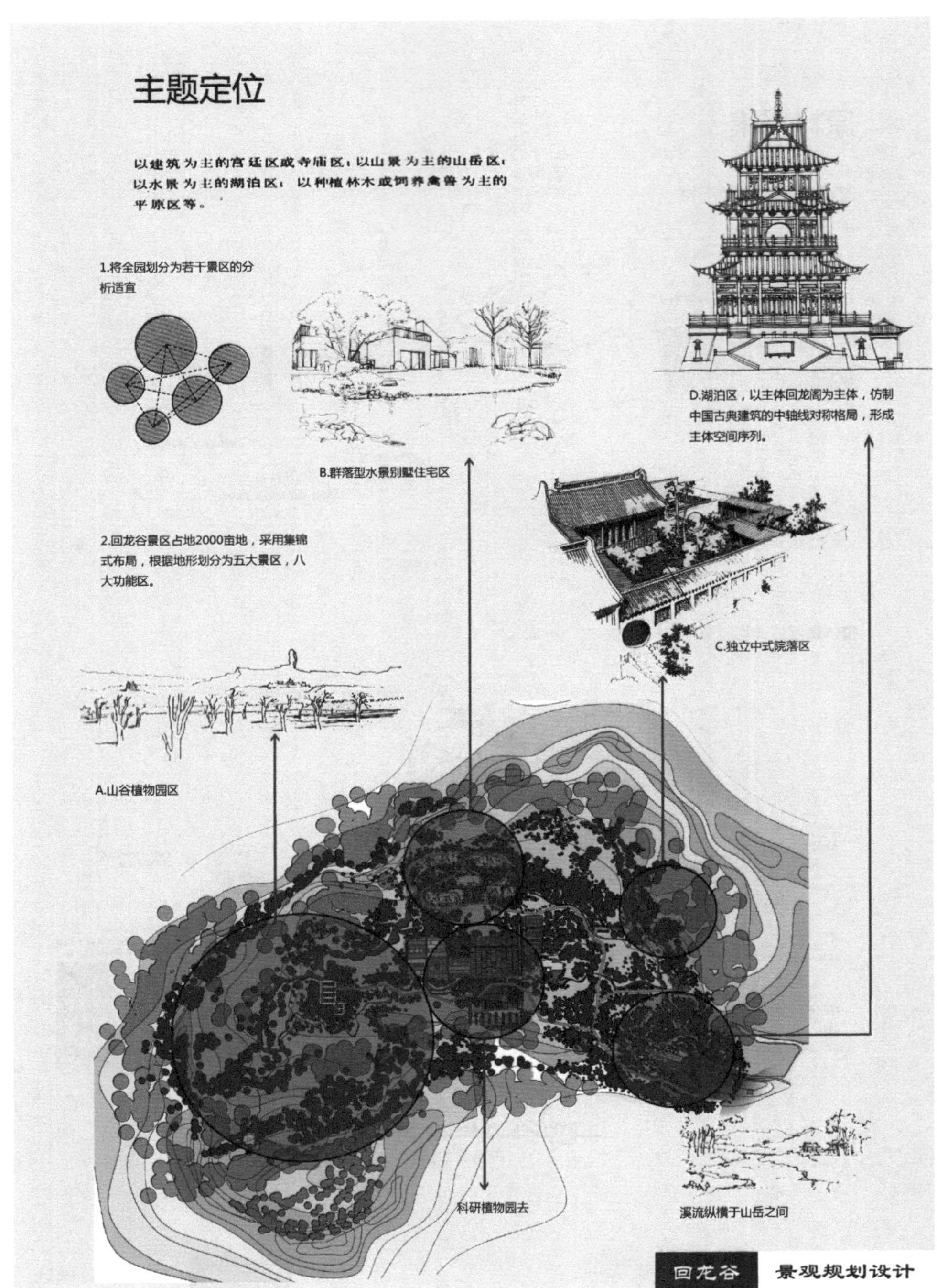
主题定位
以建筑为主的宫廷区或寺庙区；以山景为主的山岳区；以水景为主的湖泊区；以种植林木或饲养禽兽为主的平原区等。
1.将全园划分为若干景区的分析适宜
B.群落型水景别墅住宅区
D.湖泊区，以主体回龙阁为主体，仿制中国古典建筑的中轴线对称格局，形成主体空间序列。
2.回龙谷景区占地2000亩地，采用集锦式布局，根据地形划分为五大景区，八大功能区。
C.独立中式院落区
A.山谷植物园区
科研植物园去
溪流纵横于山岳之间
回龙谷
景观规划设计

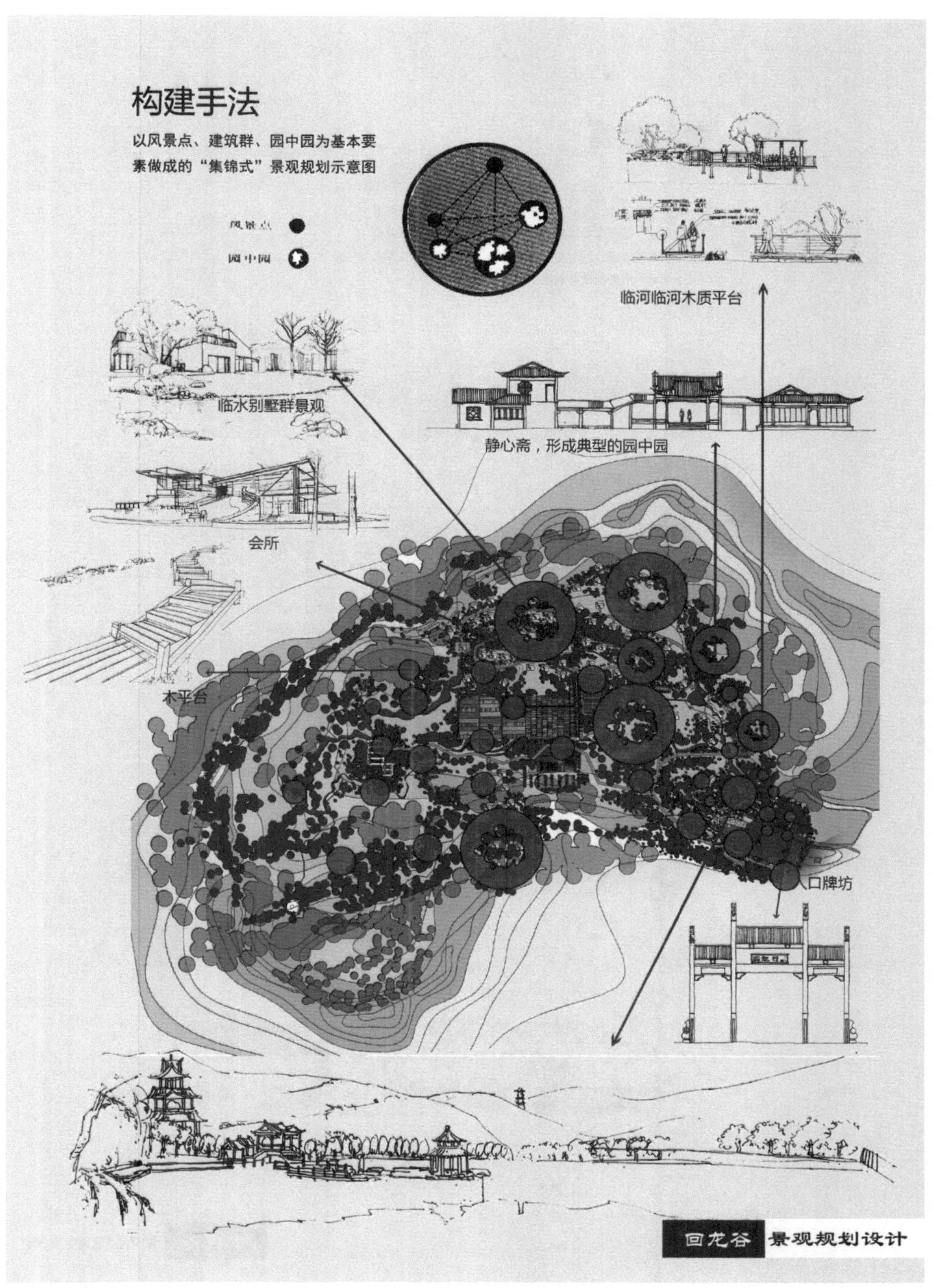
构建手法
以风景点、建筑群、园中园为基本要
素做成的“集锦式”景观规划示意图
风景点
园中园
临河临河木质平台
临水别墅群景观
静心斋，形成典型的园中园
会所
木平台
口牌坊
回龙谷 景观规划设计

看与被看
在景观设计中，我们遵循一个景观或建筑除了满足观赏风景的作用，也满足被看的要求，无论从哪个角度看都能获得良好的景观效果，同时又能满足看的要求，使得景与景之间处于一种无形的视觉关系网络制约之中。
视觉分析图
景观效果图
山石跌水
回龙谷 景观规划设计

中心观光区平面图
回龙谷 景观规划设计

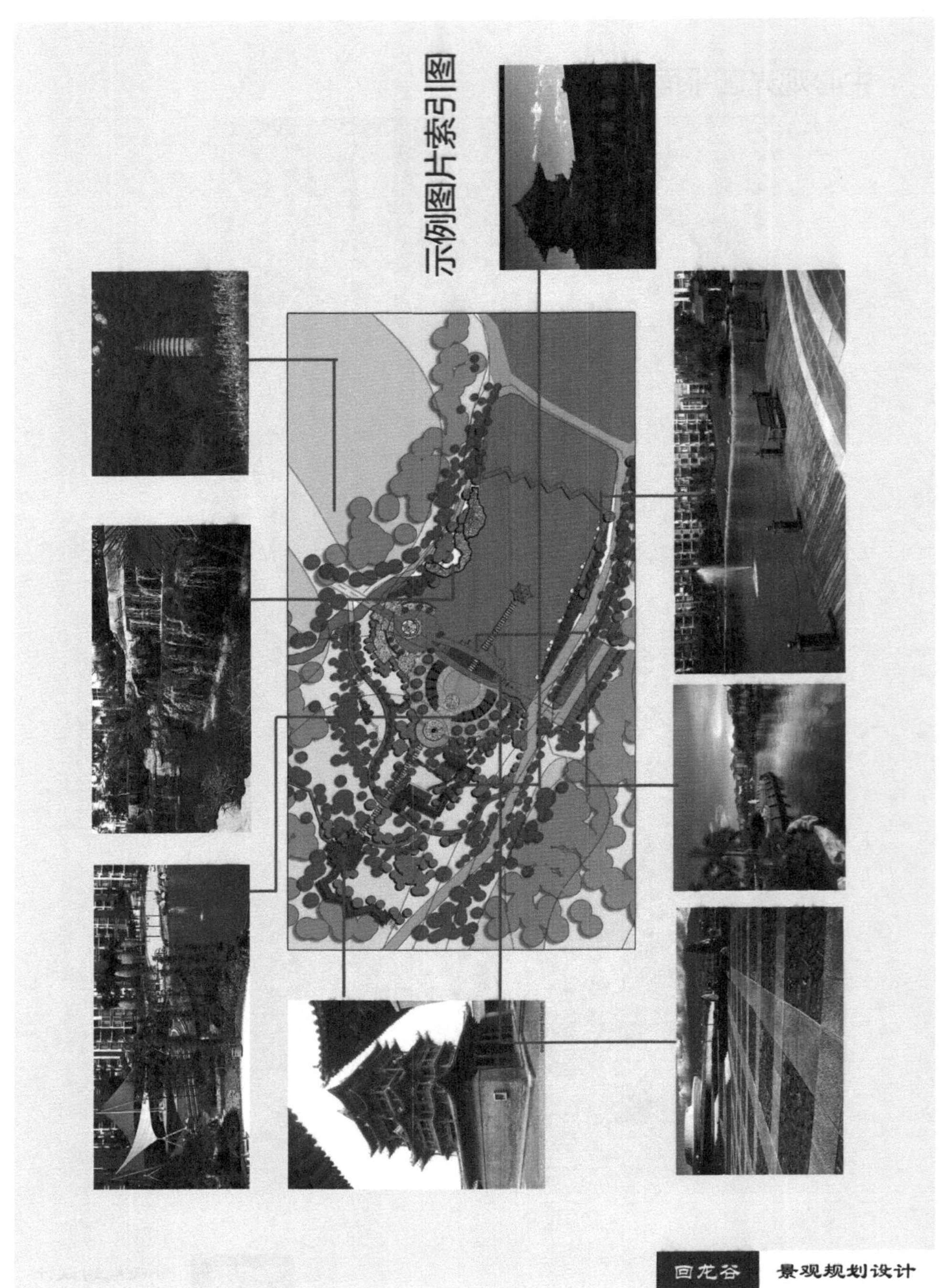
示例图片索引图
回龙谷
景观规划设计

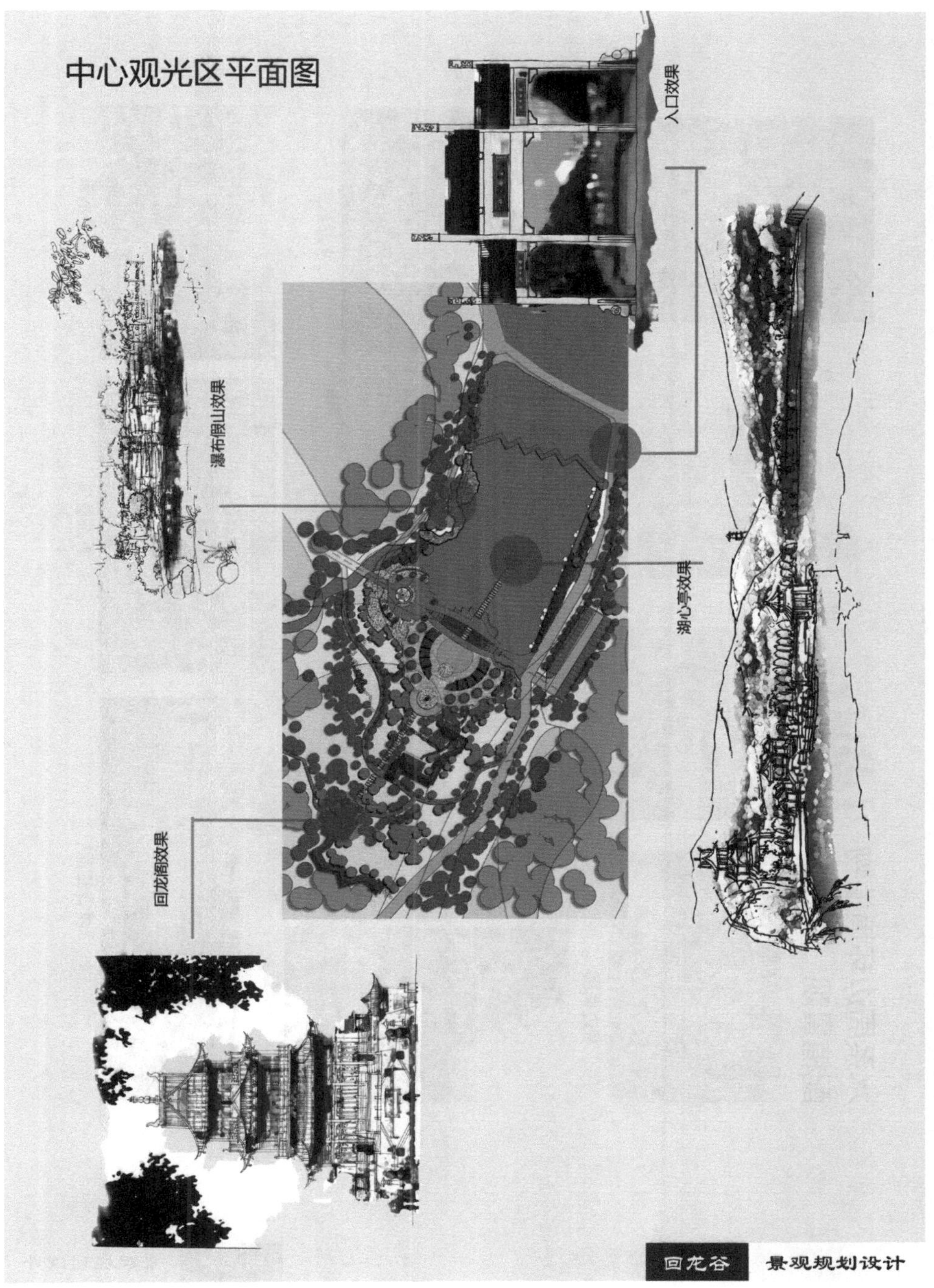
中心观光区平面图
入口效果
瀑布假山效果
湖心亭效果
回龙溜效果
回龙谷
景观规划设计

水系周边环境植物配植景观
湿地植物群落景观
秋季水景
春花灿烂
平湖秋色
初冬水景
香满春溪
秋水红叶
夏日红莲
鹃盛枫红
湖边垂柳
回龙谷
景观规划设计

入口牌楼景观效果
山庄入口
回龙谷入口
回龙谷
景观规划设计

科研住宿及休闲住宿区

回龙谷 景观规划设计

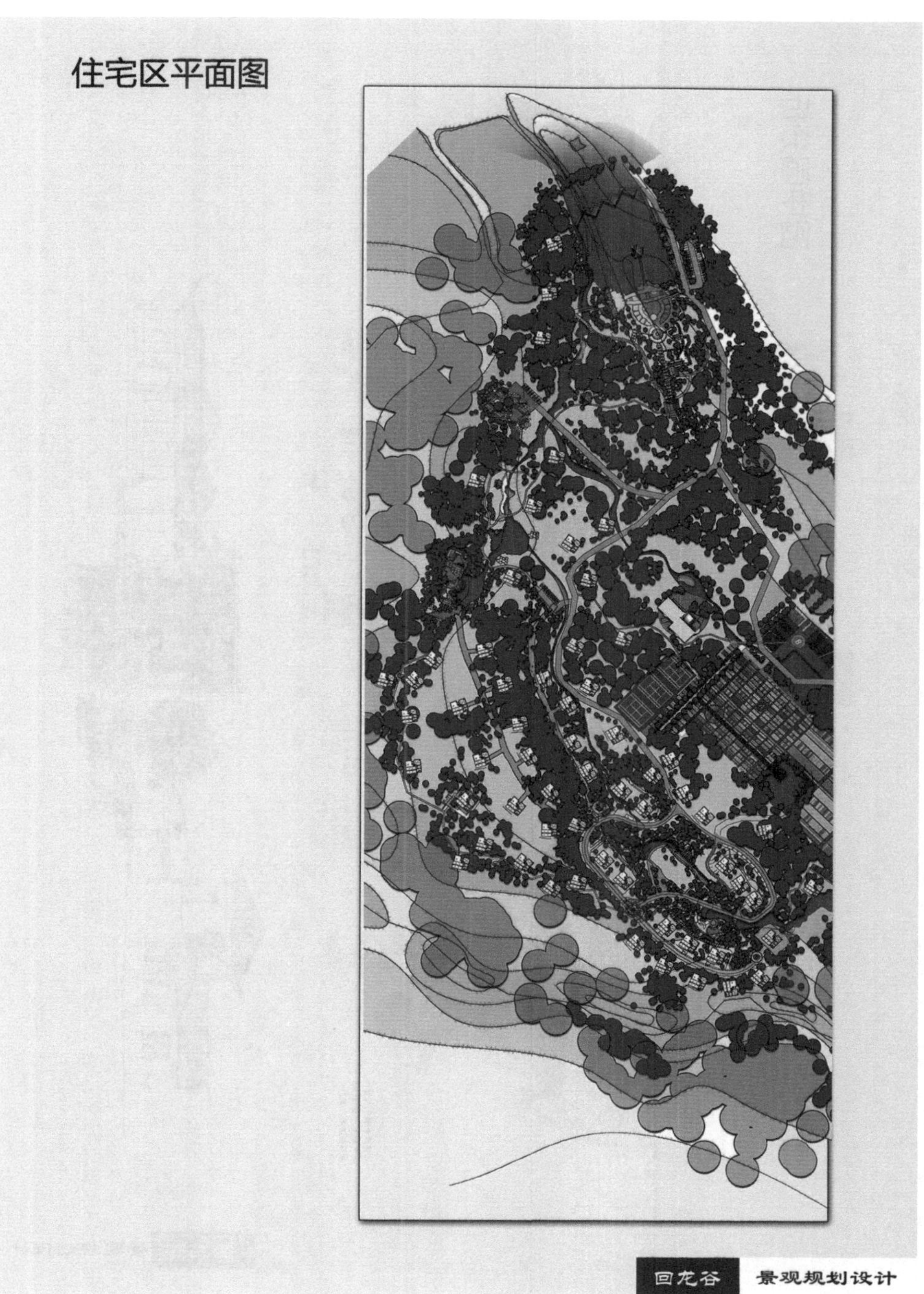
住宅区平面图
回龙谷 景观规划设计

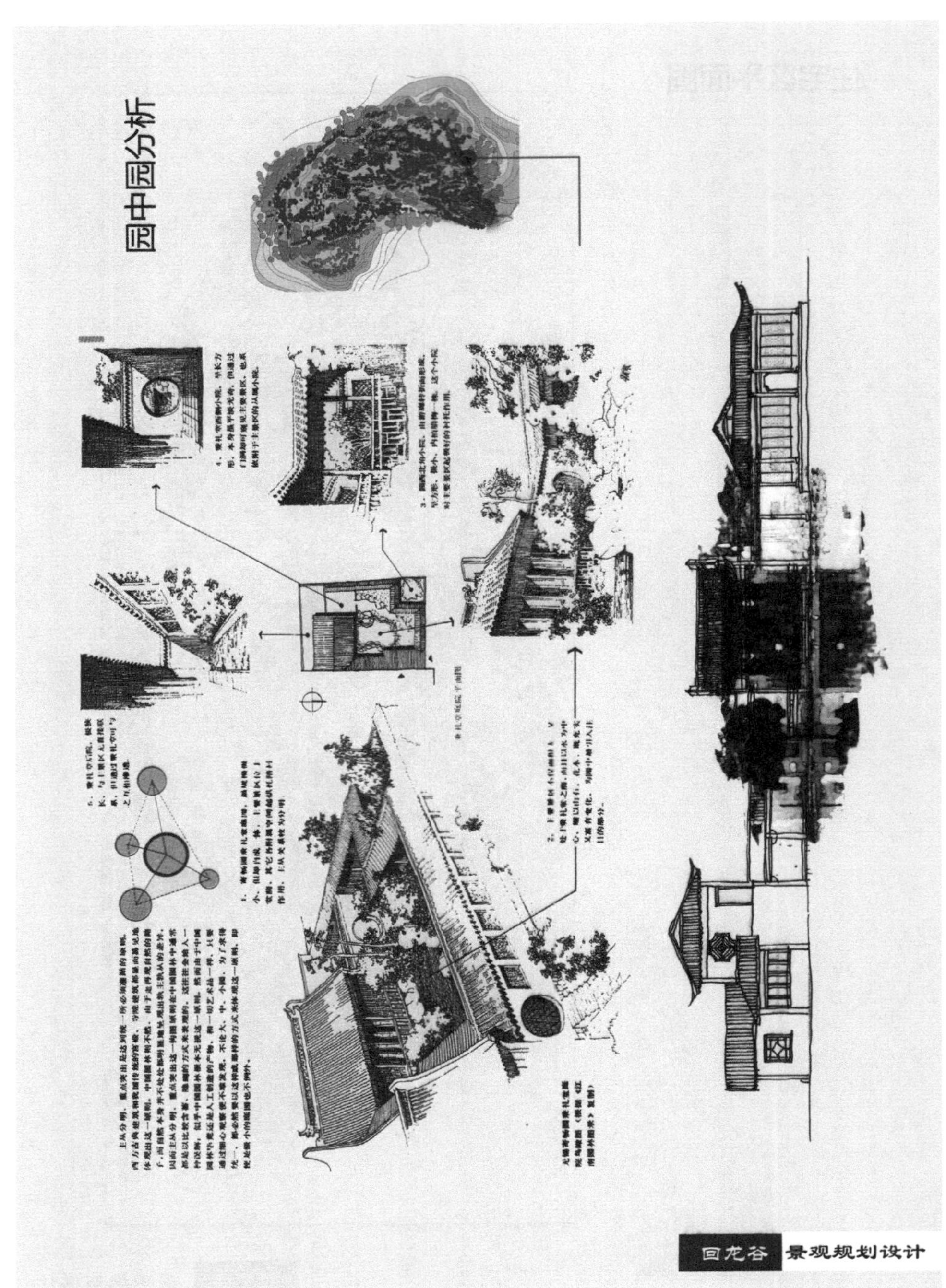
园中园分析
回龙谷 景观规划设计

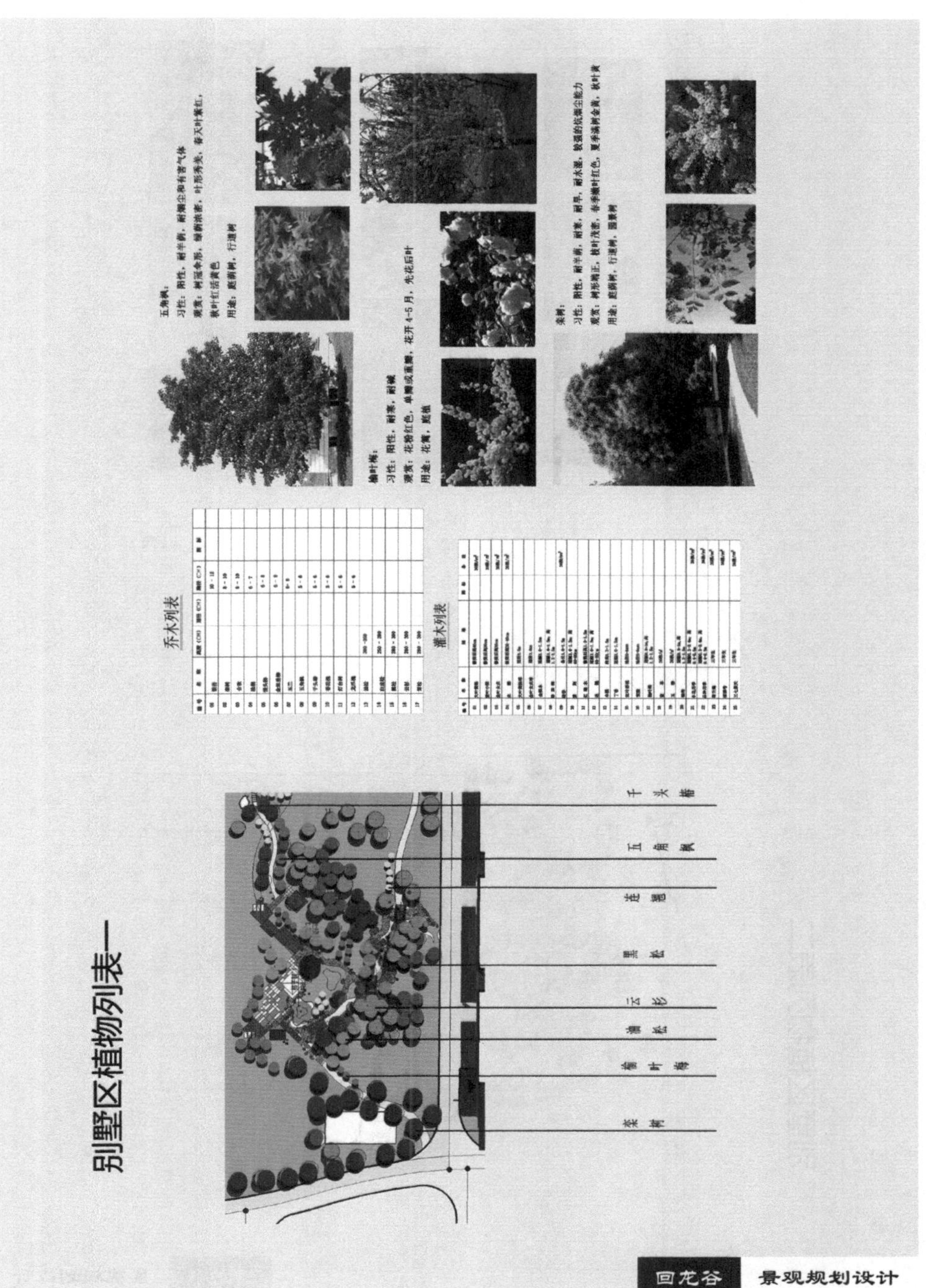
别墅区植物列表一
千头椿
五角枫
连翘
黑松
云杉
油松
榆叶梅
栾树
乔木列表
灌木列表
五角枫：
习性：阳性，耐半阴，耐烟尘和有害气体
观赏：树冠伞形，绿荫浓密，叶形秀美，春天叶紫红，秋叶红活黄色
用途：庭荫树，行道树
榆叶梅：
习性：阳性，耐寒，耐碱
观赏：花粉红色，单瓣或重瓣，花开 4-5 月，先花后叶
用途：花篱，庭植
栾树：
习性：阳性，耐半阴，耐寒，耐旱，耐水湿，较强的抗烟尘能力
观赏：树形端正，枝叶茂密，春季嫩叶红色，夏季满树金黄，秋叶黄
用途：庭荫树，行道树，园景树
回龙谷
景观规划设计

乔木列表

编号	名称	高度（CM）	冠径（CM）	胸径（CM）	数量	
01	银杏			10－12		
02	栾树			8－10		
03	合欢			8－10		
04	[illegible]			6－7		
05	馒头柳			6－8		
06	金丝垂柳			6－8		
07	玉兰			6－8		
08	五角枫			5－6		
09	千头椿			5－6		
10	香花槐			5－6		
11	灯台树			5－6		
12	龙爪槐			5－6		
13	油松	300－350				
14	白皮松	[illegible]				
15	[illegible]	[illegible]				
16	云杉	[illegible]				
17	雪松	[illegible]				

灌木列表

编号	名称	规格	数量	备注
01	大叶黄杨	[illegible]		[illegible]
02	紫叶小檗	[illegible]		[illegible]
03	金叶女贞	[illegible]		[illegible]
04	水蜡	[illegible]		[illegible]
05	大叶黄杨球	[illegible]		
06	金叶女贞球	[illegible]		
07	金银木	[illegible]		
08	珍珠梅	[illegible]		
09	[illegible]	[illegible]		[illegible]
10	[illegible]	[illegible]		
11	红瑞木	[illegible]		
12	[illegible]	[illegible]		
13	木槿	[illegible]		
14	丁香	[illegible]		
15	红叶碧桃	[illegible]		
16	[illegible]	[illegible]		
17	榆叶梅	[illegible]		
18	[illegible]	[illegible]		
19	[illegible]	[illegible]		
20	[illegible]	[illegible]		
21	丰花月季	[illegible]		[illegible]
22	[illegible]	[illegible]		[illegible]
23	[illegible]	[illegible]		[illegible]
24	[illegible]	[illegible]		[illegible]
25	[illegible]	[illegible]		[illegible]

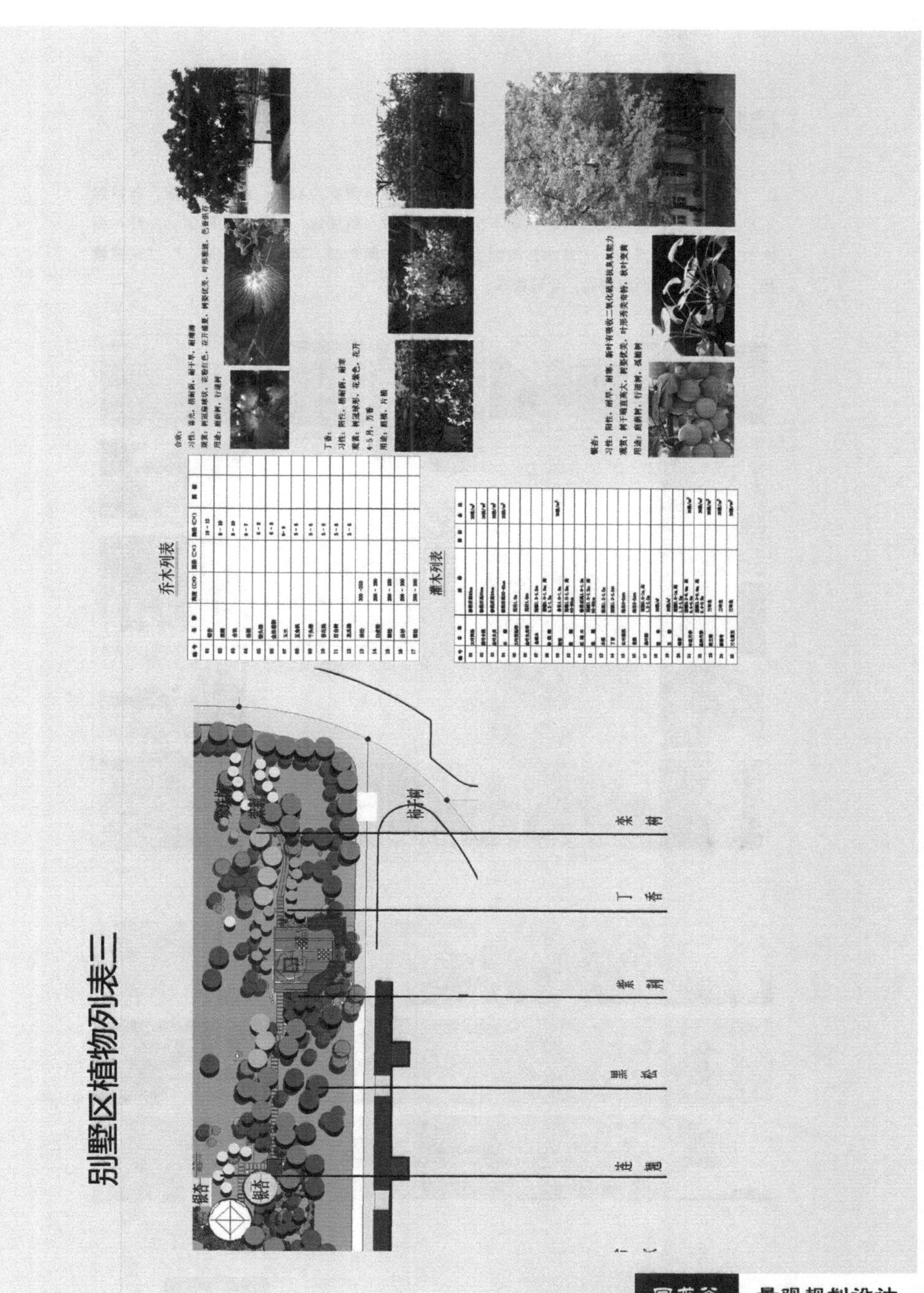
别墅区植物列表三
乔木列表
灌木列表
栾树
丁香
紫荆
黑松
连翘
柿子树
回龙谷 景观规划设计

植物总图例

清《宅谱尔言，向阳宅树木》云：“乡居宅基以树木为衣毛；盖广陌局散，非林障不足以护生机；溪谷风重，非林障不足以御寒。故乡野居址，树木兴，则宅必发旺；树木败，则宅必消乏。”“草木繁茂则生气旺盛，护荫地脉，斯为富贵坦局。”“东植桃杨，南植梅枣，西栽槐榆，北栽杏李，大吉大利。”

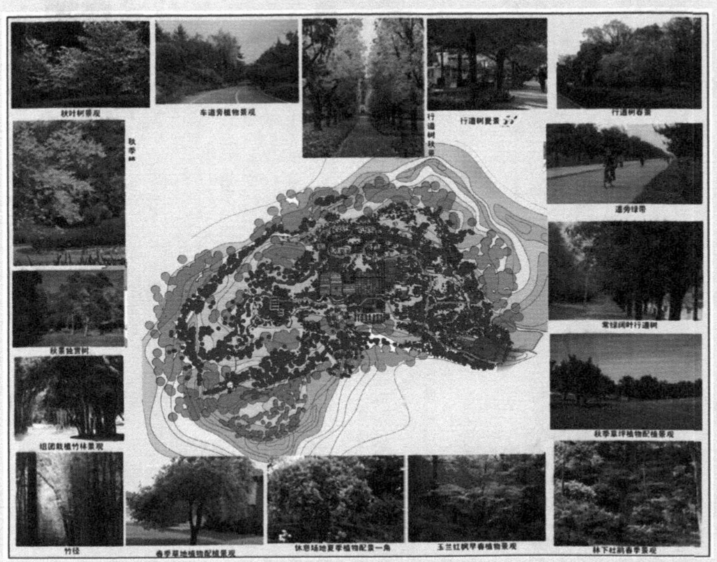

回龙谷 景观规划设计

实景分析
景观规划设计
实景分析
景观规划设计

参 考 文 献

[1] Carter T，Beresford P. Age and Change：Models of Involvement for Olderpeople [M].Joseph Rowntree Foundation，2000.

[2] Donald Arthur Norman.The Design of Everyday Things [M].Basic Books，1988.

[3] 让•诺尔•卡菲勒 . 战略性品牌管理 [M]. 王延平，曾华，译 . 北京：商务印书馆，2000 .

[4] 卡尔 T 犹里齐，斯蒂芬 D 埃平格 . 产品的设计与开发 [M]. 大连：东北财经大学出版社，2009.

[5] 何人可 . 设计与文化 [M]. 长沙：湖南大学出版社，2011.

[6] 朱文俊 . 旅游养生养老的多业态养老地产 [J]. 中国住宅设施，2014（4）：14-16.

[7] 孙抱朴 . 森林康养是新常态下的新业态、新引擎 [J]. 商业文化，2015（19）：92-93.

[8] 吴耿安，郑向敏 . 我国康养旅游发展模式探讨 [J]. 现代养生，2017（3）：294-298.

[9] 吴明华，胡心玥 . 体系思维下农业综合体之路——专访中国工程院院士、浙江省农业科学院原院长陈剑平 [J]. 决策，2017（7）：30-32.

[10] 杨继瑞 . 康养产业的发展趋势及其特点 [C]. 中国西部康养产业发展论坛，2018.

[11] 于雷 . 基于人文情绪导向的河北村落交互式环境治理研究 [M]. 秦皇岛：燕山大学出版社，2016.

[12] 于雷，王静雅 . 人文色彩导向下的特色休闲农业发展之路 [J]. 农业经济，2018（6）：20-21.

[13] Yu Lei.Research about Interactive Environment Governance and Humanities

Mumanities Mood Guiding Method of Village in Hebei[C]//Garry Lee. Proceedings of 2015 3rd International Conference on Economics and Social Science，December 30-31，2015，in Paris，France.Information Engineering Research Institute，2015（86）：966-970.

[14] 于雷.电影色彩与构图的表意作用[J]. 短篇小说（原创版），2015：89-90.

[15] 张博，于雷，王静雅 . 旧社区景观改造浅析——以秦皇岛玉泉里社区为例 [J]. 商业文化，2012（1）：175-176.

[16] 于雷，徐原，李亚楠 . 关于情绪疏导教育与机制建立的研究 [J]. 中国成人教育，2011（22）：60-61.

[17] 于雷，李亚楠 . 网络时代青少年情绪疏导机制构建 [J]. 人民论坛，2011（29）：170-171.

[18] 于雷，冯清华，徐原 . 中国传统教育对当代大学生人格教育的启示 [J]. 中国成人教育，2010（13）：20-21.

[19] 于雷，张洋 . 浅论数码艺术与传统艺术的传承 [J]. 山花，2009（18）：147-148 .

[20] 于雷 . 解读我国的政治文化与政治改革 [J]. 中国素质教育研究，2008（7）：116-118.

[21] 于雷，王静雅 . 城市圈周边基于人文情绪导向的特色休闲农业经济研究——以京津周边发展为例 [J]. 农业经济，2019（6）：28-30.

后　　记

这本书从构思到成书，历时6年，6年间我走访了京津周边河北省8个县的30多个村落。期间工作主要包括四部分：一是研究著作，二是项目设计，三是测绘，四是专题调查报告，这四个部分是每个课题都做的，偶然还会有第五部分，便是摄影。

测绘是最麻烦的，其中一部分是我带领学生实地测绘完成的，后期也成为了他们课程设计的一部分；还有一部分是学生参考陈秋香老师对河北省部分村落的测绘完成的。通过对河北省不同村落的测绘总结，我们基本梳理出了河北村落人文情绪导向设计的外在呈现形式。

随着一个个设计规划项目的完成，书稿的相关资料也越渐充实起来，书中由于很多的项目案例属于汇报方案，所以部分的图片来源于网络，由于无法详述图片来源，在此对网络图片的作者表示感谢。

随着书稿的日趋成书，也渐渐发现了自身的不足。在本书的原始构架中，并没有数理分析方面的内容，但是随着研究的深入，逐渐发现对理论的总结都趋于定性，往往是经验推理多，实证研究少，定性分析多，定量评估少，很多的研究结果过于主观、抽象，所以在后期我开始对SPSS软件进行学习。说实话对于从事艺术研究的人而言，学习数理分析是一个相当大的挑战，特别是在数据收集和数据分析时，为了从动态和完整角度清理变量的关系，还要采用横纵两种方法。在学习和使用SPSS软件的过程中遇到很多问题，在此需要感谢河北经贸大学老师给予的帮助。

说实话，这个课题的经费真的十分拮据，每次走访如果不是项目方牵头，那就只好节衣缩食过日子。有几次带着学生到乡村项目现场，由于测绘时间太紧，学生们连饭都没吃上，而且个个灰头土脸的。我们看在眼里，很心痛，但也无可奈何。好在后期得到了河北省设计创新及产业发展研究中心项目以及燕山大学基础研究专项课题培育课题的资助。

在本书完成之际，需要感谢给予我指导的燕山大学艺术与设计学院陈国强院长和刘维尚老师，他们对本书提出了许多宝贵意见并给予了多方帮助。正是由于他们的支持，让我少走了很多弯路。可以说如果没有他们的严谨与敦促，这本书将会留下不少遗憾和不足，此外还要一并感谢帮助我查找资料的桑毅、胡鑫、黄梦圆、谭飒、李腾等，有了他们的帮助，这本书才得以完善。